Luca Dal Monte

Ferrari

Presunto colpevole

CAIRO

L'editore è a disposizione del proprietario dei diritti sulla foto di copertina, che non è stato possibile rintracciare per chiedere la debita autorizzazione

ISBN 978-88-309-0354-8
Prima edizione: giugno 2023

Sommario

FERRARI. PRESUNTO COLPEVOLE

A Gianni Cancellieri e Cesare De Agostini

1
L'Apocalisse

La seconda domenica di maggio del 1957 il comandante della sezione di Polizia stradale di Mantova, il capitano Corradino Saverino, si trova sul percorso della Mille Miglia per assicurare il servizio di sicurezza alla corsa. Il suo compito è tenere sotto controllo la folla.

La Mille Miglia gode da sempre di immensa popolarità perché attraversa i centri abitati di metà penisola percorrendo strade aperte alla circolazione che vengono chiuse solo in occasione della gara. Il più grande pregio di questa corsa, l'essere cioè alla portata di tutti perché di fatto ti passa sotto casa, è naturalmente anche il suo più grande limite. A nessuno in Italia sfugge la pericolosità di una situazione nella quale alcune centinaia di automobili sfrecciano per ore tra due ali di folla per la quale non esistono delle vere misure di protezione nel caso di incidente. Per evitare che la gente si metta in pericolo da sola attraversando la strada mentre sopraggiungono bolidi lanciati a più di 200 chilometri all'ora o invada parte della carreggiata, i mille e seicento chilometri del tracciato vengono ogni anno presidiati dagli agenti delle forze dell'ordine – poliziotti, carabinieri, vigili urbani, agenti della forestale e guardie di finanza.[1]

Con il collega con il quale è di pattuglia, il vicebrigadiere Gigi Scaffidi, Saverino si trova all'altezza delle curve alla periferia del centro abitato di Goito, venti chilometri a nord-ovest di Mantova, a meno di mezz'ora dal traguardo di Brescia. Poco dopo le quattro del pomeriggio Saverino viene informato che una vettura ha avuto un incidente non distante da dove si trova. Le notizie sono frammentarie.

Di cosa sia successo in realtà si sa poco o nulla. Si sa solo che una vettura – una di quelle che gli sono passate davanti poco prima – è finita fuori strada. L'unica cosa certa è il luogo, il chilometro 21 della strada provinciale che collega Mantova con Brescia e che, per questa ragione, è detta «Bresciana» – ma che da queste parti chiamano anche «Goitese». Dal momento che l'incidente è accaduto poco distante e ritenendo di essere quasi certamente tra gli esponenti delle forze dell'ordine più vicini, Saverino decide immediatamente di recarsi con il collega a vedere cosa è successo di preciso.

La gara è naturalmente sempre in svolgimento, vuoi perché la notizia dell'incidente non è ancora di dominio pubblico, vuoi perché nel 1957 le corse in automobile non vengono interrotte per una disgrazia, a prescindere dalla sua entità. Per non trovarsi a dividere la strada con le vetture ancora in gara, invece di immettersi sulla pro-

[1] *Memorandum: Compiti delle forze di Polizia chiamate ad assolvere i servizi di vigilanza e di ordine in occasione della competizione*, Comando sezione di Polizia stradale di Mantova.

Salvo dove diversamente indicato, tutti i documenti citati nelle note provengono dalle Carte del processo a Enzo Ferrari, Archivio di Stato di Mantova.

vinciale, Saverino decide di raggiungere il luogo dell'incidente attraverso stradine e viottoli di campagna. Conoscendo bene la zona, in capo a qualche minuto arriva a destinazione, località Corte Colomba, nel territorio del Comune di Cavriana, più vicino a Guidizzolo che a Goito. Una pattuglia di poliziotti in motocicletta lo ha in realtà preceduto. I colleghi motociclisti pattugliavano la zona a solo mezzo chilometro dal luogo dell'incidente, al quale hanno assistito da distante, e sono arrivati sul posto della disgrazia in meno di un minuto.

Nonostante gli anni di servizio, il capitano Saverino non è preparato a quanto lo aspetta. Sa di una vettura finita fuori strada, ma non sa altro. La scena che gli si presenta davanti agli occhi è raccapricciante. Ci sono morti dappertutto, persone che piangono e che si disperano, pali della luce abbattuti, paracarri divelti, strisciate nere sull'asfalto, tracce di pneumatici sull'erba, il rottame di una vettura rossa nell'acqua di un fosso. I due poliziotti in motocicletta che lo hanno preceduto hanno già provveduto a spostare i corpi di alcune vittime dalla sede stradale. Altri corpi sono invece ancora nel fosso o sulla banchina sterrata sulla quale sono stati falciati.

Il capitano Saverino conta in totale nove vittime tra gli spettatori. Sul ciglio della strada i colleghi hanno allineato anche i corpi dei due componenti l'equipaggio. Uno, quello del marchese spagnolo Alfonso De Portago, che era alla guida, hanno dovuto ricomporlo perché diviso in due. Scriverà nel suo rapporto Saverino: «Il corpo del pilota De Portago veniva troncato in due e, mentre la parte inferiore rimaneva lungo il fossato di sinistra, il busto veniva proiettato sulla parte opposta della strada e sulla banchina sterrata. Il corpo del secondo pilota, Nelson, rimaneva nel fossato di sinistra, poco distante dagli arti inferiori del suo disgraziato compagno di gara».[2]

Prima che arrivasse Saverino, caricandoli sul cassone di un furgone giunto da una delle cascine lì vicino e contando sull'aiuto di alcuni dei sopravvissuti, i poliziotti motociclisti hanno velocemente spedito i feriti verso l'ospedale civile di Volta Mantovana, distante una manciata di chilometri.[3] I feriti, gli viene detto, sono sette.

Sul luogo dell'incidente – sette chilometri e mezzo dopo Goito e due chilometri da Guidizzolo – arriva anche una pattuglia dei Carabinieri. A questo punto Saverino, insieme ai due poliziotti motociclisti, ai due carabinieri e al fidato Scaffidi, dispone «un servizio d'ordine, allo scopo di allontanare dalla zona le persone che affluivano in massa dalle località limitrofe». Questo, scriverà nel rapporto, per scongiurare che «la presenza del pubblico sul nastro asfaltato» potesse «determinare altri gravi incidenti al sopraggiungere degli autoveicoli in gara». Perché, nonostante la tragedia, la gara va avanti e i concorrenti che seguono la Ferrari di De Portago e Nelson continuano a passare sulla provinciale. Malgrado la morte che ha lasciato traccia di sé sui due lati della strada, le vetture in gara continueranno a sfrecciare per altre tre ore.[4]

Dopo qualche minuto giunge il sostituto procuratore della Repubblica Luigi Geraci, che dà istruzioni a Saverino di iniziare «l'opera pietosa di ricomposizione dei cada-

[2] *Rapporto ufficiale dell'incidente del 12 maggio*, steso e firmato dal capitano Corradino Saverino, comandante della sezione di Polizia stradale di Mantova in data 18 maggio 1957.

[3] *Gazzetta di Mantova*, 9 maggio 2017.

[4] *Elenco vetture transitate dal controllo orario di Mantova*, 12 maggio 1957. L'ultima vettura riparte da Mantova alle 19:13 e 54 secondi.

veri i quali, identificati parzialmente, venivano coperti allo scopo di evitare il protrarsi della scena raccapricciante in quanto, alcuni di essi, erano orribilmente sfigurati». Geraci e Saverino decidono però di non trasportare i morti da nessuna parte fino a che la corsa non sarà terminata per evitare che le ambulanze si trovino a percorrere le stesse strade delle auto ancora in corsa. Le comunicazioni telefoniche con Brescia sono interrotte a causa dell'incidente per via di un palo telefonico divelto, per cui è materialmente impossibile informare la direzione di gara di quanto è accaduto anche se – va detto – all'epoca nessuno pensa veramente che una gara di questa portata possa essere interrotta per un incidente mortale.

Ma la notizia in qualche modo è comunque arrivata a Mantova, dove alcuni giornalisti locali decidono di sfidare la sorte e, percorrendo la provinciale tra i bolidi che sono ancora in corsa, arrivano presto sul luogo della tragedia. La scena che si presenta loro è da incubo.

«Sul posto» scriverà quella sera uno dei reporter della *Gazzetta di Mantova* «c'erano altri colleghi, venuti come noi per raccogliere quante notizie era possibile sulla spaventosa sciagura e per far fotografie, ma nessuno aveva il coraggio di puntare per primo il suo obiettivo o di scrivere qualcosa sul taccuino. Si vagava qua e là, quasi senza senso, ammutoliti dall'angoscia; coi nervi tesi fino allo spasimo. Certo sarebbe stato necessario soccorrere quell'uomo che s'era gettato a terra vicino ad una piccola salma e piangeva sommessamente, accarezzandola con infinita tenerezza... O allontanare quella donna che urlava in mezzo alla strada e sembrava impazzita...»[5]

[5] *Gazzetta di Mantova*, 13 maggio 1957.

Con i morti stesi sul ciglio della strada, Geraci e Saverino iniziano il tentativo di ricostruzione di quanto accaduto. Poco dopo li raggiunge il procuratore della Repubblica del Tribunale di Mantova Alessandro Caprioli, che assume in prima persona la direzione delle indagini. Sull'asfalto Caprioli, Geraci e Saverino notano che ci sono le tracce di una frenata. All'inizio la traccia è leggera, poi diventa decisamente marcata e irregolare – non più una linea retta, ma l'impronta di una macchina che sta zigzagando mentre il pilota sta evidentemente cercando di correggere la traiettoria di una vettura impazzita che non risponde più ai suoi comandi. La traccia prosegue sulla banchina in terra battuta e poi, per 26 interminabili metri, invade il ciglio erboso per terminare all'altezza di quello che resta di un paracarro, abbattuto nell'urto e che adesso giace nel fossato oltre la strada che porta alla cascina detta Corte Colomba.

All'angolo tra il viottolo e la provinciale, i tre vedono che un palo del telefono è troncato all'altezza di un metro e quaranta da terra. Sulle estremità scheggiate di quel che rimane del palo, i due giudici e il capitano della Polstrada notano con orrore «macchie di sangue e frammenti di materia cerebrale». Il paracarro posizionato subito dopo il palo è a sua volta spezzato alla base, mentre il resto della pietra in granito è nel fosso, a una quindicina di metri dal primo paracarro. Ma il vero orrore deve ancora arrivare. «Lungo il fossato di sinistra, oltre lo stradello per la Corte Colomba» scriverà nel suo rapporto il capitano Saverino «erano sparsi pezzi di lamiera, scarpe di vario tipo e misura e resti umani.»[6]

[6] *Rapporto ufficiale dell'incidente del 12 maggio*, steso e firmato dal capitano Corradino Saverino, comandante della sezione di Polizia stradale di Mantova in data 18 maggio 1957.

La desolazione è dappertutto. I morti sono stesi per terra. Il corpo senza vita di un bambino, in canottiera, viene tirato su di peso da chi l'ha appena estratto dal fango[7] – la sera prima ha piovuto. I sopravvissuti urlano di rabbia e di dolore. Dalle cascine vicine continuano ad arrivare decine di persone che poliziotti e carabinieri faticano a tenere distante. Tra loro ci sono naturalmente tanti curiosi. Ma ci sono anche parenti e conoscenti degli spettatori assiepati sul ciglio della strada che, in quello spettacolo di morte e devastazione, sperano di trovare vivi amici e congiunti. Nel frattempo i concorrenti della Mille Miglia continuano a sfrecciare quasi incuranti di quel che è successo.

Saverino prende meticolosamente nota di quel che vede.

Il tronco di un pioppo sul lato sinistro della strada è scheggiato a partire da un'altezza di poco superiore al metro – la vettura di De Portago deve averci cozzato contro durante il suo volo impazzito. L'erba attorno al fossato è schiacciata – evidentemente dalla vettura che proseguiva la sua corsa dopo essere rimbalzata contro il pioppo. Sull'asfalto a questo punto ci sono delle incisioni – lasciate dalla Ferrari n. 531 che ormai non poggiava più sulle gomme e strisciava sulla sede stradale con la carrozzeria o con le sue parti meccaniche. Infine quel che resta della 335 S di De Portago, «sommersa fino alle ruote, ridotta ad un ammasso di rottami» e con il muso rivolto verso Mantova, cioè contrario al senso di marcia. «Descrivere dettagliatamente i danni riportati» scriverà Saverino nel suo rapporto «sarebbe quasi impossibile.» Ma di alcune cose prende comunque nota: «Il volante di guida era con-

[7] *La Provincia di Como*, 30 aprile 2017.

torto verso l'alto. Sul cruscotto, la lancetta contagiri era a zero e una in rosso segnava 74».

I rottami della Ferrari sono ovunque. La macchina si è di fatto sbriciolata nella sua folle corsa. Il serbatoio e un pezzo di lamiera contorta, che i tre identificano come la fiancata destra della vettura, sono a più di venti metri, nella scarpata del canale di destra, la stessa nella quale ha terminato la sua corsa il grosso della vettura. E poi ci sono pezzi di battistrada un po' dappertutto.

A cinquanta metri dalla colonnina del chilometro 21 Caprioli, Geraci e Saverino raccolgono due frammenti di gomma dalla banchina. Uno pare essere un pezzo di battistrada, l'altro un pezzo della camera d'aria di un pneumatico. All'angolo tra la provinciale e il viottolo per Corte Colomba trovano un intero pneumatico «marca Englebert» con «uno squarcio di rilevante entità all'altezza del battistrada e dal quale mancavano dei pezzi di gomma».[8] I tre lo confrontano con il frammento che hanno trovato poco prima sulla banchina e constatano che il battistrada è uguale. Altri due pneumatici con il battistrada identico a questo vengono trovati nel campo di grano dalla parte opposta della strada. Uno dei due è in condizioni pressoché perfette e viene identificato come la gomma di scorta.

Caprioli, Geraci e Saverino incontrano a questo punto quattro spettatori che hanno assistito all'incidente e che sono miracolosamente rimasti illesi. Abitano tutti in zona e, così come le vittime, erano sul ciglio della strada per assistere al passaggio della corsa. Sono scioccati, ma nes-

[8] *Rapporto ufficiale dell'incidente del 12 maggio*, steso e firmato dal capitano Corradino Saverino, comandante della sezione di Polizia stradale di Mantova in data 18 maggio 1957.

suno di loro ha perso congiunti nell'incidente. Dopo averli identificati, ai quattro viene chiesto di rimanere a disposizione delle autorità. Il capitano Saverino dice a ognuno che il giorno successivo andrà a trovarli per raccogliere le deposizioni in merito a quello che hanno visto. Poi i quattro uomini vengono lasciati liberi di andarsene da quel luogo di morte.

Prima di tornare a casa, uno di loro, un giovane di Castelgrimaldo di nome Bruno Zanini, trova la forza di parlare con i giornalisti. «Ero accovacciato nel fosso a poca distanza da un paracarro» racconta. «Un po' più avanti c'era un bambino e poi molte altre persone. Non ho capito cosa stesse esattamente accadendo, ma istintivamente mi sono ancor più acquattato nel fosso e un istante dopo ho visto chiaramente la macchina rossa che mi veniva contro a tutta velocità. Sono rimasto immobile. La macchina mi ha sfiorato, passandomi, leggermente sollevata da terra, sopra la testa. Subito dopo il bolide ha urtato contro il paracarro. Ho fatto ancora in tempo a vedere che il paracarro piombava come un proiettile sul bimbo e su qualche altra persona, falciandoli. Poi ho udito delle grida acutissime seguite da un altro spaventoso fragore metallico: come una esplosione. Non fatemi pensare a che cosa ho visto» dice Zanini «quando mi sono alzato dal fosso e mi sono messo disperatamente a correre in mezzo alla strada dove giacevano i morti.»[9]

[9] *Gazzetta di Mantova*, 13 maggio 1957.

2

Il mondo spezza tutti quanti

Enzo Ferrari viene informato dell'incidente da Renzo Castagneto, uno degli organizzatori della Mille Miglia, che lui e tre altri appassionati – il conte Aymo Maggi, il presidente dell'allora Real Automobile Club di Brescia Franco Mazzotti, e il giornalista Giovanni Canestrini – hanno inventato come manifestazione nel dicembre del 1926. Ferrari e Castagneto si conoscono da allora. Castagneto gli dice che la vettura n. 531 ha avuto un incidente dopo Mantova. Pilota e co-pilota sono morti. Con loro sono morti un numero ancora imprecisato di spettatori. Tra loro, gli dice subito, ci sono dei bambini.

Ferrari chiama Romolo Tavoni, uno dei collaboratori più fidati, uno degli uomini di fiducia. Tavoni ha iniziato come segretario personale e ha via via fatto carriera. A Maranello funziona così. Se piaci al Capo e lui di te si fida e tu non gli dai mai di che preoccuparsi – perché Ferrari ti spia quando tu meno te lo aspetti e di te sa tutto, compreso quello che vorresti non sapesse mai ma lui ti ha messo alla prova e tu senza saperlo l'hai superata a pieni voti – allora entri a far parte del circolo intimo e di fatto inizi a vivere in simbiosi con il tuo ingombrante, straripante, infaticabile *creatore*, che di te, da quel momento in poi, disporrà a suo piacimento – naturalmente fino a quando egli vorrà e non un minuto di più. Dalla stagione precedente, Tavoni è anche il direttore sportivo della Scuderia Ferrari.

Tavoni è a Brescia ad aspettare gli equipaggi del Cavallino al termine della gara. Ferrari gli dice quanto successo, o perlomeno quanto sa, e gli ordina di raggiungere velocemente il luogo dell'incidente per verificare di persona la gravità dell'accaduto e riferirgli.

Sul rettilineo tra Goito e Guidizzolo, le auto che partecipano alla XXIV edizione della Mille Miglia continuano a passare e passeranno fino alle sette e mezzo di sera.

Il primo ad arrivare sul luogo della tragedia è stato Gino Munaron, che seguiva De Portago di qualche centinaio di metri e ha dovuto fermarsi per non investire i morti. Adesso, le auto che arrivano quasi non rallentano neppure nonostante l'eccitazione e la disperazione sui due lati della strada e la carcassa della Ferrari di De Portago e Nelson nel fosso di destra. Munaron ha portato la notizia della tragedia a Brescia, ma i concorrenti che arrivano da Mantova non sanno nulla.

La corsa non è ancora finita anche se, al traguardo di Brescia, già si festeggia Piero Taruffi, che ha finalmente coronato il sogno di una vita. Anche la moglie della *Volpe argentata* è felice poiché il marito, alla vigilia della gara, le aveva promesso che, in caso di vittoria, si sarebbe ritirato. Nessuno a Brescia ha ancora compreso l'entità della tragedia accaduta sulle strade del mantovano. Ma Isabella Taruffi sa perfettamente e da tempo quanto sia pericolosa la professione del marito.

Quando arriva al chilometro 21 della provinciale «Bresciana», Romolo Tavoni viene accolto dalle urla inferocite degli spettatori sopravvissuti, che sfogano la loro rabbia gridando all'indirizzo suo e degli uomini di Ferrari frasi dettate dal dolore e dalla disperazione.

«Delinquenti! Avete ucciso la nostra gente!» urlano con tutta la forza che hanno in corpo parenti, amici, conoscenti e sopravvissuti. Sotto il portico di una delle cascine che si affacciano sulla strada della morte, qualcuno ha messo un velo bianco sopra all'immagine della Vergine Maria. Davanti all'immagine sacra, la stessa mano ha acceso quattro candele in ricordo dei quattro bambini morti a metà pomeriggio.[10]

Il giovane direttore sportivo di Ferrari rimane sconvolto dall'accoglienza, ma soprattutto da quello che vede. Sotto ai lenzuoli chiazzati di sangue i corpi delle vittime sono dilaniati. Sull'asfalto, sulla banchina di terra battuta e sul prato sono disseminati detriti, sangue e resti umani. Quel che rimane della Ferrari n. 531 sprofonda nell'acqua di un fosso. Sulla riva riconosce i caschi dei due piloti, quello bianco di De Portago e quello nero di Nelson. Sull'erba sul ciglio della strada vede le scarpette nere da ciclista di De Portago. Nonostante sia da anni alla corte di Ferrari, Tavoni non ha mai visto nulla di nemmeno lontanamente paragonabile a questo scempio. Cerca di ricomporsi. Chiede ospitalità al proprietario di una villa lì vicino. L'uomo lo fa entrare. Tavoni compone il numero di telefono e chiama Ferrari. Sta tremando.

«Commendatore» dice quando Ferrari risponde «faccio fatica a parlare; mi si secca la gola.»

[10] *Ibid.*

«Dai!» dice impaziente Ferrari, che vuole sapere. «Dimmi cos'è successo.»

Mentre cerca di trovare la forza per descrivere l'agghiacciante scena che ha appena visto, Tavoni sente la gente che continua a urlare «assassini, assassini» all'indirizzo degli uomini arrivati da Maranello e rimasti in strada. Anche loro sono sconvolti da quanto è accaduto e dalla agghiacciante mostruosità di quello che vedono, ma ai parenti e ai familiari delle vittime importa poco.

«Guardi, Commendatore» prosegue Tavoni «uno è tagliato in due e l'altro è assolutamente irriconoscibile. La vettura è sfasciata perché ha preso contro una paratia di un ponticello. Qui ci sono feriti e morti. Molti bambini.»[11]

Quello tagliato in due è De Portago. Quello irriconoscibile è Nelson, la cui testa è stata recisa a 45 gradi per aver strisciato sull'asfalto. Tavoni informa Ferrari che, oltre ai loro due piloti, sono morti anche nove spettatori. Quattro di loro sono adulti, cinque sono bambini – il più piccolo aveva quasi sei anni, la più grande dieci. E naturalmente ci sono i feriti, una decina in tutto, alcuni dei quali sono stati portati in ospedale.

All'altro capo del telefono, Ferrari è sconvolto.

Dice a Tavoni di mettersi a disposizione di Polizia e Carabinieri. Poi gli raccomanda di misurare le parole con la stampa. Prima di riagganciare gli dice che lo richiamerà più tardi per avere aggiornamenti, cosa che accadrà più volte in quel che resta di questo pomeriggio di sangue.

Tavoni resta sul luogo dell'incidente fino a che scende la sera. Poi se ne va a Brescia, dove verrà raggiunto da

[11] L. Montagner, *De Portago. Il pianto del Drake*, Sometti 2008, pp. 72-73.

Federico Giberti, l'esperto di questioni legali della Ferrari. A Giberti Ferrari ha chiesto di assistere Tavoni nel confrontarsi con i periti e la magistratura in merito all'inchiesta che, il Signore di Maranello non si fa illusioni, verrà inevitabilmente aperta.

A Biarritz, l'antico porto dei balenieri sul Golfo di Biscaglia diventata una delle località più alla moda del ventesimo secolo, Olga Martin Montis è irrequieta. Nell'ordine di arrivo della Mille Miglia trasmesso quel pomeriggio dalla radio francese non ha trovato il nome del figlio. La signora, che è al terzo matrimonio, è la mamma di Alfonso De Portago.

Donna Olga decide allora di chiamare personalmente Maranello per cercare di scoprire cosa ne è stato di suo figlio e della sua Ferrari n. 531. All'altro capo del telefono, chi risponde resta nel vago. La donna non riesce a ottenere alcuna risposta precisa. Lascia trascorrere qualche minuto e chiama una seconda volta. Ancora nulla. Nessuno in Ferrari sembra sapere – o voler dire – niente.

L'anziana signora decide allora di ascoltare il giornale radio delle sei del pomeriggio. Ed è attraverso la voce dello speaker della radio di Stato spagnola che apprende della morte del figlio.

Alle 19:50 Linda Christian, la bionda e bellissima attrice messicana che da qualche tempo sta vivendo una storia d'amore molto reclamizzata con Alfonso De Portago, atterra all'aeroporto di Linate. Ha appuntamento con il pilota spagnolo, con il quale deve trascorrere la notte a Milano, per poi raggiungere Montecarlo per qualche giorno di vacanza in Costa Azzurra prima del gran premio di Monaco.

Linda ha visto Fon al posto di controllo di Roma intorno a mezzogiorno. Poche parole, due sguardi complici, un bigliettino che il pilota ha infilato alla svelta nel taschino della tuta, un sorriso e poi via. «Sarò prudente» le ha detto Alfonso prima di ripartire per tornare verso nord e il traguardo di Brescia. Era di ottimo umore. «Ci vediamo stasera a Milano, all'aeroporto. Scommettiamo che arrivo prima io?»[12]

Linda non sa nulla di quanto è accaduto. A Ciampino, da dove è partita, così come sul volo, nessuno ha avuto il coraggio di avvertirla di quel che è successo. Al posto di Fon trova ad attenderla un giornalista del *Giorno*, uno dei quotidiani di Milano. Il cronista le dice della sciagura e si offre di accompagnarla a Guidizzolo. Stordita dalla notizia, Linda sale in auto e si avvia verso la campagna del mantovano.

Sul far della sera altri poliziotti si aggiungono al capitano Saverino, al vicebrigadiere Scaffidi e ai due motociclisti. Fino a notte inoltrata i militi continueranno a eseguire i rilevamenti dell'incidente e a recuperare gli oggetti rimasti sulla strada o finiti nei due fossi e nei campi. Tra questi ci sono i portafogli dei due piloti – quello di Nelson contiene un assegno circolare rilasciato dalla Banca Popolare di Castiglione delle Stiviere per una somma di 31.800 lire. Rientrato al Comando, Saverino invia un marconigramma alla Procura della Repubblica, alla Prefettura e alla Questura di Mantova, e al Comando della Polstrada di Milano, per informarli ufficialmente della sciagura.

Il linguaggio è quello ammuffito della burocrazia di allo-

12 L. Delli Carri, *Gli indisciplinati*, Fucina 2019, p. 198.

ra o forse di sempre: «... suddito spagnolo De Portago Alfonso non meglio identificato accompagnato da suddito americano Gurner Nelson Edmund secondo pilota *virgola* causa scoppio pneumatico anteriore sinistro perdeva controllo autovettura "Ferrari 3500 cc" distinta con numero di gara 531 (...) investendo paracarro che catapultava automezzo contro pubblico sostante dentro argine erboso canale di irrigazione esistente lato sinistro direzione Mantova-Brescia *punto* Autoveicolo piombato su civili ne uccideva nove et ne feriva sei *punto* Stesso pilota et suo assistente decedevano sul colpo». Saverino dichiara che «attualmente non si conosce l'entità delle lesioni riportate dai feriti (...) né le generalità dettagliate circa vittime luttuoso incidente».[13] Ma conclude dicendo che le indagini sono ancora in corso.

Nonostante sia scesa da un pezzo l'oscurità, sul luogo dell'incidente e negli immediati dintorni c'è un viavai continuo di persone. Ai lati della provinciale che unisce Goito e Guidizzolo i curiosi si mischiano ai giornalisti e ai fotoreporter e agli agenti di pubblica sicurezza che stanno cercando di terminare l'archiviazione di tutto quello che hanno trovato. Anche i poliziotti hanno con loro un fotografo che scatta immagini che serviranno nell'istruttoria che seguirà. Quando verranno archiviate, le didascalie scritte in calce a ciascuna di esse rivelano l'orrore di quanto accaduto quel pomeriggio.

«Casco del II pilota – scarpetta e chiazza sangue» recita la didascalia della foto numero 15. «Pantofola – cappello – giaccone civile e chiazza sangue» dice la didascalia

[13] *Marconigramma inviato dal capitano Corradino Saverino*, 12 maggio 1957.

della foto numero 16. «Paracarro abbattuto e vettura nel fossato sinistro» dice la numero 18. La più tragica è con ogni probabilità la didascalia dell'immagine numero 5 – «Visceri umane lato sinistro del piano viabile».[14]

E così via per una serie di istantanee che fotografano in maniera impietosa l'orrore di una giornata di festa che nel breve volgere di qualche secondo si è tramutata in una anticipazione terrena dell'inferno.

Sul luogo della tragedia arriva una macchina targata Milano. Ormai è buio. Insieme al cronista del quotidiano *Il Giorno* scende Linda Christian, la compagna di De Portago.

Linda si ferma impietrita sull'orlo del fosso nel quale giace, sprofondato per metà nell'acqua, quel che rimane della Ferrari di Fon. La giovane donna piange in silenzio. Si inginocchia per accarezzare il casco del suo uomo. Qua e là sono ancora sparsi i rottami del bolide rosso. Tra gli sguardi dei curiosi, Linda singhiozza e prega. Nessuno ha il coraggio di avvicinarsi.[15]

Alle undici di sera il sostituto procuratore della Repubblica di Mantova Geraci si reca all'ospedale di Volta Mantovana. Con lui è il dottor Enea Caldana. Caldana ha trentasei anni, è un medico-chirurgo, ma è soprattutto il perito d'ufficio del Tribunale di Mantova. All'ospedale devono accertare lo stato di salute di sei delle nove persone rimaste ferite nell'incidente, che sono state ricoverate qui nel pomeriggio. Le altre tre, con ferite meno gravi, sono nelle rispettive abitazioni.

[14] *Allegati alla perizia giudiziale*, 14 gennaio 1958.
[15] *Paese Sera*, 13-14 maggio 1957.

Cinque dei sei feriti sono uomini di età compresa tra i trenta e i cinquantacinque anni. Il sesto è un bimbo di tre anni, che «presenta stato soporoso, ematoma frontale e ferita lacera all'avambraccio destro». Per lui il dottor Caldana ipotizza una prognosi di trenta giorni, «salvo complicazioni».[16] I cinque uomini sono tutti ancora in stato di choc. Presentano ferite ed escoriazioni un po' su tutto il corpo, qualche frattura o sospetta frattura, ma nulla che faccia temere per la loro vita. Per loro Caldana ipotizza prognosi che vanno dai dieci ai sessanta giorni.

Sostituto procuratore e medico lasciano l'ospedale di Volta Mantovana e, verso le 23:30, iniziano il pietoso obbligo di certificare la morte delle vittime e stabilirne la causa.

Da questo momento fino alle due del mattino, Geraci e Caldana visiteranno umili case nelle quali troveranno povera gente chiusa in un rassegnato silenzio. Questa è tutta gente di campagna, gente abituata a lavorare dall'alba al tramonto e a santificare le feste. La loro fede è profonda. Il tempo delle recriminazioni e della rabbia naturalmente arriverà. Ma in questa prima notte dopo la tragedia, in tutti c'è solo una passiva e composta accettazione – anche in quelle case dove i morti sono dei bambini, e in una di queste case di bimbi morti ce ne sono due.

In ognuna di queste modeste abitazioni, Geraci e Caldana vengono accompagnati nelle camere da letto, dove i familiari hanno adagiato i corpi delle vittime. A Volta Mantovana, nella prima abitazione che visitano, il cancel-

[16] *Relazione di perizia medico-legale eseguita dal dottor Enea Caldana il 12 e 13 maggio 1957.*

liere del Tribunale che li accompagna prende nota: «Cadavere di persona di sesso maschile dell'apparente età di anni trenta che giace in posizione supina adagiato su di un letto matrimoniale ed indossa i seguenti indumenti: giacca e calzoni di stoffa grigi, camicia bianca, cravatta, maglia, mutande, calze grigie».[17] Cioè i vestiti che indossava nel momento in cui è stato travolto dalla Ferrari di De Portago. Ma quando all'una e un quarto di quella notte i tre andranno a casa di una bimba di dieci anni, il cancelliere scriverà che la ragazzina, adagiata sul letto, è «completamente vestita con abiti bianchi» e, tra parentesi, aggiungerà: «abito della Cresima»[18] che la bambina aveva ricevuto quella mattina, prima di pranzo e prima di andare ad assistere con il padre al passaggio della Mille Miglia.

Dieci minuti prima della mezzanotte, Geraci e Caldana entrano in una abitazione nel Comune di Cavriana. Vengono accompagnati al primo piano dove, adagiati sul letto della camera matrimoniale, trovano i corpi di due bambini. La femmina ha dieci anni, il maschio sei. Per qualche motivo qualcuno quella notte scatterà una fotografia, che sarà poi pubblicata sulle pagine della rivista *Settimo Giorno* con questa didascalia: «Veglia funebre in casa Rigon a Volta Mantovana: sul letto i corpi dei due fratellini, Valentino, di cinque anni, e Virginia, di dieci anni. Accanto al letto la madre Maria Sartori». Qualche riga prima il giornalista aveva lanciato il suo grido: «Il terrificante disastro di Guidizzolo deve assolutamente essere

[17] *Processo verbale di descrizione, ricognizione e sezione di cadavere*, 12 maggio 1957, ore 23:30, Comune di Volta Mantovana.

[18] *Processo verbale di descrizione, ricognizione e sezione di cadavere*, 13 maggio 1957, ore 1:15, Comune di Guidizzolo.

l'ultimo».[19] Per i due bambini la causa della morte, che Caldana stabilisce e il cancelliere annota, è la stessa: «Traumatismo al capo con probabile frattura della base cranica e conseguenti gravi lesioni interne».[20]

In casa di Anita Boscaini, la ragazzina di undici anni travolta sotto gli occhi della madre, non c'è l'energia elettrica. «Ma le pietose mani dei parenti in lacrime hanno acceso attorno al suo corpo straziato e ricoperto da un candido lenzuolo, quattro grossi ceri. La luce a fatica illumina la piccola stanza dove il padre e la madre, in silenzio, vegliano con il volto segnato più dallo sgomento che dalle lacrime la loro cara. Alla corte Fienil Nuovo è composta la salma del piccolo Giovanni Consato. Sull'uscio di casa il padre piange in silenzio. È solo. All'interno la madre, le sorelle e alcuni parenti sono in muto raccoglimento attorno alla piccola salma.»[21]

Caldana e Geraci vanno di casa in casa tra i campi della campagna mantovana fino alle due del mattino, quando visitano l'abitazione dell'ultima vittima. Sul letto giace il corpo di una bambina di otto anni. Anche lei veste un abito bianco con calze dello stesso colore. L'incidente è avvenuto di domenica e gli spettatori, gli adulti così come i bambini, indossavano ancora gli abiti del giorno di festa, quelli con i quali erano andati a messa quella mattina. Il povero corpo è martoriato: «Escoriazioni, ferite lacero-contuse e contusioni sono presenti su tutta la superficie corporea, ma specialmente localizzate al volto, al dorso delle mani, all'avambraccio di destra e alla gamba sini-

[19] *Una corsa che è costata troppo*, in *Settimo giorno*, primavera 1957.

[20] *Processo verbale di descrizione, ricognizione e sezione di cadavere*, 12 maggio 1957, ore 23:50, Comune di Guidizzolo.

[21] *Gazzetta di Mantova*, 13 maggio 1957.

stra. L'emifaccia di destra appare completamente sfondata con frantumazione del massiccio facciale e della regione temporo-parietale del cranio. L'omero sinistro presenta al suo terzo medio la frattura completa con tumefazione ed ematoma sottocutaneo. Anche il femore destro presenta la frattura completa subito al di sopra dell'articolazione del ginocchio». La conclusione di Caldana è la medesima delle altre vittime: «I mezzi che hanno provocato queste lesioni sono da ricercarsi in un travolgimento da parte di un mezzo mobile pesante» – vale a dire, la Ferrari n. 531 di De Portago.

Nello spazio di due ore e mezzo il sostituto procuratore della Repubblica di Mantova Geraci e il dottor Caldana hanno accertato la morte di nove persone. Ne mancano due, vale a dire i due piloti.

I loro corpi sono stati trasportati nella cappella del cimitero di Cavriana, dove a vegliare quel che rimane dei suoi piloti Ferrari ha mandato tre meccanici. Ma ormai è notte fonda. Geraci e Caldana tornano a Mantova per qualche ora di riposo sempre che, dopo lo scempio di corpi che hanno visto e le famiglie distrutte che hanno visitato, siano in grado di prendere sonno.

3
L'alba del giorno dopo

Alle otto del mattino di lunedì 13 maggio, Geraci e Caldana – sostituto procuratore della Repubblica di Mantova e perito medico d'ufficio – sono di nuovo insieme. Questa volta si recano a Corte Colomba di Cavriana, cioè a qualche centinaia di metri soltanto dal luogo dell'incidente, per fare visita agli ultimi tre feriti. Si tratta di Giuseppe, Sebastiano e Ivo Morelli – vale a dire, nonno, figlio, nipote, rispettivamente di settantadue, quarantatré e sette anni.

Il loro stato di salute non desta preoccupazione. Il più anziano ha una escoriazione alla mano provocata, dice, da un pezzo metallico che si è staccato dalla Ferrari di De Portago e lo ha colpito. Si è medicato da solo senza neppure farsi vedere da un medico. Il figlio dice di essere stato colpito al capo da «un corpo contundente» ma dice di non sapere se si sia trattato di un sasso o di un qualsiasi altro oggetto, magari qualcosa che si è staccato dalla vettura. Dice comunque di stare bene. Il dottor Caldana non gli riscontra nulla di particolare e lo dichiara guaribile in cinque giorni. Il ragazzino di sette anni è stato colpito da «schegge di natura imprecisata». Ha un paio di escoriazioni, ma nulla di grave. Anche lui, come il papà e il nonno, se l'è cavata solo con un grosso spavento.

A Ivo è andata bene. La prima pagina della *Gazzetta di Mantova* stamane pubblica le fotografie di chi non ha avuto la sua fortuna, vale a dire i cinque ragazzini falciati dalla Ferrari di De Portago. Anita, Virginia e Carmen sono ritratte il giorno della prima comunione e sembrano delle piccole Madonne con in mano degli enormi mazzi di fiori. Anita e Carmen erano cugine. Anche Giovanni è ritratto il giorno della prima comunione, giacca, cravatta e mani giunte. Solo per Valentino c'è una foto in una posa di tutti i giorni nella quale sorride e sembra giocare.[22] Lui, che non aveva ancora sei anni, al giorno della comunione non arriverà.

Geraci e Caldana lasciano l'abitazione dei Morelli e fanno ritorno a Mantova. Torneranno insieme da queste parti una volta ancora in tarda mattinata.

Alle nove e un quarto il capitano Saverino si presenta insieme al vicebrigadiere Carmelo Genova a casa di Gaetano Beghelli a Vasto di Goito, un minuscolo centro abitato tra i campi coltivati a un paio di chilometri dal luogo dell'incidente. Beghelli fa il contadino e ha compiuto cinquantaquattro anni il giorno precedente.

A Saverino che lo interroga e a Genova che prende nota Beghelli racconta che, nel momento dell'incidente, era seduto da circa un'ora su una sedia che si era portato da casa e che aveva sistemato «nella parte interna della scarpata e dietro il paracarro» non distante dall'incrocio

[22] *Ibid.*

tra lo stradello che porta a Cavriana e la provinciale per assistere al passaggio della Mille Miglia. Così come a tutti gli altri spettatori, a Beghelli non sfuggiva naturalmente la pericolosità che comportava l'assistere al passaggio di bolidi lanciati a piena velocità e, per questo motivo, non solo aveva sistemato la sedia oltre la scarpata, ma l'aveva pure messa dietro al paracarro – cioè l'unico elemento di sicurezza, per quanto limitata potesse essere, che aveva trovato.

Le persone attorno a lui, racconta ai poliziotti, «erano in parte sedute ed in parte in piedi, ma tutte protette dal predetto alveo»[23] cioè dalla scarpata che formava di fatto un solco tra la strada e i campi e che, nelle intenzioni degli spettatori, doveva rappresentare una barriera di sicurezza tra loro e le vetture lanciate ben oltre i 200 chilometri all'ora, visto che il tratto di strada tra i paesi di Goito e Guidizzolo è un lungo rettilineo di undici chilometri sul quale tutti i concorrenti spingono al massimo.

Lo stesso avevano fatto gli spettatori sul lato opposto della strada, dice. Da quella parte però, dal momento che il fosso era asciutto, alcune persone si erano posizionate all'interno dell'alveo del canale, vale a dire al di sotto del piano stradale. La ragione era sempre la stessa, cioè la ricerca di una qualche misura di protezione. Nel caso di chi era posizionato al di sotto della strada, la speranza era che una vettura che usciva di strada di fatto sorvolasse il canale a causa della velocità e finisse la sua corsa nei campi alle loro spalle. Quello che stupisce naturalmente è che le empiriche misure di sicurezza adottate dagli spettatori fossero in antitesi le une con le altre, perché se è vero che

[23] *Verbale di interrogatorio di Beghelli Gaetano*, 13 maggio 1957.

gli spettatori sul lato destro della strada contavano sulla (ipotetica) barriera rappresentata dal canale di scolo, quelli sul lato sinistro, che erano andati a mettersi all'interno del canale, contavano sul fatto che una vettura che usciva di strada sarebbe volata oltre il canale e sopra alle loro teste.

La ricostruzione di Beghelli è confermata anche dagli altri testimoni che il capitano Saverino va a interrogare nel corso della giornata, Renzo e Bruno Zanini i quali, nonostante lo stesso cognome, non sono parenti – agricoltore cinquantenne il primo, ambulante non ancora trentenne il secondo, tutti abitanti in zona. Gli spettatori, concordano i tre testimoni, si erano sistemati in quelli che credevano essere posti relativamente sicuri. E tutti e tre assicurano Saverino che «non vi era alcuna persona né a destra né a sinistra in quel tratto di strada che sostasse sul manto asfaltato o sulla banchina in terra battuta».

Beghelli e i due Zanini concordano anche nella ricostruzione di quanto accaduto: «Un'autovettura da competizione di colore rosso che procedeva a fortissima velocità (...) un forte scoppio proveniente dalla ruota anteriore sinistra accompagnato da un fumo nero (...) l'autovettura che cozzava violentemente con la parte anteriore contro un paracarro (...) che si sollevava da terra (...) sfiorava il canale di scolo investendo alcune persone che assistevano alla gara nell'interno dell'alveo del canale al di sotto del piano stradale (...) si riportava sulla strada, precipitava nel canale di scolo di destra».[24]

Le tre deposizioni durano ciascuna lo spazio di pochi minuti. I tre uomini sono provati. Ricordano perfetta-

[24] *Verbale di interrogatorio di Zanini Bruno*, 13 maggio 1957.

mente ogni particolare di quanto è accaduto il giorno precedente, ma sono chiaramente ancora in stato di choc. Sanno perfettamente che solo il caso li ha risparmiati.

A metà mattina, sul rettilineo che da Goito porta a Guidizzolo, all'altezza della colonnina del chilometro 21 le forze dell'ordine pattugliano ancora la zona dell'incidente. Posati sui prati così come sull'argine del fosso, o legati agli alberi allineati lungo la strada, ci sono mazzi e corone di fiori. Sono stati portati dalla gente del posto per ricordare i loro morti. La maggior parte dei detriti sono stati recuperati e così pure gli oggetti personali degli spettatori che sono stati falciati dal bolide impazzito. Ma quel che resta della Ferrari di De Portago è ancora semi-sommerso nell'acqua del fosso sul lato destro della strada. Gli agenti della Polizia stradale stanno verificando una volta ancora i rilevamenti fatti il pomeriggio, la sera e poi la notte del giorno precedente. La vettura verrà recuperata dai Vigili del fuoco nel corso della giornata tra una miriade di curiosi che si assiepano sulla riva del canale.

A uno dei poliziotti della Polstrada si presenta un uomo che dice di chiamarsi Giovanni Bonini. È un cinquantenne appassionato di corse che risiede a Rovereto in Trentino, ma dal momento che è nato ad Acquanegra sul Chiese, un piccolo centro abitato a una ventina di chilometri da lì, spiega ai poliziotti che nel fine settimana è tornato a casa per assistere al passaggio della Mille Miglia. Il giorno precedente aveva scelto di guardare il passaggio dei concorrenti tra il paese di Marcaria – a una decina di chilometri da Acquanegra – e il ponte Rasega. Poco prima delle quattro del pomeriggio ha visto transitare, nell'ordine, Taruffi, von Trips e De Portago. Dalla vettura con il numero 531, cioè da quella di

De Portago, dice di aver visto staccarsi un qualcosa che, dopo che la vettura si è allontanata, ha raccolto e ha identificato come un pezzo di «copertura».[25] Lo ha mostrato ai due amici con i quali stava assistendo al passaggio della corsa e ha detto loro della situazione di pericolo che, a suo dire, derivava dal distacco di quel pezzo di battistrada.

Bonini, che dice di aver partecipato ad alcune corse in automobile in gioventù, ha spiegato agli amici che «poteva succedere una disgrazia per scoppio della gomma». Così, forse immaginando che quel pezzo di copertone potesse tornare utile a qualcuno nel caso si fosse davvero verificato un incidente, lo ha nascosto «in un fossetto in mezzo all'erba, in luogo che non poteva essere raccolto facilmente».[26]

La cosa era finita lì. Ma quando è tornato a casa, attraverso la radio ha naturalmente saputo della tragedia e così, questa mattina, è tornato nel luogo dove aveva nascosto il pezzo di pneumatico, l'ha recuperato e adesso, dice prendendolo dalla tasca della giacca, ha pensato di consegnarlo ai poliziotti per le loro indagini.

Alle undici del mattino, il sostituto procuratore della Repubblica di Mantova Luigi Geraci e il dottor Enea Caldana entrano nella cappella del cimitero dell'abitato di Cavriana, distante poco meno di otto chilometri dal luogo dell'incidente. Cavriana è in cima a un poggio di quelle che sono le colline moreniche mantovane, dove la Pianura Padana inizia dolcemente ad accartocciarsi.

Come tutti i cimiteri di campagna in questa fetta d'Italia,

[25] *Verbale di ricostruzione sommaria*, 3 giugno 1957, Deposizione di Giovanni Bonini davanti al procuratore della Repubblica Alessandro Caprioli.
[26] *Ibid.*

il camposanto si trova qualche centinaio di metri fuori dal paese. È un rettangolo di muri di pietra grezza e mattoni rossi con coppi in cotto, tutto circondato da cipressi. Per accedere al cimitero è necessario salire qualche gradino. Sul lato opposto rispetto all'entrata c'è una piccola cappella intonacata di giallo. All'interno della cappella, due bare custodiscono i corpi dei due piloti della Ferrari n. 531.

Il primo corpo che Caldana esamina è quello di De Portago. Il pilota spagnolo indossa indumenti di stoffa blu, cioè la tuta da gara che vestiva nel momento dell'incidente. «Le ossa craniche e facciali» osserva Caldana «sono completamente fratturate. Dall'orecchio di destra si osserva fuoriuscita di sangue cerebrale. Il tronco appare completamente tagliato con separazione del bacino, con relativi arti inferiori, dalla restante parte corporea, mancano completamente gli intestini che sono stati raccolti a parte sulla strada sul luogo del sinistro. La causa della morte» detta Caldana al cancelliere che lo ha accompagnato insieme al sostituto procuratore «è da ricercarsi nella separazione totale del tronco dal bacino con eviscerazione completa e nello sfondamento del cranio. I mezzi che hanno provocato la morte» continua il medico «sono l'urto e lo schiacciamento contro corpi solidi di cui quello che ha provocato la recisione del tronco deve aver avuto superficie molto limitata o angolata.»

Sabato sera, prima di coricarsi in quella che sarebbe stata la sua ultima notte, sul suo diario Fon aveva scritto: «Il meccanismo che domani alle 5:31 am mi manderà giù dalla rampa di partenza è stato irrevocabilmente messo in moto. Non c'è più niente che io possa fare. È meraviglioso essere vivo, tanto più quando io so che domani posso morire».[27]

[27] Delli Carri, *Gli indisciplinati*, cit., p. 198.

Anche il corpo di Nelson, nella bara accanto, è stato composto poiché dilaniato. «Il cranio» constata Caldana «appare completamente sfracellato e irriconoscibile per sfondamento del volto (...) grossi frammenti cranici, meningi e frammenti cerebrali sono stati raccolti sparsi lungo la riva del fossato (...) il torace è cedevole da ambedue i lati per sfondamento completo dello stesso (...) la superficie anteriore del collo e la parte alta del petto appare scuoiata con esposizione dei fasci muscolari sottostanti.» La causa della morte di Nelson è terrificante: «Sfracellamento del cranio con proiezione all'esterno del cervello e lo sfondamento completo del torace».[28]

Caldana e Geraci hanno terminato. La causa della morte dei nove spettatori e dei due piloti è stata accertata.

Precisamente alla stessa ora, a una novantina di chilometri di distanza, un meccanico di Olmo, in provincia di Vicenza, si reca all'ufficio postale del paese e invia un telegramma a Maranello. Nel breve testo Lino Zigliotto informa la Ferrari di avere in custodia una gomma della Ferrari n. 531, e che è stato personalmente il pilota a chiedergli di custodirla sino al termine della corsa.

Ma perché uno sconosciuto appassionato di corse vicentino è in possesso, dalla mattina del giorno precedente, di una delle ruote della Ferrari di De Portago che più tardi quel pomeriggio sarebbe uscita di strada falciando nove spettatori?

Il motivo è semplice.

La mattina di domenica, una decina di minuti dopo le

[28] *Processo verbale di descrizione, ricognizione e sezione di cadavere*, 13 maggio 1957, ore 11, Cavriana, Cimitero Comunale.

sei, Zigliotto stava assistendo insieme a un amico al passaggio della Mille Miglia sul rettilineo tra Olmo e Tavernelle quando, a un certo punto, ha visto «la macchina da competizione portante il numero di corsa 531 procedere, per buon tratto, in marcati sbandamenti, sinché il pilota non è riuscito, con un graduale rallentamento, a fermarsi sul limite sinistro della strada rispetto al senso di corsa». Fermata la macchina, De Portago e Nelson «in preda a viva emozione, sono scesi e si son posti a ricercare la causa che aveva determinato gli sbandamenti individuandola» dirà Zigliotto qualche giorno dopo quando sarà ascoltato dal questore di Vicenza «nel fatto che il copertone del pneumatico della ruota posteriore sinistra aveva perso, per buona porzione, il rivestimento esterno "battistrada" sicché era in condizioni di dover essere necessariamente sostituito».[29]

A questo punto De Portago e Nelson, che avevano disputato solo una quarantina di minuti di gara e avevano di conseguenza tutta la corsa ancora davanti, si sono dati velocemente da fare per sostituire il pneumatico che aveva perso un pezzo di battistrada con la ruota di scorta. Nell'operazione sono stati aiutati da una quindicina di spettatori, tra i quali Zigliotto e l'amico, che hanno sollevato di peso la vettura. Terminata l'operazione di sostituzione, De Portago in persona ha affidato la ruota incidentata a Zanini perché la custodisse fino a quando non fossero venuti a riprenderla gli incaricati della Ferrari. Incaricati che Zanini sta per l'appunto informando adesso con un telegramma.

[29] *Comunicazione dal questore di Vicenza al procuratore della Repubblica di Mantova, oggetto: XXIV Mille Miglia – Sciagura di Guidizzolo – indagini*, 16 maggio 1957.

*

Seguendo la tradizione di queste terre, sui muri delle case di Guidizzolo, Volta Mantovana e Cavriana gli incaricati di ciascun Comune hanno affisso gli annunci funebri. Da queste parti è una prassi – manifesti rettangolari bianchi, listati a lutto, con il nome e le generalità del morto, i nomi dei familiari che ne danno l'annuncio, qualche parola di conforto, a volte un passo dei Vangeli, altre volte un'immagine sacra.

Oggi i manifesti sono più grandi del solito e sono affissi su tutte le case di questi tre piccoli paesi del mantovano. Recano i nomi di ognuna delle vittime dell'incidente di domenica e sono gli stessi in ciascun paese. In cima alla lista ci sono i nomi dei due piloti, «perché il cuore di Mantova» si legge sulla stampa locale in quei giorni di lutto «è grande e buono in un momento come questo, quando l'urto violento dell'angoscia poteva, fra gente meno civile, spingere a vedere con altri occhi pure i semplici strumenti della fatalità, anch'essi travolti».[30]

Prima del termine della giornata, il procuratore della Repubblica di Mantova Alessandro Caprioli scrive al procuratore generale della Repubblica presso la Corte di Appello di Brescia per informarlo in maniera ufficiale dell'incidente. La prassi è questa. Brescia è la città nella quale risiedono gli organizzatori della Mille Miglia, che sono naturalmente responsabili in prima persona di quanto accade in corsa.

Caprioli informa il collega che «durante la gara auto-

[30] *Gazzetta di Mantova*, 15 maggio 1957.

mobilistica Mille Miglia poco dopo le 16 di ieri 12 maggio l'automobile concorrente n. 531 del Marchese De Portago, lanciata ad oltre 200 chilometri orari sul rettilineo che conduce all'abitato di Guidizzolo è uscita di strada all'altezza di Corte Colomba, *a causa dello scoppio di un pneumatico*, piombando su spettatori che si trovavano sul lato sinistro della strada». Caprioli comunica anche che «le vittime finora sono 11». Segue l'elenco con i nomi dei due piloti e dei nove spettatori. «I feriti accertati» continua per completezza di informazioni «sono una diecina, dei quali alcuni in gravi condizioni.»[31]

«Questo ufficio» assicura Caprioli «ha prontamente eseguito le indagini sopralluogo e le continua coll'ausilio di periti tecnici e medico legali.» Infine informa il collega di Brescia di avere «assunto personalmente l'iniziativa delle indagini»[32] cosa che ha effettivamente fatto con la costituzione, quel giorno, di una commissione di periti incaricati di stabilire le cause dell'incidente.

È ormai scesa la sera e le ombre sono sempre più lunghe tra le colline dell'alto mantovano quando la madre e la sorella di De Portago arrivano al cimitero di Cavriana. Con loro c'è Linda Christian, che è già stata qui la sera precedente e ha fatto con loro il tragitto dalla Malpensa. Le due nobildonne spagnole sono arrivate in volo da Biarritz a metà pomeriggio con il terzo marito della madre del pilota di Ferrari, Isidro Martin Montis. Prima di

[31] *Comunicazione dal procuratore della Repubblica di Mantova al procuratore generale della Repubblica presso la Corte di Appello di Brescia, oggetto: Incidente stradale in gara automobilistica – morte di undici persone*, 13 maggio 1957.
[32] *Ibid.*

arrivare a Cavriana sono passate in auto sul luogo dell'incidente, ma non si sono fermate. Nonostante l'ora, nel camposanto c'è una piccola folla. Quando vede le tre donne vestite di nero salire i gradini di pietra, la gente immediatamente capisce e allora si ritira composta e in silenzio sui due lati del vialetto centrale.

Linda Christian ha il viso coperto da una veletta nera, e sotto la veletta porta gli occhiali scuri. Ha preso l'anziana signora sottobraccio e camminano lentamente. «La ghiaietta scricchiolava sotto i tacchi a spillo della giovane attrice e le scarpe a mezzo tacco della vecchia madre»[33] scriveranno i giornali l'indomani. L'emozione è tanta. L'anziana signora si ferma tre volte. Davanti a lei e alla Christian, i fotografi scattano una fotografia dopo l'altra. Nel piccolo cimitero i flash respingono le tenebre che stanno avvicinandosi. Oltre il muro di fotografi, mano a mano che procedono le due donne possono vedere sempre più distintamente i ceri che illuminano i fiori nella cappella buia. Chi c'era ricorderà che il viso dell'attrice messicana era pallido e quello dell'anziana signora pallidissimo.

Quando finalmente arriva sul lato opposto del grande cortile, il piccolo corteo sale i pochi gradini ed entra nella cappella. A tenere compagnia ai due caduti ci sono sempre un paio di meccanici di Ferrari. La madre di Fon chiede quale delle due è la bara del figlio. La Christian gliela indica. La signora Olga si avvicina alla bara, vi posa sopra la mano e accarezza per qualche secondo la cassa di legno. Poi si inginocchia. Linda fa altrettanto. Poggiano entrambe la testa sulla bara e piangono in silenzio. Bacia-

[33] *Corriere della Sera*, 14 maggio 1957.

no il crocifisso sulla bara. Si alzano. Accarezzano anche la bara di Nelson. Poi si voltano ed escono.

L'anziana signora guadagna lentamente l'uscita. Linda Christian si ferma e torna indietro. Accarezza di nuovo la bara di Fon. Posa le dita sulla targa in ottone con il nome dell'amato e le tiene premute per qualche secondo. Nella luce fioca della piccola cappella, sulle mani curate dell'attrice i presenti notano lo smalto rosso vivo. Quando esce, Linda ha gli occhi rossi. Dà di nuovo il braccio alla signora Olga e, lentamente come sono venute, tornano all'automobile che le aspetta fuori dal cimitero.

4
Il dolore

La mattina di martedì 14 maggio il procuratore della Repubblica di Mantova Alessandro Caprioli autorizza la restituzione alla moglie di Nelson, una ragazza hawaiana di nome Fumi, che nel frattempo è arrivata dagli Stati Uniti, dei suoi effetti personali: il casco e il portafogli, con all'interno denaro e documenti.[34] Ma oggi è soprattutto il giorno dei funerali solenni.

Le commemorazioni occupano l'intera giornata.

Alle otto del mattino le autorità civili e religiose si ritrovano nella basilica di Sant'Andrea nel centro storico di Mantova per un primo rito di suffragio. L'iniziativa è del comitato provinciale del Centro sportivo italiano. Ci sono prelati della diocesi di Mantova che officiano la messa e delegati locali e nazionali del CONI, del CSI, dell'Azione Cattolica, dell'ACLI, della Croce Rossa e pure della Democrazia cristiana che vi assistono. La chiesa è affollata. La tragedia ha toccato l'intera città di Mantova.

[34] *Comunicazione dal procuratore della Repubblica di Mantova al comandante della Polizia stradale di Mantova, oggetto: Restituzione cose repertate*, 14 maggio 1957.

Un'ora più tardi, a Volta Mantovana si tiene il funerale di Silvestro Franzini. I familiari hanno preferito un rito separato officiato nel paese del congiunto in modo che tutto il paese possa stringersi intorno a Silvestro, che era andato ad abitare a Milano, ma che è tornato a morire nella sua campagna e adesso qui rimarrà. Tra Volta Mantovana e Guidizzolo ci sono solo nove chilometri, ma nella seconda metà degli anni Cinquanta spostarsi in automobile, nelle campagne, resta ancora privilegio di pochi. In chiesa e nella piazza antistante s'è effettivamente raccolto l'intero paese. I funerali sono in forma solenne. In chiesa, insieme alle autorità locali, entra anche una delegazione del Partito comunista italiano. Al termine della funzione, Franzini viene accompagnato al cimitero di Volta Mantovana per la tumulazione. È la prima delle undici vittime della sciagura a essere sepolta.

I funerali delle altre otto vittime e dei due piloti sono in programma alle tre del pomeriggio nella chiesa parrocchiale di San Pietro a Guidizzolo. La gente di queste parti non fa distinzione tra chi ha portato la morte e chi l'ha subita. «I morti sparsi in un punto insanguinato della provinciale "Bresciana" sono morti nostri. Anche De Portago è nostro, anche il povero Eddy Nelson è nostro» ha scritto ieri mattina il direttore della *Gazzetta di Mantova* «perché in fin dei conti i morti dello sport generosamente inteso non hanno nazionalità.»[35]

I carri funebri delle vittime che si avvicinano lentamente alla chiesa attraversando la campagna sono seguiti da lunghi cortei di gente con il capo chino. Quando i carri bianchi con le bare bianche dei cinque bambini arriva-

[35] *Gazzetta di Mantova*, 13 maggio 1957.

no alle porte di Guidizzolo, «dalla folla assiepata lungo le vie si alza un mormorio sommesso, mentre la commozione è segnata sui volti di tutti» annotano i cronisti.

La chiesa è piena di gente. Sul sagrato e nelle vie limitrofe si affollano da qualche ora migliaia di persone. Appoggiate al muro esterno intonacato di bianco della chiesa ci sono decine di corone di fiori – le hanno mandate il prefetto di Mantova, i sindaci dei Comuni di residenza delle vittime, la Provincia di Mantova, ma anche l'Automobile Club di Brescia che organizza la Mille Miglia e la Shell, la Democrazia cristiana e il PCI, il Centro culturale di Guidizzolo così come il Comitato olimpico spagnolo. Tra le corone ce n'è addirittura una mandata dai bobisti italiani a ricordo del fatto che, oltre che nell'automobilismo, De Portago eccelleva anche nel bob – solo l'anno prima il pilota di Ferrari ha partecipato alle Olimpiadi invernali di Cortina. E naturalmente c'è la corona che ha inviato la Scuderia Ferrari. Sopra a ogni bara è posato un cuscino di fiori. I cuscini sono stati mandati dall'Automobile Club di Brescia. I fiori sono rossi sulle bare degli adulti, bianchi su quelle dei bambini.

Le bare entrano in chiesa alle quattro del pomeriggio. Attorno a esse prendono posto i familiari delle vittime. Sono famiglie numerose quelle di queste campagne, povere ma orgogliose. Accanto a loro ci sono la madre, la sorella e la moglie di De Portago. Linda Christian, l'attrice con cui il pilota spagnolo aveva una relazione – molto pudicamente la stampa locale la descrive come una «amica di famiglia» –, è stata nella cappella del cimitero di Cavriana ieri, ma poi è andata via per non incrociare la moglie.

Con la madre e la sorella di De Portago siede la signora Nelson. Le tre forestiere vestono tutte di nero come le madri dei cinque ragazzini e le vedove dei tre uomini, ma i loro sono vestiti di alta sartoria; anche nella morte c'è differenza, per quanto involontaria possa essere. Tra i banchi al centro della navata siedono le autorità. Il ricordo della guerra, con i suoi orrori e le sue sofferenze, è ancora vivo e presente in tutti, ma la tragedia di domenica non ha lasciato insensibile un paese pur provato da cinque anni di lotte e da due di guerra civile. Tra i banchi non ha voluto mancare neppure Enzo Ferrari.

Celebra la messa il parroco di Guidizzolo, don Sarti. Ma è il vescovo di Mantova a impartire l'assoluzione alle dieci salme. Quando le dieci bare escono una in fila all'altra dalla chiesa – prima quelle dei cinque bambini, poi quelle dei tre adulti, infine quelle dei due piloti – sul sagrato la folla è immensa, immobile, silenziosa. La gente è venuta da tutti i paesi, dalle frazioni e dalle cascine della zona. Molti sono venuti a piedi. Tanti in bicicletta. Il corteo sfila silenzioso per le vie del paese tra due ali di folla fino a raggiungere il cimitero, al limitare dei campi, in direzione di Mantova e del luogo dell'incidente. Sulle facciate delle case sono esposti manifesti listati a lutto. Le bare entrano nel camposanto del paese. Il parroco benedice le salme. Poi ognuna si avvia verso il luogo della sepoltura, il corteo si scioglie, il paese si svuota.

Le bare dei due piloti vengono riportate nella cappella del cimitero di Cavriana. Da qui, domani raggiungeranno una il Sud-ovest della Francia e l'altra la Svizzera. Sulla bara di De Portago ci sono dei garofani bianchi portati dalla madre e un nastro sul quale la donna ha fatto scrivere, TO MY DARLING SON ALL MY LOVE ALWAYS – De Portago è spagnolo, ma la mamma è irlandese e lui è nato a Londra. Appoggiata ai muri esterni della piccola cappella gialla c'è un'altra corona della Ferrari.

Le esequie sono terminate. Le famiglie martoriate tornano alle loro case. La gente torna ai propri campi e al proprio lavoro. «Ci sono rimasti soltanto il dolore e il ricordo» si scriverà l'indomani. «Pietoso, un grande velario nero è calato sulla tragedia di Guidizzolo e i cancelli dei cimiteri si sono chiusi lentamente, dietro la folla che si disperdeva sulla provinciale, per i viottoli, nelle campagne.»[36]

Mentre sono in corso i funerali delle vittime, il procuratore della Repubblica di Mantova Alessandro Caprioli torna da quelle stesse parti per ascoltare i sopravvissuti. I primi li trova all'ospedale di Volta Mantovana, dove sono ancora ricoverati. Da loro vuole sapere cosa è successo o, per lo meno, quello che ricordano. Sono i primi testimoni dell'inchiesta, il primo atto formale dopo la nomina dei periti il giorno precedente e il sopralluogo, con due di loro, sulla scena dell'incidente.

Maria Mazzi Remelli ha ventinove anni. Ricorda distintamente l'auto di De Portago arrivare a velocità sostenuta e lo scoppio avvenuto a un centinaio di metri da dove si trovava lei. «Ho avuto l'impressione» dice a Caprioli «che la macchina si alzasse per aria» ma, si scusa «non ho potuto vedere meglio l'incidente perché ho chiuso gli occhi e li ho riaperti quando ormai la macchina era precipitata nel fosso ed il terreno era sparso di corpi giacenti da tutte le parti.»[37]

Il marito è ricoverato in una stanza del reparto maschile. Mario Remelli ricorda pure lui lo scoppio e avanza l'i-

[36] *Gazzetta di Mantova*, 15 maggio 1957.

[37] *Verbale di istruzione sommaria, Remelli Maria fu Alessandro*, 14 maggio 1957.

potesi che a scoppiare sia stato uno dei pneumatici. Ricorda la macchina andare verso di lui – che aveva preso posto con un amico sul lato opposto della strada rispetto alla moglie – e la decisione di buttarsi nel fosso per non essere investito. Cosa che gli riesce solo in parte. «Fui travolto così fulmineamente» dichiara a Caprioli «che non compresi più nulla di quello che mi succedeva attorno.»[38] Persi i sensi, si è risvegliato più tardi a Corte Colomba, dove lo avevano traportato in stato di incoscienza, ma con solo lievi escoriazioni.

Nello stesso ospedale è ricoverato Ettore Cauzzi, un agricoltore di cinquantacinque anni. «Per precauzione» dice, si trovava nel fosso asciutto, convinto come altri che una macchina lanciata a quella velocità, in caso di incidente, avrebbe saltato il canale finendo nei campi alle sue spalle. Lui pure ricorda la grande velocità e poi lo scoppio. Non avendo chiuso gli occhi, riesce a ricostruire la dinamica dell'incidente, o quantomeno la prima parte – la Ferrari che si sposta sulla sinistra «fino a rasentare il ciglio della strada e portando via il paracarro». A quel punto Cauzzi cerca di proteggersi abbassandosi e facendosi più piccolo che può. «Io, che mi ero ritirato sul fondo del fosso» dice «fui ugualmente colpito al viso da una grandine di schegge, specialmente di vetri del parabrezza e da altri frammenti dell'auto.»[39] A quel punto ha perso i sensi.

«Accanto a quel palo telefonico che venne falciato» si trovava Ademo Cantarini, un impiegato trentaseienne.

[38] *Verbale di istruzione sommaria, Remelli Mario fu Luigi*, 14 maggio 1957.

[39] *Verbale di istruzione sommaria, Cauzzi Ettore fu Giuseppe*, 14 maggio 1957.

Da appassionato, mano a mano che si avvicinavano i vari concorrenti, Cantarini controllava il numero di gara per identificare con precisione l'equipaggio. I ricordi sono gli stessi degli altri feriti – la velocità elevata, la sbandata, lo scoppio, l'auto che si sposta sulla sinistra della carreggiata. Uguali sono anche alcuni dei vocaboli che i testimoni utilizzano per ricostruire l'inferno al quale sono scampati – tra questi c'è *fulmineamente* che in molti usano per descrivere la velocità con la quale si è consumata la tragedia. Cantarini si butta nel fosso e viene colpito solo in maniera lieve e soprattutto non perde i sensi. Quando si rialza, dice, «ho scorto, disseminati sulla strada, corpi inanimati». Ma quello che aggiunge in chiusura di deposizione rende forse più di qualsiasi altro particolare il clima surreale in cui si sono trovati i sopravvissuti a quella scena di morte: «Subito dopo sono giunte altre macchine e mi sono ritirato nel fossato destro» cioè quello sull'altro lato della strada «temendo di essere nuovamente investito».[40]

I testimoni che Caprioli sente passando di camerata in camerata confermano tutti la stessa dinamica. Prima di lasciare l'ospedale di Volta Mantovana ce ne sono ancora due da ascoltare ed è il compito più difficile per il giudice. Il primo è Giovanni Rigon, che nell'incidente ha perso due figli, Valentino e Virginia, e ne ha un terzo ricoverato in fondo al corridoio. «Io non ho più capito niente perché ho perso i sensi e non so dove sono caduto»[41] dichiara dopo aver ricostruito la medesima sequenza degli altri. Il piccolo Renzo ha tre anni e mezzo. È ferito alla testa, ha

[40] *Verbale di istruzione sommaria, Cantarini Ademo fu Marcello*, 14 maggio 1957.

[41] *Verbale di istruzione sommaria, Rigon Giovanni di Battista*, 14 maggio 1957.

fasciature sul viso e non è in grado di parlare. Caprioli ne prende atto e lascia l'ospedale di Volta Mantovana.

Caprioli e il cancelliere che lo accompagna per stendere i verbali delle varie deposizioni lasciano l'ospedale di Volta Mantovana e dirigono verso Corte Colomba, la cascina alle spalle del luogo dell'incidente. A meno di tre chilometri di distanza, la chiesa di Guidizzolo è colma di gente per l'ultimo saluto a otto dei nove spettatori, tra cui i due figli di Giovanni Rigon, e ai due piloti. A Corte Colomba sono tre i testimoni oculari che parlano con Caprioli, due uomini e un bimbo. Sono tre generazioni di Morelli, nonno, padre e figlio.

Il piccolo Ivo ha sette anni e ricorda molto poco. Ricorda invece bene il padre Sebastiano. «Vidi che era scoppiato il pneumatico anteriore sinistro ed una scia di fumo che seguiva lo scoppio. Immediatamente la macchina uscì fuori strada, e proseguendo sulla sinistra venne a spezzare un paracarro proprio di fronte a dove io mi trovavo.» Sebastiano sa di essere un miracolato e, con lui, suo figlio e suo padre. Giovanni Rigon, che assisteva con loro al passaggio della Mille Miglia, ha perso due figli. «Con l'urto contro la colonna» prosegue nella ricostruzione «la macchina deviò maggiormente alla sinistra passando come un bolide di fronte allo stradello nel quale io, per fortuna, avevo fatto un passo indietro.» Un passo che gli ha salvato la vita.

Il padre di Sebastiano, il nonno di Ivo, settantadue anni, parla della polvere alzata dalla macchina di De Portago dopo lo scoppio del pneumatico. È il primo dei testimoni che ricorda la polvere che la vettura ha sollevato dalla sede stradale quando la carrozzeria ha iniziato a toccare il suolo con il copertone scoppiato e la parte anteriore della carrozzeria divelta. Curiosamente, è anche l'unico particolare di cui il piccolo Ivo ha parlato al giudice nel corso della sua brevissima deposizione. Giuseppe Morelli è stato colpito alla mano sinistra da un frammento. Poca cosa, dice. Nulla comunque in confronto al terrore che la Ferrari impazzita potesse aver travolto figlio e nipote. «Mi sono trovato di fronte ad una terrificante scena di corpi sparsi ovunque, di morti e feriti che giacevano sulla strada.»

Prima di terminare la propria deposizione, Morelli parla del disperato tentativo fatto da De Portago per mantenere il controllo di una vettura di fatto impazzita ed evitare la strage. «Il guidatore» dice a Caprioli «ha fatto tutto il possibile per ricondurre la macchina sulla strada.»

Caprioli ha finito. Poco distante, la provinciale sulla quale domenica si è consumata la tragedia e che adesso lui sta per imboccare in senso inverso rispetto a quello di De Portago per tornare verso Mantova, viene attraversata dal corteo funebre che sta lentamente raggiungendo il cimitero di Guidizzolo. De Portago e Nelson passeranno la loro ultima notte in Italia nella stessa cappelletta del cimitero di Cavriana dove i loro corpi sono stati composti domenica sera.

Quello stesso pomeriggio, a Roma, il principe Filippo Caracciolo di Castagneto, presidente dell'Automobile Club d'Italia, chiede di essere ricevuto dal sottosegretario alla presidenza del Consiglio, l'onorevole Carlo Russo. Insieme prendono urgentemente in esame il problema delle corse su strada, emerso in tutta la sua drammaticità due giorni prima con la tragedia di Guidizzolo – avvenuta in località Corte Colomba e nel territorio del Comune di

Cavriana, ma che tutti da subito chiamano così poiché Guidizzolo è il centro abitato più vicino al luogo dove tutto si è consumato.

Le accuse da parte della stampa sono pesanti e non possono essere ignorate. «Pilotare macchine a 250 chilometri all'ora sulla rete stradale italiana che, salvo piccoli ritocchi, è ancora quella di venti o cinquanta anni fa, non è una dimostrazione di abilità sportiva, ma un acrobatismo pazzesco, un gioco d'azzardo la cui posta è la morte» è opinione condivisa da molti all'indomani dell'incidente di De Portago. «La morte che non colpisce soltanto il temerario o l'entusiasta o l'esaltato pilota, ma il pubblico ignaro che sosta sul ciglio della strada.»[42]

Nel corso dell'incontro il principe Caracciolo comunica all'onorevole Russo e, attraverso di lui, al governo Segni, l'intenzione da parte dell'ACI di sospendere lo svolgimento delle «grandi corse automobilistiche su strada». La sospensione, si premura di precisare il presidente dell'ACI, vale per le corse «già previste nel calendario di quest'anno».

Da parte del principe Caracciolo – fine diplomatico e suocero di Gianni Agnelli e quindi, per forza di cose, ancora più sensibile di altri nei confronti di chi vorrebbe demonizzare l'automobile – si tratta dunque di una decisione interlocutoria presa per salvaguardare, oltre alla sicurezza dei cittadini, anche il futuro stesso delle corse su strada perché le voci che si stanno alzando un po' ovunque in queste ore concitate che seguono la strage di domenica vorrebbero l'abrogazione della Mille Miglia, la soppressione di tutte le altre corse su strade normalmente

[42] *L'Europeo Ciac*, 23 maggio 1957.

aperte alla circolazione e, naturalmente, in molti, anche l'abolizione dell'automobilismo sportivo in quanto tale. «L'on. Russo» si legge nella nota diramata alla fine dell'incontro «ha preso atto della comunicazione che risponde ad esigenze di sicurezza della pubblica incolumità.»

Il giorno precedente il principe Caracciolo era stato in realtà meno diplomatico dichiarando alla stampa che «si va creando, sempre più, un contrasto tra la velocità delle macchine e le caratteristiche delle strade, per cui, indubbiamente, tutto il regime delle corse automobilistiche fuori pista dovrà essere sottoposto a riesame ed a revisioni». Ma aveva anche aggiunto: «L'Automobile Club d'Italia si raccoglie in silenzio e in reverenza di fronte agli scomparsi, riaffermando l'opportunità che venga evitato, su un così grave lutto, ogni tentativo di demagogica speculazione».[43]

[43] *L'Automobile*, 19 maggio 1957.

5
Ferrari in Tribunale

Giovedì mattina, 16 maggio, quattro giorni dopo l'incidente e due giorni dopo i funerali, Enzo Ferrari varca il portone del palazzo in pietra chiara che ospita il Tribunale di Mantova in via Poma, nel centro storico della città.

Era stato per l'ultima volta a Mantova in una caldissima giornata dell'agosto di quattro anni prima, poco dopo aver appreso della morte di Tazio Nuvolari, che per lui avrebbe sempre rappresentato l'archetipo del campione. Quel giorno si era perso nel dedalo di vie lunghe e strette e tutte uguali del centro. Si era fermato davanti alla bottega di uno stagnino, che aveva girato attorno alla macchina di Ferrari, aveva visto la targa «Modena» e, forse capito chi aveva davanti o forse no, aveva sospirato: «Come quello non ne nasceranno più». Adesso l'atmosfera è mutata radicalmente. Nuvolari rimane Nuvolari, soprattutto a Mantova, ma in Italia le corse in automobile hanno raggiunto il minimo storico di popolarità.

Ferrari è stato convocato dal procuratore della Repubblica Caprioli, che ha terminato di ascoltare i sopravvissuti e deve ora iniziare ad accertare le responsabilità. Significativamente, Ferrari è il primo teste a essere ascoltato e la cosa lo deve aver fatto riflettere su quanto verosimilmente lo aspetta nei prossimi mesi. Dopo le generalità di rito – «Enzo Ferrari fu Alfredo, di anni 59, nato a Modena, industriale...» – gli viene chiesto di descrivere nel dettaglio la partecipazione della sua squadra alla corsa della domenica precedente.

«Alla Mille Miglia» inizia col dire «hanno concorso nove macchine iscritte dalla Scuderia Ferrari di Modena, delle quali quattro appartenenti alla classe Sport. Tre di esse sono giunte al traguardo classificandosi rispettivamente primo assoluto Taruffi, secondo assoluto von Trips, terza la granturismo pilotata da Gendebien. La quarta, pilotata da Collins, si ritirò a Parma per guasti meccanici al cambio velocità. La quinta, pilotata dal Marchese De Portago, è stata protagonista dell'incidente» dichiara senza tanti giri di parole.

«Le macchine» prosegue «erano tutte in perfetta efficienza; anzi, praticamente nuove e preventivamente sottoposte al collaudo dell'Ispettorato della Motorizzazione Civile di Bologna.» Quando rileggerà il verbale, Caprioli sottolineerà quest'ultima frase. «Debbo escludere» prosegue Ferrari «che si possano ricercare le cause dell'accaduto in un guasto meccanico» anche perché, aggiunge, se è vero che la vettura di von Trips ha disputato la 12 Ore di Sebring e quella di Gendebien ha corso e vinto il Giro di Sicilia, quella di De Portago «così come quelle di Taruffi e Collins, era una unità nuova di fabbrica».

A questo punto il costruttore modenese passa a parlare dei pneumatici, che nei precedenti quattro giorni sono diventati l'inequivocabile motivo del contendere poiché la causa dell'incidente è stata da subito identificata con lo scoppio di una delle gomme della Ferrari di De Portago. «Le ruote gommate» spiega «sono fornite dalla ditta Englebert di Liegi e vengono montate sulle vetture da un tecnico della Casa stessa che risiede in permanenza presso l'officina della Ferrari di Modena.» Fatta questa premessa, Ferrari dichiara che, forse, Caprioli farebbe bene a sentire tre tecnici della Englebert, i cui nomi sono Ledent, Anselmi e Boasso.

Anselmi è la persona che, due giorni prima, è andato nel vicentino per recuperare da Zigliotto la gomma incidentata che De Portago gli aveva lasciato il mattino di domenica. Gli uomini della Englebert, precisa Ferrari, sono preposti al controllo e alla eventuale sostituzione dei pneumatici anche «ai posti di rifornimento durante la Mille Miglia». Per quel che riguarda la vettura di De Portago, Ferrari dice che «le quattro gomme montate sulla macchina erano completamente nuove in partenza da Maranello, ed erano state» montate «ed equilibrate dal montatore Boasso» cioè uno dei tre tecnici che ha citato poco prima.

Caprioli domanda se le gomme sulla vettura di De Portago sono state sostituite durante la gara. Ferrari risponde deciso che no, «non furono cambiate durante la corsa». Poi ha come un ripensamento e, cautamente, aggiunge: «O meglio, non posso dire se e quante ne furono cambiate perché io non ero presente ai rifornimenti. I tecnici» puntualizza a ogni modo «potranno precisare tale circostanza».

Caprioli si riserva naturalmente di sentire i tecnici, ma incalza comunque Ferrari. Vuole sapere in quali circostanze si provvede alla sostituzione dei pneumatici durante una corsa. «Il cambio delle gomme» spiega Ferrari «avviene secondo la necessità, che appare quando il disegno del battistrada è totalmente scomparso. L'ultimo cambio» dichiara «è avvenuto a Bologna ad opera del tecnico Boasso.»

Ferrari stesso era a Bologna. Ci sono fotografie che lo ritraggono in conversazione con De Portago durante la sosta della vettura. Anzi, dice Ferrari, se Caprioli vuole verificare quanto ha appena detto, c'è addirittura una fotografia «della macchina al rifornimento di Bologna dove si intravvede la mano del tecnico appoggiato al parafango di destra, chino per controllare i pneumatici anteriori». Ma Ferrari non ha finito. «La fotografia» dice «attesta l'integrità della parte anteriore della macchina, la quale non aveva peraltro subito danni.»[44] Ferrari risponde così alle insinuazioni che ha già letto sulla stampa, secondo le quali la macchina di De Portago avrebbe perso un pezzo di carrozzeria prima dell'incidente.

L'interrogatorio è terminato. Prima di rileggere e firmare il verbale, Ferrari chiede a Caprioli se sia possibile riavere le altre tre vetture Sport che hanno partecipato alla Mille Miglia. Sono state sequestrate, ma a lui servirebbero per partecipare, domenica 26 maggio, alla prossima prova di Campionato, in programma in Germania. Caprioli si limita a rispondergli che deve presentare una domanda scritta.

Ferrari esce dal Palazzo di giustizia e lascia Mantova per tornare a Modena. A Maranello, in fabbrica, per il momento non ha ancora trovato la forza di rifarsi vivo.

[44] *Verbale di istruzione sommaria, Comm. Enzo Ferrari fu Alfredo*, 16 maggio 1957. Un particolare: tutti i testimoni vengono registrati sui vari verbali con il cognome prima del nome, secondo la prassi burocratica. Fa eccezione Enzo Ferrari, che viene di norma registrato prima col nome e poi col cognome, vale a dire nel modo in cui è già allora famoso nel mondo.

Terminata la deposizione di Ferrari, anche Caprioli lascia il Tribunale e si infila in automobile. La sua meta è Brescia, dove, nella sede dell'Automobile Club, lo aspetta Renzo Castagneto, che dell'ACI di Brescia è presidente. Di sei anni più anziano di Ferrari, Castagneto è uno dei fondatori della Mille Miglia che, da quando si disputa, e cioè dal 1927, è organizzata dall'ACI della città lombarda. Nella sua qualità di presidente dell'Automobile Club cittadino, Castagneto è il direttore della corsa.

In virtù del suo ruolo nella concezione della Mille Miglia, una gara che, almeno fino alla domenica precedente, il mondo intero invidiava all'Italia, Renzo Castagneto è uno degli addetti ai lavori più noti e rispettati nell'ambiente automobilistico italiano, tutte cose che, con ogni probabilità, Caprioli ignora. Tempo per i convenevoli non ce n'è comunque molto. Da Castagneto Caprioli vuole sapere se le automobili che partecipano alla Mille Miglia vengono sottoposte a controlli di carattere tecnico.

«Prima della corsa» inizia a spiegare Castagneto «le macchine vengono presentate alla verifica nei giorni immediatamente precedenti e cioè, mercoledì, giovedì, venerdì e sabato.» Castagneto racconta di come venga allestito una sorta di grosso recinto proprio sulla piazza antistante il palazzo nel quale si trovano, piazza che Caprioli stesso ha attraversato per venire da lui. Le verifiche, dichiara Castagneto, sono condotte da «vari commissari tecnici».

Castagneto entra adesso nel vivo. «Nel caso della macchina numero 531 oltre 2000 della Scuderia Ferrari guidata da Alfonso De Portago» dice «venne verificata il sabato dal commissario tecnico Ing. Leopoldo Alberti, direttore della Motorizzazione di Bari.» La Mille Miglia è organizzata dall'ACI di Brescia, ma è a tutti gli effetti una gara di carattere nazionale. «La macchina» dichiara il direttore di corsa «fu approvata ed è regolarmente partita alle ore 5:31 del mattino della domenica. Alla partenza io ero presente assieme ai commissari tecnici e la macchina di De Portago è partita senza obiezioni o rilievi circa la sua regolare posizione tecnica.»

Carte alla mano, Castagneto elenca le specifiche delle verifiche tecniche affrontate e superate a pieni voti dalla Ferrari di De Portago il giorno prima della partenza. Caprioli prende atto, ma non può fare altro che passare i dati ai tecnici che costituiscono la squadra di periti incaricati di far luce su quanto accaduto.

«Lungo il percorso» spiega poi Castagneto «ci sono otto fermate obbligatorie come da regolamento, dove viene apposto il timbro e dove i corridori devono fermarsi.» La Mille Miglia è una lotta contro il tempo, ma tutti i concorrenti sono tenuti a fermarsi per attestare per iscritto il loro transito in ciascuna delle otto località disseminate lungo i 1600 chilometri del percorso. In ciascuna di queste località le varie squadre si presentano con un manipolo di tecnici che di regola operano il rifornimento di carburante e, in caso di necessità, possono prestare assistenza tecnica alle automobili – prima tra tutte la sostituzione dei pneumatici.

Caprioli vuole sapere cosa succede durante queste fermate obbligatorie. In particolare vuole sapere cosa accade per quel che riguarda i pneumatici. Risponde Castagneto: «Secondo la mia esperienza, il cambio delle gomme, durante il percorso della Mille Miglia, deve essere affrontato una o più volte, specialmente su queste macchine veloci soggette a maggiore usura».[45]

[45] *Verbale di istruzione sommaria, Castagneto Lorenzo fu Carlo*, 16 maggio 1957.

La sua deposizione termina qui. Castagneto viene congedato. Ma davanti a Caprioli, che ha fatto il viaggio da Mantova fino a Brescia, iniziano ora a sfilare altri testimoni, tutti componenti della commissione tecnica della Mille Miglia. A loro Caprioli porrà quasi esclusivamente domande sulle condizioni delle gomme della Ferrari di De Portago.

Il primo a sedersi davanti a Caprioli è Giuseppe Morandi. Viene da Castiglione delle Stiviere, una cittadina del mantovano, ha sessantatré anni e quattro partecipazioni alla Mille Miglia alle spalle. Dichiara: «Ho visto la partenza di De Portago, che è stata magnifica. La macchina era in perfetto ordine e con le gomme a mio avviso nuove». Morandi le gomme di De Portago le aveva viste anche il giorno della verifica e a Caprioli conferma che erano «perfettamente nuove e a posto».

Approfittando dell'esperienza di Morandi nella Mille Miglia, Caprioli gli chiede in quale modo un pilota decide di cambiare i pneumatici durante la gara. «Il cambio delle gomme nella corsa» spiega l'ex pilota «può avvenire a seconda delle necessità, ed è facoltà del guidatore chiedere il cambio» così come è invece compito «dei meccanici delle Case il controllo dello stato delle gomme per l'eventuale cambiamento». Ma a proposito della Mille Miglia chiosa che, alla luce della «qualità del percorso di strada asfaltata, può avvenire – anzi, generalmente avviene – che le gomme non si cambino».[46] Con buona pace di Castagneto, che poco prima ha dichiarato che, a parere suo, ogni vettura fa almeno un cambio, a volte due.

Morandi si alza. Nella stanza viene introdotto un terzo

[46] *Verbale di istruzione sommaria, Morandi Giuseppe fu Giuseppe*, 16 maggio 1957.

testimone, che prende posto davanti a Caprioli e al cancelliere che è venuto con lui da Mantova e che stila il verbale. Il nuovo teste è un perito industriale di quarant'anni, commissario tecnico della Mille Miglia e che, insieme all'ingegner Alberti, il sabato precedente ha verificato la Ferrari di De Portago. Il suo nome è Renato Tenchini e lui pure attesta delle perfette condizioni in cui erano le gomme della vettura iscritta alla corsa con il numero 531, così come il resto dell'automobile anche se, ammette, «non fu fatta una verifica sugli organi del motore».

Le gomme, a ogni modo, conferma a Caprioli, «alla partenza erano nuove e non presentavano segni di usura».[47] E già che c'è dichiara che le gomme delle due Ferrari simili a quella di De Portago, vale a dire quella del vincitore Taruffi e quella del secondo classificato von Trips, da lui verificate dopo la conclusione della gara, erano in condizioni ragguardevoli e di tutta sicurezza dopo una gara così lunga. Questo tanto per quel che riguarda la pressione, quanto l'usura del battistrada.

La lunga giornata di Alessandro Caprioli, procuratore di Stato presso il Tribunale di Mantova in trasferta a Brescia nel pomeriggio, sta per concludersi. Ma c'è un ultimo testimone da ascoltare. Si tratta di Iginio Rubagotti, un bresciano di cinquantaquattro anni, anche lui commissario addetto alle verifiche tecniche della Mille Miglia. Lui pure ha trovato perfettamente in ordine la vettura di De Portago, che ha ispezionato a mezzogiorno di sabato. Così come le gomme, che ricorda come «nuove».[48]

[47] *Verbale di istruzione sommaria, Tenchini Renato fu Vincenzo*, 16 maggio 1957.
[48] *Verbale di istruzione sommaria, Rubagotti Iginio fu Angelo*, 16 maggio 1957.

Caprioli torna a Mantova. Castagneto e i tre commissari addetti alle verifiche tecniche della Mille Miglia che hanno sottoposto a controllo la Ferrari di De Portago il giorno prima della gara hanno confermato che l'automobile era in condizioni perfette e che le gomme erano nuove e prive di qualsiasi segno di usura. Lo erano il sabato così come nelle prime ore di domenica mattina, quando la Ferrari n. 531 ha preso il via della tragica corsa.

6
Il caso della gomma sostituita

Mentre a Guidizzolo si svolgevano i funerali, un dipendente della Englebert di nome Carlo Anselmi si è presentato a casa di Lino Zigliotto, lo spettatore vicentino cui De Portago ha lasciato in custodia la gomma incidentata. Dopo essersi presentato, Anselmi ha mostrato a Zigliotto la delega di cui era in possesso e che Enzo Ferrari gli aveva firmato quella mattina prima di andare ai funerali, che lo autorizzava a ritirare la ruota lasciatagli in custodia da De Portago due giorni prima. Anselmi era la risposta personale di Ferrari al telegramma che Zigliotto aveva spedito a Maranello il giorno precedente.

Zigliotto non è uno sprovveduto e, visto quanto è successo alla vettura di De Portago nel pomeriggio di domenica, immagina che quella ruota possa probabilmente rivestire un qualche interesse a livello giudiziario. Così, prima mostra ad Anselmi la ruota in questione, ma poi lo prega di recarsi con lui in Questura per chiedere l'autorizzazione alla consegna. A questo punto c'è da credere che Anselmi abbia temuto per l'esito della propria missione. Se la causa dell'incidente di Corte Colomba era davvero lo scoppio del pneumatico, una delle quattro gomme con cui De Portago aveva preso la partenza della Mille Miglia, sostituita nelle prime fasi di gara per il distacco del battistrada, poteva essere un'arma potente nelle mani degli inquirenti.

Verso le tre del pomeriggio Zigliotto e Anselmi si recano insieme alla Questura di Vicenza. Al corpo di guardia trovano il vicebrigadiere di servizio, al quale espongono i fatti. Preso alla sprovvista, ascoltata la ricostruzione di quanto accaduto, e «ritenendo che quel materiale appartenesse alla ditta privata Ferrari» a maggior ragione alla luce del fatto che «non aveva avuto alcun rapporto con il noto incidente di De Portago»[49] il poliziotto autorizza Zigliotto a consegnare la gomma all'incaricato della Ferrari. A questo proposito, anche se probabilmente poco importa, vale la pena precisare che tanto Zigliotto quanto il poliziotto non hanno in realtà capito che Anselmi si è presentato con la delega di Enzo Ferrari, ma non lavora per la sua Casa di automobili, bensì per l'azienda belga che gli fornisce i pneumatici, cioè la Englebert.

I due lasciano la Questura e tornano a casa di Zigliotto, dove questi consegna la ruota ad Anselmi. Anselmi tira un sospiro di sollievo. L'incaricato di Ferrari si fa firmare da Zigliotto una ricevuta e gli consegna 5000 lire come «mancia» e «rimborso spese per il disturbo».[50] A questo punto Anselmi riparte per Maranello con il suo prezioso carico.

[49] *Nota dal Corpo di guardia della Questura di Vicenza al questore di Vicenza*, 16 maggio 1957.

[50] *Comunicazione dal questore di Vicenza al procuratore della Repubblica di Mantova, oggetto: XXIV Mille Miglia – Sciagura di Guidizzolo – indagini*, 16 maggio 1957.

A metà settimana la stampa non ha ormai dubbi nell'indicare lo scoppio del pneumatico della Ferrari di De Portago come la causa che ha innescato l'incidente e la successiva strage.

A Vicenza, il vicebrigadiere che nel pomeriggio di martedì ha autorizzato la consegna all'inviato di Ferrari della ruota che De Portago, la mattina di domenica, ha lasciato in custodia all'appassionato dopo la sostituzione, inizia a temere di avere fatto una sciocchezza. Così, nel tentativo di cautelarsi, il giovedì il poliziotto scrive una nota che indirizza direttamente al questore nella quale riassume i fatti e spiega perché ha agito nel mondo in cui ha agito – «nessuna indagine era stata iniziata dall'autorità giudiziaria» dice a sua discolpa. Nessuna indagine, naturalmente, di cui lui fosse a conoscenza, perché l'indagine è già in atto dal giorno stesso della tragedia.

Il vicebrigadiere afferma inoltre di non aver ritenuto opportuno «segnalare il fatto ai superiori in quanto il caso si era risolto tra il rappresentante della Ferrari e l'occasionale consegnatario».[51] Quattro giorni dopo, con la bufera mediatica che si è scatenata e con l'opinione pubblica italiana sul piede di guerra per la morte di nove innocenti, è chiaro che il vicebrigadiere vorrebbe non aver agito così in fretta o per lo meno senza essersi consultato con i superiori.

Ma l'agente di Polizia non è l'unico che teme di avere agito d'istinto. Quella stessa sera, la sera di giovedì 16 maggio, poco prima dell'ora di cena Lino Zigliotto torna in Questura a Vicenza, dove, negli uffici della Polizia giudiziaria, rende

[51] *Nota dal Corpo di guardia della Questura di Vicenza al questore di Vicenza*, 16 maggio 1957.

spontaneamente una deposizione su quanto è accaduto nella sua vita a partire dalle prime luci dell'alba di domenica.

Per prima cosa fa una ricostruzione scrupolosa, che viene messa a verbale, di quanto successo sul rettilineo tra Olmo e Tavernelle. Verso le sei e dieci del mattino di domenica dice di aver visto arrivare da Verona due vetture da corsa. «La prima di esse procedeva normalmente, mentre la seconda, giunta a una distanza di circa 200 metri dal punto in cui io mi trovavo, ha dato segni di sbandamento tanto è che io, come tutti i presenti, ho avuto attimi di apprensione temendo che il pilota più non riuscisse a mantenersi in strada.»

Zigliotto racconta che, una volta scesi, i piloti erano molto agitati – «molto emozionati» per usare le sue parole. Al punto che De Portago «nell'imboccare il dado di tenuta della ruota lo ruotava in senso inverso a quello da avvitamento tant'è che io, accorto dell'errata manovra ho ritenuto rappresentare il fatto al concorrente ed io stesso ho provveduto alla bisogna mentre il corridore si garantiva del bloccaggio del dado chiudendolo a colpi di martello». Piloti dunque in confusione perché attardati nelle prime fasi di una gara che li vedeva tra i candidati alla vittoria e impegnati in una operazione – la sostituzione di una gomma – che di norma un pilota non compie poiché di pertinenza dei meccanici della squadra. Queste parole, messe a verbale, potrebbero pesare come macigni agli occhi di un profano delle corse nel momento in cui potrebbe far pensare a uno stato d'animo compromesso in De Portago.

Ma la confusione da parte dei piloti continua anche dopo che la ruota è stata sostituita. Al poliziotto che lo ascolta e prende nota Zigliotto racconta che «abbiam cercato di mettere la ruota avariata nella carrozzeria della macchina, ma in ciò non siamo riusciti». A questo punto De Portago «esprimendosi più con gesti che con parole, in quanto parlava poco l'italiano, fece capire che aveva desiderio di lasciare la ruota in consegna a qualcuno». Zigliotto si è allora offerto di custodirla dal momento che, dice al pilota spagnolo, la sua abitazione è lì vicino. «Egli» racconta Zigliotto «mi ha chiesto il nome della località; glielo ho fornito, dopo di che l'equipaggio, rimessosi in macchina, è ripartito» con la spinta degli spettatori che avevano aiutato nell'operazione di sostituzione.

Ripartita la Ferrari n. 531, Zigliotto decide di portare subito la ruota a casa, come ha promesso a De Portago. Fa per prenderla in mano, ma è costretto a lasciare la presa, «tanto era calda». Zigliotto allora decide di spingerla – di farla rotolare – fino a casa sua dove, mosso dalla curiosità, ha tutto il tempo di osservarla da vicino. Del resto De Portago è tra gli ultimi concorrenti ad aver preso il via della Mille Miglia e lo spettacolo del passaggio dei bolidi è di fatto terminato.

Il copertone di marca «Englebert» fa mettere a verbale, «presentava per un quarto circa dell'intera circonferenza esterna il battistrada mancante». A sua volta, «il battistrada esistente più non aderiva alle sottostanti tele, sconnesso com'era dalle stesse da interstizi che in taluni punti avevano tali ampiezze da permettere l'inserimento delle dita». Fessure nel pneumatico, dunque, così grosse che ci si potevano infilare le dita. «Nel quarto di circonferenza nel quale mancava il battistrada, la superficie esterna della gomma era costituta dalle tele.»[52]

[52] *Deposizione volontaria di Zigliotto Lino, Questura di Vicenza*, 16 maggio 1957.

Ma c'è di più. Perché Zigliotto porta in Questura, e consegna al poliziotto che sta ascoltando la sua testimonianza, un frammento di quella parte di battistrada che si è staccato dall'automobile di De Portago e che non ha consegnato all'incaricato della Ferrari che gli ha fatto visita due giorni prima perché Zigliotto ne è venuto in possesso solo oggi, quando l'ha recuperato da un altro appassionato, di nome Arduino Dal Lago, che domenica mattina l'ha visto staccarsi dalla Ferrari n. 531 e raccolto dalla sede stradale.

La ricostruzione di Zigliotto è confermata dalla deposizione di Achille Randon, che la mattina di domenica ha assistito al passaggio della Mille Miglia con l'amico, ha partecipato con lui alle operazioni di smontaggio e montaggio delle due ruote, e adesso lo ha accompagnato in Questura per deporre a sua volta. Randon conferma lo stato di agitazione dei piloti, il loro italiano approssimativo, il tentativo maldestro di De Portago di serrare il dado, il vano sforzo di «inserire» la ruota «avariata nell'apposita custodia»[53] e il dialogo a gesti tra il pilota spagnolo e l'amico perché quest'ultimo prendesse in custodia la ruota accidentata. Conferma anche le condizioni disastrate della gomma che aveva perso il battistrada costringendo De Portago a delle acrobazie per restare sulla carreggiata e poi alla sosta.

Da parte sua Zigliotto conclude la propria deposizione raccontando di avere inviato un telegramma alla Ferrari lunedì per tenere fede alla parola data a De Portago. E racconta di come, il giorno successivo, abbia consegnato

[53] *Deposizione volontaria di Randon Achille, Questura di Vicenza*, 16 maggio 1957.

la ruota a un incaricato della Ferrari, ma non prima di essere stato autorizzato dal vicebrigadiere che prestava in quel momento servizio in Questura.

Il giorno successivo il procuratore della Repubblica di Mantova ordinerà il sequestro della ruota incidentata e del pneumatico strappato di De Portago, che verrà prelevato a Maranello e messo a disposizione dei periti incaricati di accertare le cause dell'incidente di Guidizzolo.[54]

Ritornato da Mantova, dove è stato ascoltato in qualità di testimone, prima di sera Enzo Ferrari scrive al procuratore della Repubblica che lo ha interrogato in mattinata tornando sulla richiesta fatta al termine della deposizione.

Per iscritto, Ferrari fa di nuovo presente che con le due vetture di Taruffi e von Trips, che si sono classificate al primo e al secondo posto nella Mille Miglia della precedente domenica, ma che sono finite sotto sequestro a causa dell'incidente occorso alla vettura di De Portago, la Ferrari «dovrebbe correre il 26 corrente al gran premio del Nurburg-Ring[55] in Germania».

La Ferrari, precisa Enzo, «essendo già iscritta a questa corsa del Campionato mondiale, della cui classifica» ci tiene a precisare «è al 1° posto, deve necessariamente documentare la causa di forza maggiore della rinuncia». Ca-

[54] *Telegramma del procuratore della Repubblica di Mantova*, 16 maggio 1957.

[55] Nella lettera al procuratore della Repubblica, Ferrari scrive il nome del circuito tedesco alla vecchia maniera, Nurburg-Ring. Ferrari era di natura un tradizionalista ed era difficile che cambiasse usi e abitudini. Alla stessa stregua, la curva Grande di Monza la chiamò, sino alla fine dei suoi giorni, curva delle Querce, come era nota quando c'era andato a correre la prima volta.

prioli probabilmente lo ignora, ma la Mille Miglia stessa è parte di questo Campionato e la 1000 Chilometri del Nürburgring cui accenna Ferrari è la prova successiva.

Pur non facendosi illusioni perché naturalmente i giornali li legge anche lui e sa benissimo quanto l'incidente di De Portago abbia scosso l'opinione pubblica e quanto delicata sia di conseguenza l'intera situazione, Ferrari sembra nutrire la speranza che le due vetture possano essere dissequestrate in tempo utile per partecipare alla corsa tedesca. E così conclude la breve missiva chiedendo senza mezzi termini al procuratore «di considerare la possibilità di liberare dette macchine sequestrate nel caso ciò» si premura diplomaticamente di aggiungere «non contrasti con le esigenze della giustizia».[56]

La richiesta di Ferrari in un momento in cui l'Italia intera piange nove spettatori, tra cui cinque bambini, travolti da una sua macchina, e l'opinione pubblica si interroga sul senso di una corsa che mette a repentaglio la vita della gente davanti all'uscio di casa, non deve ingannare. Ferrari prova gli stessi sentimenti di angoscia che provano il resto degli italiani. Nel suo caso poi, all'angoscia va aggiunta la frustrazione per non aver potuto prevenire quanto accaduto e il senso di responsabilità per la strage – un discorso che in questo momento ha poco a che vedere con la giustizia ordinaria quanto con il senso di colpa che egli prova a livello personale.

Ma Ferrari è anche il proprietario di una fabbrica di automobili impegnata su più fronti a livello internazionale, e le vetture da corsa che impiega sono poche e costano

[56] *Lettera di Enzo Ferrari al procuratore della Repubblica di Mantova*, 16 maggio 1957.

un capitale e, per questo motivo, non possono restare inutilizzate – tanto più, e questo non può naturalmente dirlo al procuratore della Repubblica, che una di queste, cioè quella di De Portago, è ridotta a un ammasso contorto di lamiere e non potrà essere più impiegata, con le conseguenze economiche che è facile immaginare perché Ferrari dovrà presto costruirne un'altra.

L'accenno alla multa che la Ferrari dovrebbe eventualmente pagare in caso di mancata partecipazione alla 1000 Chilometri del Nürburgring in programma alla fine del mese può sembrare quasi paradossale la settimana in cui si sono svolti i funerali delle vittime della tragedia di Guidizzolo. In realtà è un modo per sensibilizzare il giudice sul lato economico della faccenda, ben sapendo che, nel momento in cui leggerà la lettera, a prescindere dai tempi tecnici di dissequestro delle due vetture, il procuratore della Repubblica di Mantova non potrà non chiedersi che razza di uomo sia questo Ferrari, che si preoccupa della prossima corsa, quando nell'ultima una sua vettura ha prodotto una strage di innocenti.

Ma che razza di uomo è, dunque, Ferrari, cinquantanove anni compiuti in febbraio, pilota più che decente in gioventù, proprietario negli anni Trenta di una squadra corse che anticipava i tempi e costruttore di automobili sportive da poco più di dieci anni? È un mostro, un cinico, un freddo calcolatore che non ha pietà di nulla e di nessuno? O è invece un passionale, un uomo innamorato delle corse ancora più che della vita, sua e degli altri, e che nelle corse trova la ragione stessa della propria esistenza?

Lui si definiva «un agitatore di uomini e di idee». Ma forse la definizione più calzante l'ha data una donna, che nella storia che stiamo raccontando è marginale, ma che entrerà con forza nella vita di Ferrari poco dopo la sua conclusione. Nel 1957 Fiamma Breschi era la fidanzata di Musso e aveva la metà degli anni di Ferrari. Di Enzo avrebbe detto un giorno: «È stato un costruttore di macchine e un distruttore di uomini». E avrebbe anche aggiunto: «Ma se entravi nella sua orbita avresti dato qualunque cosa per non uscirne».

Quello che è certo è che Enzo Ferrari non era un uomo semplice. La grande complessità di questo personaggio dalle grandi contraddizioni è, in realtà, una delle poche cose sulle quali ammiratori e detrattori concordano da sempre. Un giornalista amico una volta disse che Ferrari era «scortese come certo Lambrusco delle sue parti». Mentre facevi anticamera per incontrarlo, capitava che lo sentissi urlare da dentro il suo ufficio e le urla erano forti e le parole pesanti. Eppure, sotto a quella scorza dura si nascondeva anche una inaspettata dolcezza, che lui naturalmente teneva ben nascosta perché aveva capito da tempo che una cosa era l'uomo Ferrari, un'altra il personaggio pubblico.

Se veniva a conoscenza di problemi di salute di un suo dipendente o dei figli dei suoi dipendenti non esitava a chiamare il suo medico personale. Quando non bastava, chiamava i migliori specialisti in Italia e il conto del medico lo pagava lui. E quando qualcuno veniva a sapere di tutto questo perché in fondo la Ferrari era una fabbrica piccola e la gente parlava, cercando di minimizzare rispondeva che il bene dei suoi uomini coincideva con il bene della sua azienda e che un lavoratore sano era un lavoratore che produceva, riluttante ad ammettere in pubblico l'atto di generosità.

Al lavoro era un tiranno. La sua Ferrari era una monarchia assoluta. E benché fosse mitigata da un forte paternalismo, era a tutti gli effetti una tirannia, per quanto illuminata. Certamente lo era nel periodo che stiamo affrontando. I suoi modi di fare potevano essere duri. Sapeva motivare i suoi uomini così come sapeva metterli gli uni contro gli altri. Questo valeva per i piloti così come per i tecnici. Ma non lo faceva per il piacere di creare ostilità tra le persone. Lo faceva perché aveva capito che, in questo modo, i suoi uomini avrebbero dato il massimo, e in qualche occasione anche di più, per la sua Fabbrica. Che era, in definitiva, esattamente quello che faceva lui.

Per il ruolo che svolge nell'ambiente che frequenta da quando ha vent'anni – la sua prima corsa in qualità di pilota risale al 1919 – Ferrari convive da quasi quarant'anni con l'ombra ingombrante della morte. La morte è l'unica vera costante di questo suo mondo fatto di velocità, di automobili molto più fragili di quanto la gente non sospetti, di strutture spesso non all'altezza, di misure di sicurezza discutibili tanto per i piloti quanto per gli spettatori.

Ma se c'è una cosa che ha imparato è che davanti alla morte non ci si deve fermare. Chi si ferma, smette. Chi non vuole smettere deve proseguire. Sia chiaro, non deve fare finta di niente. Deve sostare il tempo necessario a ricordare chi se ne è andato, ma poi deve rimettersi in marcia. Altrimenti è la fine. Lo capirà molto bene Enzo Biagi che, qualche anno più tardi, di Ferrari dirà: «Assomiglia a quei grandi che conquistarono le pianure del West avanzando lasciandosi dietro qualche tomba coperta di terra fresca».

7
Il rapporto della Polizia

Venerdì 17 maggio Caprioli scrive al procuratore della Repubblica di Bari per chiedergli di chiamare a testimoniare l'ingegner Leopoldo Alberti. In qualità di commissario tecnico della Mille Miglia, il 12 maggio Alberti ha condotto le verifiche tecniche sulla Ferrari n. 531 di De Portago a Brescia, poco prima della partenza della gara. I tre teste che ha ascoltato il giorno precedente a Brescia – Morandi, Tenchini e Rubagotti – rispondevano a lui.

Quello che Caprioli intende verificare con l'ingegner Alberti è «se la macchina fosse in perfetto ordine per quanto riguardava il regolamento, il funzionamento del motore, lo stato delle gomme». E a proposito delle gomme, che sono naturalmente al centro delle polemiche così come delle indagini, Caprioli vorrebbe sapere anche da lui «se fossero nuove, o presentassero segni di usura e di quale entità».[57] Come a verificare quanto gli hanno detto i tre commissari sentiti il giorno prima a Brescia.

[57] *Richiesta dal procuratore della Repubblica di Mantova al procuratore della Repubblica di Bari, oggetto: Rogatoria per esame teste – urgente*, 17 maggio 1957.

Nella notte tra venerdì e sabato, Teresa Massagrandi, una donna di trentasette anni che abita a Corte Colomba, inizia ad avvertire dolori addominali sempre più forti. La donna è incinta di sei mesi e mezzo. Nel pomeriggio di domenica stava assistendo al passaggio della Mille Miglia seduta su una sedia dinanzi alla propria abitazione quando, davanti ai suoi occhi, a una trentina di metri di distanza, la Ferrari di De Portago ha falciato gli spettatori sul ciglio della strada. Tra gli spettatori travolti c'era il figlio. Terrorizzata, la donna si è precipitata verso il luogo della disgrazia. Il figliolo era miracolosamente scampato alla tragedia, riportando giusto qualche lieve escoriazione alla fronte. Ma l'emozione di aver visto «scoppiare» l'auto di De Portago e il terrore che avesse investito il figlio lasciano il segno.

A partire da quel pomeriggio, la donna inizia infatti ad accusare «tremiti diffusi che a poco a poco» lasciano «posto a un profondo senso di malessere con prostrazione, depressione con facilità al pianto e, nei giorni seguenti, nervosismo e insonnia». La situazione peggiora nella notte tra venerdì e sabato, sei giorni dopo l'incidente e il grande spavento. Verso il mattino i dolori persistono e a essi si aggiungono perdite di sangue. A questo punto Teresa chiede che venga chiamata l'ostetrica del paese. Alle otto del mattino la donna dà alla luce un bimbo, nato dunque prematuro. Poco dopo il marito telefona al medico curante, che non può andare a visitare madre e neonato, ma chiede all'uomo di raggiungerlo in ambulatorio perché gli può dare una fiala da iniettare al piccolo. L'uomo va dal medico, torna con la fiala e l'ostetrica pratica l'iniezione al bimbo.

Ma è tutto inutile.

Il neonato muore intorno alle tre del pomeriggio, poco prima dell'arrivo del dottore, secondo il quale Teresa

Massagrandi ha subito un aborto spontaneo «causato dallo choc nervoso prodotto in conseguenza dell'incidente»[58] avvenuto nei pressi della sua abitazione. Se così fosse, le vittime dell'incidente di domenica salgono a dodici.

Quello stesso sabato, 18 maggio, il capitano Saverino finisce la stesura del rapporto per il quale ha iniziato ad acquisire materiale a partire dal momento in cui la domenica precedente, una decina di minuti dopo l'incidente, è arrivato sul luogo della sciagura. La sua ricostruzione si basa sul sopralluogo effettuato quel pomeriggio in compagnia del procuratore della Repubblica Alessandro Caprioli e del sostituto procuratore Luigi Geraci, sulle deposizioni dei quattro testimoni scampati all'incidente, e naturalmente sui referti medici redatti dal dottor Enea Caldana, il perito medico d'ufficio che ha ufficialmente constatato la morte di spettatori e piloti e visitato i feriti.

La sua ricostruzione è questa: «Alle ore 16 e qualche minuto, quando il bolide giungeva nelle adiacenze della progressiva chilometrica "21", subiva lo scoppio del pneumatico anteriore sinistro; il pilota tentava di tenere su strada l'autovettura e infatti per parecchi metri riusciva nell'intento ma poi, a causa della velocità elevatissima, non era più capace di controllare la rotta del veicolo, il quale si spostava progressivamente verso sinistra fino a portarsi sulla banchina in terra battuta da dove, continuando la sua folle corsa, andava a cozzare contro un paracarro spezzandolo alla base e proiettandolo nel fossato sinistro che ha inizio subito dopo la stradetta che immette alla "Corte Colomba" e alla frazione

[58] *Relazione di perizia medico-legale eseguita dal dottor Enea Caldana su Massagrandi Teresa*, 1° aprile 1958.

di Castelgrimaldo di Cavriana. In conseguenza del violentissimo urto» continua la ricostruzione del comandante della Polstrada di Mantova «l'automezzo si sollevava da terra di qualche metro e, assumendo una posizione inclinata a sinistra, sorvolava la stradetta menzionata sfiorando alcune persone e investendone altre che assistevano alla competizione standosene sedute o all'impiedi sulla scarpata erbosa che fiancheggia la strada provinciale e scende in dolce pendio verso il fondo del canale di irrigazione, quindi cozzava ancora contro un palo telefonico in legno spezzandolo all'altezza di metri 1,40 da terra e provocando la rottura di un altro paracarro».

Ma il percorso di morte non era ancora finito.

«L'autovettura» scrive Saverino «che dopo gli ostacoli incontrati avrebbe dovuto fermarsi, parve acquistare invece una nuova spinta; infatti, dopo essersi incuneata sul fondo del canale, lo percorreva per parecchi metri, quindi sfiorava con la parte sinistra un pioppo asportandone un pezzo di corteccia. In conseguenza di tale urto, l'autovettura cambiava direzione e risaliva la scarpata raggiungendo la strada, la attraversava in senso diagonale per circa 25 metri intaccandone la sede asfaltata in più punti e, raggiunto il lato destro della carreggiata, cozzava, spinta dalla forza di propulsione, contro un paracarro con la fiancata sinistra.»

La Ferrari era finalmente arrivata alla fine della sua tragica corsa. «A causa di quest'ultimo urto, mentre il paracarro si inclinava, l'automezzo invertiva la sua direzione di marcia e si adagiava definitivamente, col fondo, sul letto del canale, rimanendo con la parte anteriore rivolta verso Mantova.»

De Portago ha dunque tentato il tutto per tutto fino a che la situazione non gli è scappata di mano perché la sua

Ferrari è diventata incontrollabile ed è piombata sulla folla con il pilota che di fatto era diventato solo un passeggero. Nonostante le testimonianze rese, Saverino non è riuscito ad accertare il momento in cui pilota e co-pilota sono stati sbalzati dalla vettura e il bolide ha continuato la sua corsa da solo. Alla relazione – undici cartelle dattiloscritte – Saverino allega una planimetria sulla quale sono indicati i vari momenti del tragico volo, compresi i punti precisi nei quali sono stati trovati i corpi senza vita delle vittime, «disseminati sulla strada, lungo il canale e sulla banchina sterrata».

«Data per vera, come condizione determinante l'incidente, lo scoppio del pneumatico anteriore sinistro» della Ferrari di De Portago «il sottoscritto» scrive Saverino alla conclusione del rapporto «non ha potuto accertarne le cause perché ciò esula dalla sua competenza tecnica.» Ma aggiunge anche che «reputa opportuno far presente che durante lo svolgimento delle indagini» si è presentato al comando di Polizia il signor Giovanni Bonini, che ha consegnato «un frammento di pneumatico» che aveva «visto saltare via» dalla Ferrari n. 531 qualche chilometro prima del luogo dell'incidente, precisamente nel centro abitato di Marcaria, e aveva raccolto subito dopo il passaggio della vettura del pilota spagnolo. «Esaminato il frammento di gomma con il pneumatico scoppiato» scrive Saverino «appare evidente che esso non è dello stesso tipo.»[59] A ogni modo, assicura il capitano, il frammento sarà consegnato alla Procura – unitamente alla Ferrari di De Portago e ai suoi cinque pneumatici.

[59] *Rapporto ufficiale sull'incidente a cura del comandante della sezione di Polizia stradale di Mantova*, 18 maggio 1957.

8
I gommisti

Lunedì 20 maggio il procuratore della Repubblica di Mantova Alessandro Caprioli emette un'ordinanza per la restituzione della vettura di von Trips alla Ferrari. È la prima delle due Ferrari sequestrate che viene ritornata alla Casa di Maranello. Quattro giorni prima Enzo Ferrari in persona aveva chiesto a Caprioli di dissequestrare questa vettura e quella di Taruffi in modo da poterle schierare l'ultima domenica di maggio nella 1000 Chilometri del Nürburgring, la quarta prova del Campionato del mondo Sport. La vettura sarà consegnata alla Ferrari senza le quattro ruote che, scrive Caprioli, «rimangono sotto giudiziale sequestro».[60]

Nel pomeriggio Caprioli interroga i tre appassionati vicentini che hanno assistito e partecipato alla sostituzione della gomma della Ferrari di De Portago nelle prime ore di domenica mattina e che ha convocato in Tribunale a Mantova. Zigliotto conferma tutto quanto ha dichiarato

[60] *Verbale di consegna auto da corsa targata BO n. 81824 contrassegnata nella gara delle Mille Miglia con n. 532, Procura della Repubblica di Mantova*, 24 maggio 1957.

alla Polizia di Vicenza il 16 maggio. Caprioli sente anche Dal Lago e Randon, cioè coloro che hanno visto sbandare la Ferrari di De Portago e hanno aiutato nella sostituzione della ruota. Dalle deposizioni dei tre non emerge nulla di nuovo.

Ma le deposizioni che invece potrebbero portare alla luce qualcosa di nuovo nell'inchiesta in atto Caprioli le ha in serbo per il giorno successivo, martedì 21 maggio, quando mette sotto torchio i tre dipendenti della Englebert menzionati da Enzo Ferrari nella sua deposizione della settimana precedente.

Il primo a sedersi davanti al procuratore della Repubblica è Georges Ledent, che per qualche motivo verrà da adesso in poi quasi sempre menzionato per iscritto con la forma italianizzata del nome – *Giorgio* – e addirittura del cognome – *Ledenit*...

Sessant'anni e residente in Belgio dove lavora presso la sede centrale dell'azienda di pneumatici, Ledent è il responsabile dell'attività sportiva della Englebert, società per la quale lavora già da prima della guerra. È a lui che fa capo la politica sportiva del gruppo. In parole povere, è con lui che Enzo Ferrari si è accordato quattro anni prima per la fornitura in esclusiva dei pneumatici di fabbricazione belga. Detto per inciso, la Englebert non è un'azienda nuova per Ferrari, che a un certo punto degli anni Trenta l'aveva scelta in sostituzione della Pirelli – azienda alla quale era in realtà profondamente legato – quando i pneumatici della fabbrica milanese non gli permettevano di tenere il passo delle formidabili vetture tedesche.

In apertura di deposizione Ledent dichiara che da quattro anni la sua azienda fornisce «le gomme alla Ditta

Ferrari in monopolio» ma che anche qualche anno prima della firma del contratto non erano rari i casi in cui la squadra di Maranello si servisse dei loro prodotti. A ogni modo, dice il dirigente belga, «per le macchine da corsa la Englebert fornisce gomme di costruzione speciale adatte al veicolo e alla velocità». E perché non ci siano dubbi, Ledent asserisce che la Englebert «ha adottato un tipo di gomme particolarmente adatto al tipo di macchina ultimo modello della Ferrari» cioè quello che ha partecipato alla «Mille Miglia di quest'anno».

Caprioli gli mostra una delle fotografie scattate alla gomma nelle ore successive all'incidente e gli chiede di indicare che cosa può aver provocato una lacerazione simile. «Ritengo che si tratti della conseguenza di un urto che ha preceduto lo scoppio della gomma» dice Ledent soppesando le parole. «Determinare dove abbia preso l'urto» aggiunge, può essere fatto solo a livello di ipotesi anche perché questa gomma «aveva compiuto più di milleseicento chilometri, più la distanza tra Modena e Brescia per condurre la macchina alla partenza.» Insomma, se di urto effettivamente si tratta, secondo il dirigente della Englebert è pressoché impossibile capire dove possa aver avuto luogo. Di una cosa però è certo: «Dall'esame della foto vengo ad escludere che si tratti di *dechappage* – anche se al momento dello scoppio possono essere stati strappati frammenti di gomma».[61]

Caprioli vuole adesso sapere se, per caso, le gomme delle Ferrari che hanno preso parte all'ultima Mille Mi-

[61] Per *dechappage*, un termine francese regolarmente in uso all'epoca nel mondo non anglofono, quindi anche in Italia, si intende lo scoppio del pneumatico, normalmente in seguito a urto.

glia, e nella fattispecie quelle di De Portago, potessero essere vecchie e, quindi, essere più soggette a cedimenti. Ledent non si fa pregare. «Le gomme» in questione «sono state fornite alla Ferrari negli ultimi tempi e sono di freschissima fabbricazione» e comunque, dice, non hanno che tre o al massimo quattro mesi di vita.

Ledent ha finito. Gli preme però fare un'ultima considerazione. «Aggiungo che il caso di scoppio quale verificatosi nella disgrazia è rarissimo» dice «e ne conosco solo due nella carriera mia.»[62]

Ledent si alza e davanti a Caprioli si siede adesso Carlo Anselmi. Cittadino italiano, direttore vendite della Englebert Italia, Anselmi vive e lavora a Torino. A differenza di Ledent che lo ha preceduto e di Boasso che verrà ascoltato dopo di lui, Anselmi non è un tecnico.

Domenica era a Viterbo, una delle otto località in cui i concorrenti erano tenuti a fermarsi per attestare il proprio passaggio e uno dei punti in cui era prevista un'eventuale assistenza tecnica, «incaricato di verificare i pneumatici Englebert». Ricorda: «Tutte le macchine ufficiali con gomme della mia ditta furono da me verificate una per una e furono trovate in perfetto stato. Anche quella di De Portago è stata controllata ed aveva le gomme in perfetto ordine». Le gomme della Ferrari dello spagnolo, assicura Anselmi, presentavano «uno stato di usura inferiore al cinquanta per cento».

Durante la gara, dice Anselmi, Collins e Taruffi hanno entrambi sostituito la gomma posteriore destra, ma per De Portago non ce n'è stato motivo. Così come per von

[62] *Verbale di istruzione sommaria, Ledent Giorgio fu Felice*, 21 maggio 1957.

Trips, che non ha sostituito alcun pneumatico nell'arco di tutta la corsa ed è arrivato al traguardo di Brescia con le stesse gomme con le quali era partito.

Caprioli gli chiede della gomma che De Portago ha sostituito poco dopo le sei del mattino di domenica. «La gomma di scorta che era stata usata da De Portago per l'incidente di Olmo di Vicenza» risponde l'uomo della Englebert «ritengo sia stata sostituita e rimpiazzata nel cofano alla prima fermata con rifornimento di Ravenna.»[63]

Anselmi racconta infine di come ha recuperato la gomma incidentata di De Portago dall'appassionato vicentino cui il pilota spagnolo l'aveva lasciata in giacenza. Nel suo racconto non omette alcun particolare. Parla di come abbia acconsentito ad accompagnare Zigliotto in Questura e di come abbia sostenuto con il brigadiere di guardia la tesi che la gomma in questione non aveva nulla a che vedere con quanto accaduto il pomeriggio di domenica. Racconta anche della mancia di 5000 lire a titolo di rimborso spese lasciata a Zigliotto.

Ma la testimonianza più importante è l'ultima, quella di Luciano Boasso, il tecnico montatore che la Englebert ha dislocato a Maranello presso lo stabilimento della Ferrari. È lui che ha montato tutte le gomme su tutte le Ferrari ufficiali che hanno partecipato alla XXIV edizione della Mille Miglia. Proprio per il ruolo vitale che svolge, Boasso era alla partenza di Brescia così come al rifornimento di Bologna, l'ultimo prima dell'arrivo.

A partire dal mezzogiorno della domenica Boasso è rimasto in postazione a Bologna dove, dice, «ho verificato

[63] *Verbale di istruzione sommaria, Anselmi Carlo fu Alberto*, 21 maggio 1957.

tutte le vetture che transitavano» e che montavano gomme Englebert. «La mia mansione» spiega a Caprioli «consisteva nella verifica di tutte e quattro le gomme di ogni macchina per accertare se qualcuna avesse bisogno di sostituzione o di riparazione. Delle quattro vetture di categoria oltre 2000 vennero cambiate le gomme posteriori destre ai soli Taruffi e Collins, mentre nessun cambio venne fatto al De Portago e al von Trips.»

Caprioli vuole sapere delle gomme della Ferrari del pilota spagnolo. Boasso non si fa pregare. «Le quattro gomme di De Portago» dice «erano in perfetto stato. Presentavano ancora tre millimetri circa di disegno le ruote posteriori, mentre le anteriori erano sui cinque millimetri.» Caprioli deve avere inarcato le sopracciglia al sentir parlare di *disegno* e Boasso allora pazientemente spiega che, quando parla di disegno, si riferisce «allo strato gommato rimasto del battistrada».

Facendo con ogni probabilità inavvertitamente eco a quanto affermato su quella stessa sedia da Enzo Ferrari cinque giorni prima, Boasso dice che il braccio che si vede in una delle fotografie scattate durante la sosta di De Portago a Bologna è il suo, «mentre ero intento ad esaminare la gomma anteriore destra». Così come, dice ancora, lo si può vedere effettuare quella stessa operazione sull'anteriore sinistra della Ferrari di De Portago – cioè quella che scoppierà sul rettilineo tra Goito e Guidizzolo – nel filmato che Caprioli e i tre teste della Englebert hanno visionato quella mattina.

A precisa domanda di Caprioli, Boasso risponde che De Portago «ha cambiato di sua iniziativa la ruota posteriore di sinistra presso Olmo di Vicenza e non ha più avuto bisogno di altro cambiamento». A beneficio del giudice, il tecnico della Englebert riassume quel che è successo durante le poco più di dieci ore di gara: cambio della posteriore destra sulle Ferrari di Taruffi e di Collins a Bologna, nessuna sostituzione su quella di von Trips, nessuna sostituzione su quella di De Portago a parte il cambio volante fatto nel vicentino di prima mattina.

Ha sentito il colloquio avvenuto tra Taruffi e Ferrari al controllo di Bologna? gli chiede Caprioli, che non ha ancora avuto modo di ascoltare Taruffi, ma vuole capire se il vincitore della Mille Miglia fosse preoccupato della condizione della sua macchina, come gli è stato riferito da qualcuno. Boasso dice di non poter essere di alcun aiuto poiché non ha udito lo scambio tra i due. Conferma però che, a Ravenna, a De Portago è stata sostituita la gomma di scorta.

Caprioli ha ancora un'ultima domanda. Vuole sapere della ruota incidentata a Olmo di Vicenza e che Anselmi ha recuperato due giorni dopo. «L'ho vista nell'officina di Maranello»[64] dice Boasso «ma sulle cause del guasto» taglia corto «non posso esprimere un giudizio non avendola esaminata a tale scopo.»

L'interrogatorio dei tre uomini della Casa di pneumatici belga è terminato. A Caprioli non resta che tirare le somme davanti a tre deposizioni dalle quali emerge che, scoppio di Olmo di Vicenza a parte, il degrado delle gomme sulle quattro Ferrari è stato nella norma, due sole vetture hanno sostituito una gomma a testa – la stessa, peraltro, cioè la posteriore destra –, e una ha effettuato tutta la corsa con gli stessi pneumatici con i quali era partita.

64 *Verbale di istruzione sommaria, Boasso Luciano di Oreste*, 21 maggio 1957.

Il giorno successivo, mercoledì 22 maggio, il procuratore della Repubblica di Mantova scrive al procuratore della Repubblica di Bologna chiedendogli «di voler assumere con cortese urgenza il teste Dejana Armando, Commissario Tecnico dell'ACI di Bologna». Dejana è uno dei commissari che, a Bologna, hanno visto da vicino le vetture in gara. Caprioli vuole sapere in che stato era la Ferrari di De Portago e, nello specifico, in che stato erano le gomme al controllo di Bologna, l'ultimo prima del traguardo e, naturalmente, prima dell'incidente di Guidizzolo.

Da Dejana il procuratore della Repubblica di Mantova vorrebbe inoltre sapere anche delle condizioni delle tre altre Ferrari di Taruffi, Collins e von Trips e delle relative gomme – Caprioli scrive esplicitamente – «se occorressero o meno di sostituzione».[65] Inoltre Caprioli vorrebbe che il suo collega bolognese chiedesse a Dejana se era vero che Taruffi aveva espresso l'intenzione di ritirarsi al controllo di Bologna e, nel caso fosse vero, per quale motivo. Qualcosa del genere Caprioli l'ha già chiesta a Boasso della Englebert il giorno prima, ma senza ottenere una risposta.

A questo proposito c'è da fare una precisazione.

Una prima voce, che aveva iniziato a circolare prima della gara, diceva che Taruffi avesse fatto una sorta di promessa alla moglie Isabella per cui, in caso di vittoria, si sarebbe ritirato dalle corse. Taruffi del resto ha cinquant'anni, è un apprezzato ingegnere e la moglie gli chiede da tempo di smettere di rischiare il collo una domenica sì e l'altra pure. Quello che nessuno conosce è il

[65] *Richiesta dal procuratore della Repubblica di Mantova al procuratore della Repubblica di Bologna, oggetto: Indagini incidente automobilistico gara «Mille Miglia»*, 22 maggio 1957.

ruolo che Enzo Ferrari ha svolto per cercare di esaudire il desiderio di Isabella.

In uno slancio di generosità tipico in un uomo burbero che a volte si scopre un cuore d'oro, prima della partenza Ferrari aveva deciso, nel caso fosse stato possibile, di aiutare concretamente Taruffi a vincere la Mille Miglia. Così quando Taruffi, nel pomeriggio di domenica, è arrivato al rifornimento di Bologna in seconda posizione ma stremato, Ferrari lo ha esortato a tenere duro perché, gli ha detto chiaramente, poteva vincere.

Davanti a lui c'era il solo Collins, che però accusava problemi meccanici e, a detta di Ferrari, non sarebbe riuscito ad arrivare a Brescia. L'unica vera insidia era costituita da von Trips, che era terzo e stava rimontando. Ma Ferrari ha rassicurato Taruffi dicendogli che a von Trips avrebbe parlato lui. Cosa che ha fatto poco dopo, quando il pilota tedesco è arrivato a Bologna. Del resto, della sua squadra Ferrari è abituato a disporre a piacimento e per di più, ai fini della classifica del Campionato del mondo Sport, dove il titolo viene assegnato a un costruttore e non a un pilota, l'unica cosa che veramente gli interessa è che vinca una Ferrari, a prescindere dal pilota che la guida.

Von Trips è ripartito da Bologna dopo la veloce chiacchierata con Ferrari, ha raggiunto Taruffi a Piacenza, ma invece di tentare il sorpasso gli si è accodato e lo ha scortato fino al traguardo di Brescia.[66] Ma Caprioli tutte queste cose le ignora e così vuole giustamente saperne di più. Del resto ha scritto allo stesso Taruffi per convocarlo a Mantova e sentirlo personalmente.

[66] E. Ferrari, *Le mie gioie terribili*, Mondadori 2016, pp. 99-100.

Il vincitore della Mille Miglia risponde a Caprioli nel corso della stessa giornata di mercoledì. Dice di essere appena tornato dalla Francia e di aver trovato «il suo invito di venire a Mantova per essere interrogato quale teste di un procedimento penale».[67] Taruffi si rende disponibile, ma dice anche di temere di non poter essere di grande aiuto poiché lui era davanti a De Portago e, di conseguenza, non ha visto nulla. Dal momento che è in partenza per l'Inghilterra, Taruffi chiede se può essere interrogato a Roma, dove vive, magari nei primi giorni di giugno.

Caprioli invece ha fretta e vuole comunque sentire Taruffi di persona. Così, quella sera gli manda una seconda missiva nella quale insiste sul fatto che la sua testimonianza «è di particolare urgenza e rilievo agli effetti istruttori e peritali». Scrive Caprioli: «La necessità di sentirla personalmente mi è imposta dal fatto che dal colloquio potrebbero emergere delle circostanze importanti che solo io sono in grado di conoscere e apprezzare». Circostanze che al suo collega romano, che non sa nulla dell'incidente e non ha ascoltato altri testi, potrebbero sfuggire.

Caprioli si scusa con Taruffi – e dal carteggio emerge la deferenza che ha nel rivolgersi al grande campione –, ma non solo ribadisce di volerlo sentire personalmente a Mantova, ma insiste pure nel dire che i primi giorni di giugno sarebbe troppo tardi «ai fini del regolare svolgimento dell'istruttoria».[68]

[67] *Lettera di Piero Taruffi al procuratore della Repubblica di Mantova*, 22 maggio 1957.

[68] *Lettera del procuratore della Repubblica di Mantova a Piero Taruffi*, 22 maggio 1957.

A Ferrari il rilascio della sola vettura di von Trips non basta. Giovedì 23 maggio scrive a Caprioli per reiterare la richiesta di dissequestrare anche l'automobile di Taruffi. In vista c'è la partecipazione alla gara che, nel Campionato del mondo Sport, vale un'intera stagione.

«Con riferimento a quanto verbalmente esposto, mentre lo scrivente ringrazia per la concessa liberazione della vettura di von Trips» scrive Ferrari con il brio delle occasioni migliori «si permette confermare che il 1° giugno dovrà presentare l'altra vettura, Taruffi, al commissario tecnico Ing. Fano, delegato dall'ACI al controllo delle macchine destinate alla 24 Ore di Le Mans.»

Ferrari non si fa illusioni e così aggiunge che, nel caso non fosse possibile riconsegnare l'intera vettura, «chiede di poterne smontare almeno il motore, onde sottoporlo alla prescritta verifica, entro il termine stabilito dagli organizzatori della prova di Campionato mondiale Marche».[69]

Con in tasca la delega scritta personalmente da Ferrari,[70] venerdì 24 maggio il dipendente del Cavallino Gian Franco Mari arriva a Mantova per prelevare la vettura di von Trips e riportarla a Maranello.

La Ferrari si trova presso la caserma dei Vigili del fuoco in via Fratelli Grioli che, per ironia della sorte, è la parallela di viale delle Rimembranze, dove abitava Tazio Nuvolari, il grande campione che per Ferrari resterà sempre il più grande di tutti. Alla consegna è presente il procuratore della Repubblica di Mantova Alessandro Ca-

[69] *Lettera di Enzo Ferrari alla Procura della Repubblica di Mantova*, 23 maggio 1957.
[70] *Lettera di Enzo Ferrari alla Procura della Repubblica di Mantova*, 24 maggio 1957.

prioli, assistito dal geometra Rinaldo Rinaldi, uno dei tre periti incaricati di determinare quanto accaduto. Le quattro gomme tuttavia rimangono sotto giudizio sequestrale.

Ormai è tardi perché questa vettura possa raggiungere la Germania per partecipare alla 1000 Chilometri del Nürburgring in programma quella domenica, ma almeno su questa vettura Ferrari potrà contare per andare a Le Mans. Il costruttore non si era illuso e, nonostante la lettera scritta di proprio pugno a Caprioli la settimana precedente, aveva messo in conto di non poter fare affidamento sulle vetture che avevano partecipato alla Mille Miglia con Taruffi e von Trips. Facendo i salti mortali, è riuscito a mandare in Germania comunque due automobili. E, recitando da par suo, ha lasciato trascorrere quattro giorni dal momento del dissequestro della vettura di von Trips al suo ritiro. Ferrari le condizioni è abituato a dettarle, non a subirle.

Domenica 26 maggio, due settimane esatte dopo l'incidente di Guidizzolo, si corre la 1000 Chilometri del Nürburgring.

È la quarta prova del Campionato del mondo per vetture Sport, che ripropone lo stesso duello tra Ferrari e Maserati che va in scena in Formula 1. La Ferrari, come Enzo ha detto a Caprioli nella lettera con la quale gli ha chiesto il dissequestro dei suoi bolidi, è in testa alla classifica – anche in virtù della vittoria nella Mille Miglia, particolare che il Signore di Maranello ha preferito tacere. Anzi, è stato proprio grazie alla vittoria di Taruffi che la squadra di Maranello ha superato quella di Modena nella graduatoria mondiale.

Ferrari manda in Germania una 335 S identica a quella

di De Portago per Peter Collins e Olivier Gendebien, e una 315 S per Mike Hawthorn e Maurice Trintignant. Gli affanni nelle due settimane tra una gara e l'altra sono stati tanti e la spedizione Ferrari è ridotta al minimo indispensabile. La coppia Collins-Gendebien a ogni modo sale sul secondo gradino del podio; quella formata da Hawthorn e Trintignant sul terzo. La Maserati, che con Juan Manuel Fangio era stata la più veloce nelle prove, è solo quinta. La Ferrari allunga nella classifica del Mondiale. Sui giornali italiani di questa gara quasi non si parla.

9
Il conforto della fede

A Guidizzolo Enzo Ferrari non ha trovato che il rispetto della gente intervenuta ai funerali delle vittime. Ma nel resto d'Italia viene «aggredito da ogni parte. In quei giorni» scriverà quando tutto sarà alle spalle «furono scritte su di me cose mostruose».[71] Quello che più gli fa male è il sentirsi tradito da chi gli sta vicino e per certi versi mangia alla sua tavola. «Amici, pseudo-amici e colleghi» avrebbe detto «scrissero il lunedì di *ribellione* e di *rifiuto al sangue*, quando il sabato avevano incensato il mio lavoro e quello dei miei collaboratori.»[72]

Al di là dello sdegno che una tragedia come quella di Guidizzolo non può non suscitare, Ferrari non ha torto. Nell'emozione del momento vengono lanciati proclami, anatemi e condanne sommarie che hanno del distruttivo e del definitivo. «Non ci interesseranno mai più i vincitori di corse come questa» tuona, ammonisce, condanna lo speaker del cinegiornale *L'Europeo Ciac* proiettato in quei

[71] Ferrari, *Le mie gioie terribili*, cit., p. 235.
[72] *Ibid.*, p. 150.

giorni di primavera in tutte le sale cinematografiche d'Italia prima dei film «perché anche se, seppelliti i morti e dissolto col tempo il ricordo del disastro, la Mille Miglia dovesse ripetersi, noi, i giornalisti, fotografi e cronisti non le riconosceremmo il diritto della nostra presenza.»[73]

Ferrari incassa in silenzio.

Ma non dimentica.

«Io ho la pelle delicata» dirà «e queste cose mi feriscono profondamente.»[74]

Nei giorni successivi alla sciagura, ai cancelli della fabbrica di Maranello iniziano a presentarsi persone che lamentano di aver perso nell'incidente di Guidizzolo il padre o un figlio e chiedono un lavoro o un risarcimento in denaro. Ferrari è chiuso in casa a Modena, lacerato da quel dolore recente che ha naturalmente riproposto quello ancora più grande e più personale di meno di un anno prima quando, in quelle stesse stanze nelle quali ora cerca rifugio, è morto il figlio ventiquattrenne Dino.

Solo con i suoi pensieri, Ferrari non esce neppure per andare dal barbiere[75] e si tiene in contatto con il resto del mondo attraverso il telefono o la visita di quei pochissimi collaboratori ammessi alla sua presenza. A un risarcimento alle famiglie delle vittime ha in realtà già pensato. Anche lui è rimasto scosso da quanto accaduto e, avendo appena perso un figlio, è probabilmente più sensibile di tanti altri al dolore che provano queste povere famiglie del mantovano. Ferrari rimane confinato in casa per una settimana e da qui

[73] *L'Europeo Ciac*, 23 maggio 1957.

[74] Ferrari, *Le mie gioie terribili*, cit., p. 150.

[75] Montagner, *De Portago. Il Pianto del Drake*, cit., pp. 72-73.

sbriga pochissime questioni, tutte relative all'incidente e che non può procrastinare.[76] Poi, improvvisamente, verso fine maggio esce dal proprio isolamento.

Una mattina carica in macchina Romolo Tavoni e il fedele autista Peppino Verdelli – che ha corso con lui in gioventù e al quale non cede mai il volante – e si dirige ad alta velocità lungo la Via Emilia. Durante il viaggio non dice una sola parola. Ferrari rimane solo con i suoi pensieri che, nonostante la compagnia che ha voluto, non ha intenzione di condividere – così come non ha condiviso la meta del viaggio. I passeggeri capiscono dove stanno andando solo quando, in cima a un poggio coperto di vigneti, vedono le mura di pietra chiara del convento dei Benedettini della millenaria abbazia di Santa Maria del Monte che sovrasta Cesena. Nel momento della disperazione, Enzo Ferrari, che si professa non capace a credere più che non credente, cerca risposte nel conforto della fede – o quantomeno nella saggezza di un uomo di Chiesa.

Quando arrivano, Ferrari chiede di padre Alberto Clerici, il frate che l'ha sposato a Torino nell'aprile del 1923 e che, il 1° luglio dell'anno precedente, ha celebrato a Modena il funerale di Dino. Don Berto prende Ferrari sottobraccio e, insieme, iniziano a passeggiare attorno al chiostro centrale del convento. Giro dopo giro Ferrari, con il cappello in mano, ogni tanto si ferma, parla, gesticola, piange. Don Berto lo ascolta, lo consola, lo riprende sottobraccio. Poi, insieme, tornano a camminare.

Ferrari si sfoga.

Dice a don Berto che non ne può più. Ne ha avuto

[76] G. Rancati, F. Varisco, *Ferrari, che gente*, Editoriale Domus 1996, p. 50. Intervista a Romolo Tavoni.

abbastanza. Come se non bastasse il dolore per la perdita di così tante vite umane, ogni giorno è attaccato con ferocia dalla stampa che, senza tanti giri di parole, lo definisce un mostro.[77] Con Renzo Castagneto, l'organizzatore della Mille Miglia, è con ogni probabilità l'uomo più odiato d'Italia.[78] Vuole dire basta. Vuole andarsene, scomparire. Sta pensando di smetterla con le corse. Niente più automobili, niente più competizioni, niente più incidenti, niente più morti. Può sempre tornare a costruire macchine utensili, come durante la guerra – oggetti utili alle persone e incapaci di procurare la morte.

Don Berto con ogni probabilità lo ignora, ma il sabato precedente la partenza della Mille Miglia Ferrari si è lasciato andare ad alcune considerazioni che covava da tempo ma che solo la morte di Dino, a giugno dell'anno prima, ha portato allo scoperto. «Alla mia età» ha detto Ferrari sabato sera a Brescia, poche ore prima della partenza della corsa «dopo aver speso una vita nello sport automobilistico, sono tormentato da un grave dubbio e, da peccatore di provincia, lo sottopongo al sindaco della città creatrice della Mille Miglia. Lui è un uomo di fede adamantina e potrà meglio discernere se il mio impegno nel costruire macchine sempre più moderne, sempre più veloci, sia una missione di civiltà o una colpa verso gli uomini.»[79]

Al di là della battuta nei confronti del sindaco di Brescia, il cattolicissimo Bruno Boni, che è stato tra i fondatori della Democrazia cristiana e che Ferrari conosce bene proprio per la centralità della città di Brescia nella vita sportiva

[77] *Ibid.*
[78] *Corriere della Sera*, 16 dicembre 1959.
[79] *Civiltà Cattolica*, Anno 110, Vol. I, 7 marzo 1959, Quaderno 2609.

del Paese per via della Mille Miglia, è significativo che Ferrari abbia di questi pensieri su un aspetto della sua attività che, gli piaccia o no, è da sempre parte dell'equazione. Con ogni probabilità il senso di colpa è stato acuito dall'incidente mortale di Castellotti, avvenuto solo un mese prima quando il pilota lodigiano era uscito di pista nel corso di una sessione di prove all'autodromo di Modena e la sua Ferrari era andata a finire la sua corsa impazzita sulla tribunetta della *chicane*, fortunatamente in quel momento senza spettatori, disintegrandosi. Castellotti era morto pochi minuti dopo mentre lo stavano trasportando in ospedale.

Ma ogni costruttore di automobili da corsa sa perfettamente – e se non lo sa lo impara presto – che nel mondo delle competizioni, per poter sopravvivere, è necessario far finta di niente, seppellire i cadaveri e proseguire per la propria strada senza mai voltarsi.

I dubbi sono legittimi e, se vogliamo, gli fanno onore perché danno lo spessore di Ferrari come persona. Ma il fatto che sia arrivato al punto di esprimere queste sue perplessità in pubblico lascia intuire una sorta di malessere interiore davanti alla morte, che è da sempre una componente del mondo delle corse – malessere molto probabilmente portato allo scoperto dalla morte di Dino e accentuato, come detto, dalla tragedia di Castellotti.

Ferrari è poi consapevole di avere delle responsabilità quantomeno etiche in alcuni degli incidenti capitati ai suoi piloti. Come ha fatto altre volte in vita sua, l'inverno precedente ha alimentato ad arte la rivalità tra i due italiani Musso e Castellotti portando entrambi a cercare di battersi l'un l'altro anche in occasione di prove private, con il risultato che Castellotti si è ammazzato volando su una tribunetta dell'aerautodromo di Modena nel tentativo di stabilire un tempo più veloce rispetto a quello di Musso in una tranquilla giornata di test. Ferrari la rivalità tra i piloti l'ha sempre stimolata proprio per portarli al limite e metterli nella condizione di dare il massimo. Il problema è che, quando al volante di un'automobile da corsa si supera il limite, spesso non c'è ritorno.

Tre giorni prima della Mille Miglia, Ferrari ha affidato a De Portago una vettura più potente di quella che ha dato a Peter Collins, dicendo poi al primo che non si sarebbe stupito di vedere arrivare il secondo davanti a lui. A Mantova, all'ultimo controllo prima del traguardo di Brescia, De Portago aveva un motore che non funzionava alla perfezione, ma il compagno di squadra Gendebien era davanti a lui con un piccolo vantaggio e De Portago non aveva alcuna intenzione di desistere, non solo per conquistare un podio che era alla sua portata, ma pure per smentire le parole della vigilia di Ferrari.

E poi c'è il discorso dei distacchi e delle posizioni in corsa – vere e presunte.

Al rifornimento di Bologna, a circa 350 chilometri dal traguardo, Ferrari ha informato De Portago che si trovava in quarta posizione. Davanti a lui c'erano Collins, Taruffi e von Trips; dietro, Gendebien. In realtà queste erano le posizioni al controllo precedente, cioè quello di Firenze. Al volante di una granturismo meno potente, ma più agile delle Sport dei primi quattro, sui tornanti dell'Appennino Gendebien ha annullato il vantaggio di sei minuti che Fon aveva prima di attaccare Futa e Raticosa. Quando arriva a Bologna, De Portago non è quindi più quarto, ma quinto. Ferrari però non glielo dice perché non vuole che molli nonostante il motore che non spinge più al massimo.

Ma c'è altro.

Al passaggio a Piacenza, dove i concorrenti lasciano la Via Emilia per girare verso Cremona e, da qui, verso Mantova, Ferrari fa segnalare a De Portago che è in terza posizione. In realtà è quarto. Collins si è ritirato a Parma per la rottura del differenziale, ma Gendebien è sempre davanti a De Portago, che ignora i dettagli di quanto è accaduto, non sa chi si è fermato cedendogli il terzo posto che gli viene ora segnalato e non sa chi a sua volta precede – probabilmente Gendebien, immagina pur non avendone certezza.

Così De Portago, ormai quarto, con un motore che perde potenza e con scarse possibilità reali di salire sul podio, si batte come un leone per tenersi stretto un terzo posto che non è già più suo. Ma ad aggravare ulteriormente la situazione, quando arriva a Mantova, che dista solo ottanta chilometri dal traguardo, gli viene passato un bigliettino che contribuisce ad aumentare la confusione.

Sul biglietto sono riportate posizioni e distacchi al controllo di Bologna, vale a dire 220 chilometri prima. A Bologna, De Portago apprende adesso, Gendebien era terzo, e lo precedeva di 18 secondi. Non sapendo che Collins si è nel frattempo ritirato, De Portago ragiona che, se adesso lui è terzo o quantomeno lo era a Piacenza, ne consegue che Gendebien gli è di nuovo dietro. La situazione è plausibile perché, nonostante il motore non funzioni alla perfezione, la Sport dello spagnolo è comunque più potente della granturismo del belga, e da Bologna in poi la corsa si è disputata solo su interminabili e velocissimi rettilinei che tagliano a metà la campagna. Ma di quanto è in testa rispetto a Gendebien a soli ottanta chilometri dalla bandiera a scacchi?

Chi li vede al controllo di Mantova nota il mutamento di atteggiamento dell'equipaggio tra il momento in cui arrivano e quello in cui ripartono. Nelson, che pareva assopito mentre il compagno frenava davanti ai commissari di gara, quando riparte, dopo aver ricevuto le nuove informazioni sulle posizioni in gara, è ringalluzzito e saluta il pubblico. Mancano pochi chilometri, un ultimo sforzo e il podio della Mille Miglia – un risultato straordinario per una prima partecipazione – sembra adesso essere alla portata. In realtà De Portago e Nelson hanno un ritardo superiore ai sette minuti rispetto a Gendebien, un disavanzo incolmabile per una vettura con il motore che va a singhiozzo.

Per Ferrari sarebbe ingeneroso assumersi la colpa di quanto è successo pochi chilometri dopo perché De Portago avrebbe spinto comunque la sua vettura allo stremo poiché questo è ciò che un pilota fa quando è in corsa – in qualsiasi corsa, a prescindere dalla posizione che occupa. Eppure, da qualche parte nella sua coscienza, alla luce di quanto successo sul rettilineo tra Goito e Guidizzolo, l'aver giocato di strategia con lo spagnolo probabilmente gli pesa.

Con pazienza, don Berto resta ad ascoltarlo. Lo lascia parlare. Lascia che si sfoghi. Conosce la sua storia personale. Sa che, a causa della recente morte di Dino, l'amico è fragile come non è mai stato nella sua intera vita. Nel frattempo continuano a girare attorno al chiostro. Tavoni e Verdelli sono sempre nell'angolo nel quale li ha lasciati Ferrari che osservano in silenzio il muto sfogo del loro capo.

«Cosa sai fare con altrettanta bravura e passione?» gli chiede don Berto quando Ferrari dice di voler smettere di costruire automobili. Ferrari resta in silenzio. Non lo sa. Non ne ha idea. Il frate ribatte che il disegno di Dio è stato di mandarlo su questa terra per costruire automobili sportive, belle, potenti e veloci. Se smette, fa solo violenza contro se stesso e finirà col procurare dolore a chi lavora con lui e da quel lavoro trae sostentamento e appagamento. Don Berto gli dice che in realtà c'è un'unica cosa da fare: continuare – con la stessa passione, con la stessa dedizione, con la stessa onestà. I due riprendono a camminare e a fermarsi. Ferrari parla, ascolta, singhiozza.

Dopo più di un'ora di confessione a cuore aperto, padre Clerici chiama Tavoni e Verdelli. Lui e Ferrari hanno terminato. Tavoni, che aveva iniziato a contare i giri di chiostro del suo capo, ha perso il conto. A un cenno del frate, tutti e quattro si inginocchiano e iniziano a pregare. Mentre don Berto recita il Padre Nostro, Ferrari piange.

Enzo saluta don Berto e si accomiata. Lui, Tavoni e Verdelli risalgono sulla Ferrari con la quale sono arrivati. Come sempre quando sono in tre, Verdelli cerca di trovare spazio sugli angusti sedili posteriori. Tavoni è sul sedile del passeggero. Nessuno fiata. Ferrari è naturalmente al volante. È silenzioso, sembra pensieroso. Probabilmente sta ripensando alle parole del frate. Rompe il silenzio solo quando arriva a Castelfranco Emilia dove, passato il Panaro, si entra nel modenese, terra amica.

«Eh, dicono bene quelli lì» sospira Ferrari alludendo a padre Clerici. «Ma loro hanno la fede.»[80]

Enzo Ferrari dice di invidiare chi ha la fede.

«Comprendo che il dono della fede» scriverà «si risolve in un grande beneficio per chi lo possiede, ma io non ho potuto mai capire come e perché ci si debba rivolgere

[80] Rancati, Varisco, *Ferrari, che gente*, cit., p. 50.

a Dio e imputargli il bene e il male che l'umanità gode e soffre.»[81] Per questo motivo, neppure un anno prima, gli deve essere sembrato grottesco sentire il sacerdote che era accorso al capezzale del figlio dire, pochi attimi dopo la sua morte: «Suvvia, Ferrari, recitiamo adesso una bella preghiera per il nostro Dino, che ci ha lasciati».[82]

Eppure, a modo suo, Ferrari crede.

Significativa è una frase nella quale racconta di come arrivò ad *avvertire* la presenza di Dio.

«Una notte di marzo di tanti anni fa, ricordo» scrisse anni dopo «mi fermai su un valico degli Appennini. Sceso dalla macchina, m'incantai ad ammirare il cielo terso, spazzato dal vento di primavera. Quante stelle, luminosissime! Quanti mondi, tutti rotanti in rispettosa armonia! Mi chiesi: ma chi presiede questa sincronia universale? Dio, conclusi, ma non seppi attribuirgli volto, forma umana o altra sembianza cui poter gridare: sei infinitamente grande! Così ho sintetizzato la mia religione in una invocazione: Signore dei cieli, fatemi diventare buono e fermatemi se il mio egoismo dovesse arrecare danno al prossimo.»[83]

Fermatemi se il mio egoismo dovesse arrecare danno al prossimo... Le stesse considerazioni fatte con don Berto attorno al chiostro del monastero benedettino.

«Sono cristiano, battezzato e cresimato, ho fatto la prima comunione, ma non posso dire di essere un vero cat-

[81] *Il Flobert*, terza pagina dell'*Intervista a Enzo Ferrari del giornalista ignoto. Il Flobert*, il libro che nel 1976 Ferrari dedica ai giornalisti dell'automobile, non ha la numerazione delle pagine.

[82] Ferrari, *Le mie gioie terribili*, cit., p. 58.

[83] *Il Flobert*, terza e quarta pagina dell'*Intervista a Enzo Ferrari del giornalista ignoto.*

tolico» dirà. E confesserà: «Quello che ho imparato a scuola mi è apparso nella vita, con il passare degli anni, confuso e contrastante con le tante situazioni che ho dovuto affrontare».

Eppure, dal giugno dell'anno prima, ogni mattina non va al lavoro se non dopo essere passato dal cimitero di San Cataldo per una sosta sulla tomba di Dino. E la sera, prima di addormentarsi, anche se non è una preghiera nel senso stretto del termine, rivolge un pensiero a tutti i suoi morti – e fino alla fine dei suoi giorni terrà le immagini della Vergine Maria e di san Geminiano, il patrono di Modena, sul comodino, e un crocifisso di legno sopra al letto.

Giovannino Guareschi, uno scrittore molto caro a Ferrari, pressappoco in questi anni scrive che nella Bassa, che da Modena non dista poi così tanto, «c'è gente che non battezza i figli e bestemmia non per negare Dio, ma per far dispetto a Dio». Qualcosa del genere può essere attribuito a Ferrari, che ha battezzato entrambi i figli e non bestemmia, ma non trova neppure pace nell'idea che cerca di farsi di Dio – di un Dio che fatica a riconoscere e del quale non nega l'esistenza, ma al quale al tempo stesso non perdona le sofferenze e soprattutto la morte del figlio.

Utilizzando le stesse parole con le quali un giorno descriverà un suo pilota, il suo rapporto con Dio è, in sostanza, *tormentato e tormentoso*. Ma ancora una volta, a questo Dio che non riesce a immaginare e al quale rinfaccia la morte del figlio, continuerà a rivolgersi.

10
La Volpe argentata

La mattina di lunedì 27 maggio il vincitore della XXIV Mille Miglia Piero Taruffi si presenta al Palazzo di giustizia di Mantova. La *Volpe argentata* ha confermato la propria presenza il sabato con un laconico telegramma – SARO MANTOVA LUNEDI 27 MATTINA + TARUFFI.[84] Caprioli ha ottenuto quanto desiderava. Il grande campione è riuscito a ritagliarsi del tempo per essere ascoltato a Mantova. La sua sarà una delle deposizioni più lunghe in questa fase dell'inchiesta.

«Ho saputo della disgrazia avvenuta presso Guidizzolo dopo qualche ora dal mio arrivo a Brescia» dice Taruffi subito dopo essersi seduto davanti al giudice istruttore. Scrupoloso come d'abitudine, Taruffi precisa: «Ho saputo di un incidente dopo circa un'ora ed i particolari dopo qualche ora». La ricostruzione coincide. Prima si è sparsa la notizia dell'incidente e solo in seguito, a partire dal tardo pomeriggio, si è iniziato a intuire la gravità di quanto accaduto.

[84] *Telegramma di Piero Taruffi al procuratore della Repubblica di Mantova*, 25 maggio 1957.

Continua Taruffi: «Credo di aver preceduto la macchina di De Portago di circa dieci minuti». Per questa ragione, dice, «sono stato nell'impossibilità di vedere in qual modo sia avvenuto l'incidente». È il medesimo concetto che ha già espresso per lettera a Caprioli quando sosteneva che, precedendo in gara la macchina del compagno di squadra, non poteva materialmente aver visto nulla che potesse tornare utile alle indagini.

Fatte queste premesse, Caprioli vuole entrare nel vivo dell'interrogatorio. Accenna allo scoppio del pneumatico anteriore sinistro della Ferrari di De Portago e chiede che cosa, a suo parere, potrebbe averlo determinato. Taruffi non è solo un pilota, ma anche un ingegnere e un tecnico sopraffino.

Le sue parole sono misurate, ma il gentiluomo romano parla con cognizione di causa. «Posso dire che tale eventualità può essere determinata da molte cause che dovranno essere accertate tecnicamente, sulle quali non sono in grado di esprimere un giudizio. Però» aggiunge «per mia esperienza personale posso dire che gomme che scoppino senza alcuna causa è cosa molto improbabile salvo che non si verifichi il fatto che la gomma venga incidentalmente tagliata su qualche ostacolo di consistente natura.»

A domanda di Caprioli, Taruffi conferma che la sua vettura era identica a quella affidata non solo a De Portago, ma anche a Peter Collins. Quella di von Trips, dice, era invece di cilindrata leggermente inferiore. Ma a prescindere dalle caratteristiche di ciascuna vettura, dichiara, ogni corridore ottiene dalla Casa la macchina che più si adatta al suo stile di guida attraverso una serie di modifiche ai sedili o anche alla presa d'aria – modifiche, precisa, «che però non spostano le caratteristiche di sicurezza delle vetture».

Caprioli gli chiede nello specifico del modello che ha

guidato alla Mille Miglia. Risponde Taruffi: «Il tipo di vettura da me pilotata era già stata sperimentata in altre corse, alle quali io però non avevo partecipato con la Ferrari». Taruffi si riferisce alla 12 Ore di Sebring disputata in marzo sotto il sole tropicale della Florida. Accenna in realtà anche a una gara in Argentina. Ma ancora una volta precisa: «La mia vettura, pilotata nella Mille Miglia, era di quel tipo, ma completamente nuova».

Quando Caprioli di rimando gli chiede se anche la vettura di De Portago fosse completamente nuova, Taruffi risponde dicendo di non sapere se anche la vettura del compagno di squadra lo fosse o se, invece, «avesse già fatto altre corse». E comunque, sottolinea, non è così importante che una vettura sia appena stata prodotta in fabbrica poiché le macchine da corsa «sono sempre nuove in quanto vengono completamente revisionate tutte le volte che vengono messe in gara».

Caprioli vuole però sapere a quando esattamente risale il modello di Ferrari che ha portato alla vittoria nella Mille Miglia. Taruffi non ne è sicuro. Risponde che gli sembra di ricordare che sia stato impiegato in gara a partire dalla stagione precedente. Ma ancora una volta sottolinea come domande di questo tipo lascino il tempo che trovano poiché, in occasione di ogni singola gara, sistematicamente, alle vetture da corsa «vengono applicate delle leggere modifiche». È questo, chiarisce, che intendeva dire quando, in una intervista rilasciata al settimanale *Oggi* che Caprioli gli mette adesso sotto gli occhi, ha usato il termine «macchina sperimentale».

Taruffi cerca pazientemente di fare comprendere al giudice che correre è una *sperimentazione* continua, che una macchina da corsa è sempre nuova perché viene via via modificata nella spasmodica ricerca di quel qualcosa che prima non c'era, ma che si spera ti permetta di essere sempre un passo davanti agli altri. Quello che invece tiene per sé è la considerazione che un profano non potrebbe capire, e che cioè i piloti, tutti i piloti, sono consapevoli del fatto che ogni bolide al volante del quale si siedono, nonostante le cure e le revisioni continue, è di fatto un prototipo dal potenziale, così come dal limite, inesplorato.

Il giudice istruttore gli chiede adesso della sostituzione della gomma posteriore che è stata eseguita a Bologna. La risposta quasi disarmante di Taruffi lo deve aver fatto riflettere sul comportamento in gara di un pilota.

«*Mi sembra* che mi sia stata cambiata una gomma a Bologna» dice il grande campione quasi con sussiego, come se la cosa non lo riguardasse. «*Mi è stato detto* che mi fu cambiata quella posteriore destra – operazione alla quale non ho prestato attenzione» confessa «perché occupato a riassettarmi.» In altre parole, mentre Boasso si affaccendava sul pneumatico destro, Taruffi era indaffarato a fare altro: parlare con Ferrari, conoscere tempi e piazzamenti di avversari e compagni di squadra, pulire gli occhiali, rifocillarsi. «D'altra parte» taglia corto «al cambio delle gomme e al controllo eventuale delle stesse sono addette persone specializzate.»

Che abbia prestato attenzione o meno, è un fatto accertato che Taruffi a Bologna ha sostituito una gomma. De Portago no. È dunque possibile compiere una Mille Miglia intera, mille e seicento chilometri su e giù per l'Italia, senza mai cambiare i pneumatici? chiede il giudice. Taruffi non ha il minimo dubbio. «Può avvenire benissimo» risponde sicuro.

Caprioli lo incalza. È vero che ha accusato problemi agli

ammortizzatori? Taruffi conferma spiegando prima al giudice che gli ammortizzatori sono quegli «apparecchi che servono per frenare il molleggio della vettura» e comportano solitamente una minore tenuta di strada, soprattutto in curva. Tutte cose alle quali un pilota esperto può comunque ovviare con la guida. Come da sua richiesta, dichiara, i meccanici della Ferrari hanno peraltro provveduto a «registrarli» in ognuna delle quattro soste per il rifornimento, vale a dire a Ravenna, a Pescara, a Viterbo e a Bologna. E «comunque» dice per fugare ogni dubbio o per stroncare sul nascere qualsiasi idea strana, un problema «agli ammortizzatori non può influire sullo scoppio delle gomme».

L'interrogatorio volge alla fine. Taruffi conferma che è vero che, arrivato a Bologna, pensava di abbandonare la corsa. «Al controllo di Bologna avevo intenzione di ritirarmi per causa di un rumore che sentivo alla trasmissione e per il quale pensavo che la macchina poteva non arrivare a Brescia.» E precisa: «Ma il Commendator Ferrari, presente a Bologna, pur lasciandomi libero di decidere, mi ha segnalato che il corridore Collins aveva pure lui avvertito alcuni disturbi, per cui probabilmente non sarebbe arrivato al traguardo di Brescia. Questa segnalazione» spiega «mi ha fatto decidere di continuare la corsa».

C'è tempo solo per un'ultima precisazione. «Ad eccezione dei predetti inconvenienti, la macchina non presentava altri difetti e peraltro la guida si poteva considerare ottima.» Per essere sicuro di non essere frainteso, Taruffi ripete: «Non ho avvertito alcuna difficoltà di guida».[85]

Il campione si alza, ringrazia, saluta e lascia il Palazzo di

[85] *Verbale di istruzione sommaria, Taruffi ing. dott. Piero fu Pompeo*, 27 maggio 1957.

giustizia di Mantova per tornare a Roma. È sulla breccia da tanti anni. Ha iniziato a correre negli anni Trenta ed è stato un campione prima sulle motociclette e poi sulle automobili. Conosce Enzo Ferrari da quasi trent'anni. Il loro non è mai stato un rapporto semplice. Taruffi, con le sue lauree, la sua cultura, i suoi modi raffinati è di quelle persone che mettono soggezione a Ferrari, il quale non ama essere in soggezione del prossimo. Ma la sua deposizione, oggi, è una freccia importante all'arco del costruttore modenese.

Quello stesso giorno, lunedì 27 maggio, a ottocento chilometri di distanza, un altro ingegnere, meno famoso di Taruffi – anzi, totalmente sconosciuto al grande pubblico – prende posto davanti al giudice istruttore di Bari. Il suo nome è Luigi Leopoldo Alberti. Ha quarantaquattro anni ed è un ingegnere presso la Motorizzazione Civile di Bari. Ma è anche uno dei commissari tecnici addetti alla verifica delle vetture che hanno partecipato all'ultima Mille Miglia.

Alberti inizia sulla difensiva. La sciagura di Guidizzolo ha sconvolto l'Italia intera e nessuno vuole avere a che fare con essa. «Premetto che la verifica preliminare delle vetture partecipanti alla Mille Miglia» dice poco dopo essersi seduto davanti al giudice «viene fatta collegialmente dai vari commissari tecnici della gara.» E prosegue sullo stesso tono: «Detta verifica si limita all'accertamento che le caratteristiche esteriori delle autovetture fossero conformi, per le vetture Sport, all'Annesso C del codice sportivo internazionale».

Il giudice gli chiede nello specifico della Ferrari di De Portago. «Rammento che alla vettura numero 531 vennero verificate le dimensioni interne della carrozzeria, fu accertata l'esistenza della cappotta, la quale durante la gara può essere tolta a seconda del regolamento di corsa. Per quanto riguarda il motore» continua «fu solo accertata l'assenza del compressore.»

Ma i pneumatici? lo incalza il giudice.

«Circa lo stato delle gomme» spiega Alberti «la verifica avvenne nella mattinata del giorno 11, mentre la macchina sarebbe dovuta partire alle ore 5:31 del giorno successivo. Comunque, per quanto mi ricordi con precisione, penso che le gomme certamente dovevano essere nuove o senza segni di usura perché certamente non sarebbe sfuggito al nostro controllo.»

Prima di alzarsi, Alberti ha una puntualizzazione da fare, vale a dire «far rilevare» al giudice «che le gomme, durante la gara, vengono cambiate – naturalmente quando ciò sia necessario».[86]

Due giorni dopo, mercoledì 29 maggio, è il turno di un altro tra gli addetti ai lavori della macchina organizzativa della Mille Miglia di sedersi davanti a un giudice istruttore, nella fattispecie quello di Bologna. L'ingegner Giuseppe Deiana è un commissario sportivo dell'ACI di quarant'anni d'età. Nel pomeriggio di domenica 12 maggio si trovava alla postazione della Ferrari presso l'ultimo controllo previsto dalla corsa, quello di Bologna.

«Il servizio di controllo» dice «era presieduto per la Casa Ferrari dal titolare della Casa stessa, Commendator Enzo Ferrari, assistito dai suoi tecnici. Ricordo benissimo dell'arrivo di De Portago. Posso affermare con assoluta certezza che sia la macchina da lui guidata che quelle di

[86] *Verbale di istruzione sommaria, Alberti ing. Luigi Leopoldo*, 27 maggio 1957.

Taruffi, Collins e von Trips furono accuratamente esaminate nelle parti meccaniche e nelle gomme. Queste ultime» continua «per quanto attiene alla macchina di De Portago, erano efficienti ad esclusione della gomma posteriore destra che fu sostituita, nel senso che fu smontata l'intera ruota e ne fu applicata un'altra già pronta.»

Se Deiana ricorda bene, se cioè a De Portago è stata effettivamente sostituita una gomma, ne risulterebbe che i tecnici della Englebert che hanno deposto la settimana prima davanti al giudice istruttore Alessandro Caprioli di Mantova hanno mentito. Infatti, tanto Carlo Anselmi, che era al controllo di Viterbo, quanto Luciano Boasso, che era invece a Bologna e, nel caso, avrebbe materialmente sostituito la gomma alla Ferrari di De Portago, hanno dichiarato che le uniche due gomme sostituite – a Bologna, quindi personalmente da Boasso – sono state la posteriore destra sulle Ferrari di Taruffi e Collins. Il giudice istruttore di Bologna ignora il contenuto delle deposizioni rese dai tecnici della Englebert e non può controbattere chiedendo chiarimenti.

Deiana prosegue nella deposizione.

«Anch'io ho osservato personalmente le gomme delle ruote, in particolare quelle anteriori e» dice «le trovai in ordine con abbondante battistrada.» Sempre a proposito della Ferrari di De Portago, afferma, «ricordo che fu controllato il motore per quel che riguardava il livello dell'olio, della benzina, dell'acqua. Furono guardate anche le candele».

Una verifica dell'automobile in piena regola a 350 chilometri dal traguardo, dunque, mentre pilota e co-pilota si sgranchivano le gambe e si dissetavano. Chi volesse trovare dell'imprudenza da parte dei tecnici di Ferrari o Englebert all'ultimo controllo prima dell'incidente non troverebbe nulla nella deposizione di Deiana. «De Portago» dice «si mostrò soddisfatto della efficienza del mezzo senza lamentare alcun inconveniente tanto che ebbi a percepire la parola *bueno*. Poi» continua il commissario ACI «il Commendator Ferrari lo chiamò un momento in disparte ed ebbero un breve colloquio.» Il contenuto del quale Deiana non è in grado di riferire perché, dice, «per discrezione mi allontanai di qualche passo».

Deiana ripercorre per il giudice anche le soste delle altre tre Ferrari, confermando il controllo accurato svolto su ciascuna di esse. «Ricordo che Taruffi lamentava "qualche cosa che non andava"» dice riportando le parole del pilota romano «penso alla trasmissione.» Anche Collins si lamentava di qualcosa tanto è che, racconta, «la sua macchina fu sollevata ed esaminata da due tecnici che vi andarono sotto». Deiana non sa dire cosa fu riscontrato dai meccanici di Maranello, ma conferma che la macchina, che si sarebbe fermata un centinaio di chilometri dopo, a Parma, perché qualcosa effettivamente non funzionava, è ripartita da Bologna.

Deiana a questo punto ci tiene a far mettere a verbale una osservazione di carattere generale. «Devo far presente» dice «che i titolari delle Case automobilistiche, ed il Ferrari in particolare, sono riservati e gelosi di quanto viene rilevato sulle macchine in corsa e pertanto non ho potuto ascoltare o imparare particolari circa l'efficienza meccanica dei mezzi.» Verità sacrosanta.

Il giudice ha quasi terminato la lista di domande che ha ricevuto dal collega di Mantova. Ma vuole sapere di Taruffi, che per qualche motivo è uno dei pallini di Caprioli.

«Per quanto riguarda Taruffi» dice Deiana «posso dire che egli si mostrò piuttosto scoraggiato al passaggio di Bologna.» Ma, ammette, «non ne conosco le ragioni».

E cosa sa dell'intenzione della *Volpe argentata* di ritirarsi?

«Non posso dire se egli abbia manifestato o meno l'intenzione di ritirarsi» risponde Deiana, che però subito aggiunge: «Ricordo una battuta del Commendator Ferrari, il quale disse: "È la prima volta che Taruffi è riuscito a superare Siena e quindi dovrebbe vincere!"».[87]

I giudici istruttori che a Bari e a Bologna hanno ascoltato gli ingegneri Alberti e Deiana[88] inviano il fascicolo con le loro deposizioni al giudice istruttore Alessandro Caprioli a Mantova, per conto del quale hanno interrogato i due teste.

Caprioli legge e rilegge le deposizioni e, prima di inviarle ai periti incaricati di far luce sull'incidente, come un insegnante che con la matita rossa segna gli errori veniali e con quella blu quelli più gravi, sottolinea i passi che ritiene più importanti.

[87] *Verbale di istruzione sommaria, Deiana dr. Giuseppe Armando fu Antonio*, 29 maggio 1957.

[88] Ci sono vari casi in cui il cognome di alcune delle persone coinvolte nella vicenda viene scritto in maniera diversa a seconda del cancelliere del Tribunale che ne prende nota. È il caso di Giuseppe Deiana, il cui cognome in alcune istanze è scritto con la *i* (Deiana) e in altre con la *j* (Dejana). Un altro caso è quello di Mario Spetuzzi, il cui cognome alcune volte viene scritto *Speluzzi*. La scelta operata è stata quella di rispettare i documenti originali, anche quando registrano un nome nella versione non corretta. Lo stesso ragionamento è stato fatto per quel che riguarda la Mille Miglia. Oggi, quando ci si riferisce a questa corsa, si parla *della* Mille Miglia. Ma negli anni Cinquanta, cioè ai tempi della nostra storia, c'era anche chi, riferendosi a questa competizione, parlava *delle* Mille Miglia, al plurale. Anche in questo caso, la scelta è stata di rispettare le fonti originali.

11
In cerca di gloria

La mattina di lunedì 3 giugno Giovanni Bonini viene ascoltato in Tribunale a Mantova dal procuratore della Repubblica Alessandro Caprioli. Bonini è l'appassionato di corse che, qualche chilometro prima dell'incidente di Guidizzolo, ha visto staccarsi dalla vettura di De Portago un pezzo di copertone, che ha recuperato e consegnato il giorno successivo a un agente della Polizia stradale proprio sul luogo della tragedia.

A Caprioli dice di essere certo che si trattasse della Ferrari di De Portago. Spiega: «Non ho riconosciuto il pilota, ma solo il tipo ed il numero della macchina, che controllai sul programma della corsa». Dice di non sapere «se il frammento si sia staccato da destra o da sinistra, dalle ruote anteriori o posteriori». Aggiunge che lui si trovava «alla sinistra della strada in direzione di Mantova, il che fa pensare che si trattasse della gomma di sinistra». Bonini fa una pausa. Poi precisa: «Anzi, di una delle gomme di sinistra, anteriore o posteriore».

A Caprioli, che evidentemente gli chiede perché, intuendo la pericolosità della situazione, non aveva pensato di informare nessuno durante lo svolgimento della corsa, Bonini si giustifica dicendo che «non potei telefonare da nessuna parte perché mi trovavo in mezzo alla campagna». Il procuratore della Repubblica a questo punto gli chiede di riconoscere formalmente il pezzo di pneumatico – che lui ha consegnato agli agenti della Polstrada e loro al giudice.

Bonini non ha dubbi. È il pezzo di copertone che ha visto staccarsi dalla Ferrari di De Portago poco prima delle quattro del pomeriggio di domenica 12 maggio. A Caprioli addirittura spiega che: «Come può notare, si tratta di una parte corrispondente al fianco interno o esterno del copertone, tutto segnato da striature per lo sfregamento determinato dalla grande velocità contro il terreno, specialmente in curva». Bonini è un commerciante ma, come ha ricordato a Caprioli all'inizio della sua deposizione, ha disputato varie corse in automobile in gioventù e dice – o quantomeno pensa – di saperne quanto basta per spiegare certe cose e supporne altre.

«Il pezzo» conclude Bonini «appare infatti tutto limato per tale motivo.» E aggiunge: «Lo stacco del pezzo può essere stato determinato da un urto contro qualche sporgenza sulla strada».[89]

Come abbiamo visto, il capitano della Polstrada Corradino Saverino, che ha redatto il rapporto ufficiale dell'incidente, è invece convinto che il pezzo di copertone che Bonini ha raccolto e lui consegnato in Procura non si sia staccato dalla Ferrari di De Portago.

[89] *Verbale di ricostruzione sommaria, Bonini Giovanni di Giuseppe*, 3 giugno 1957.

Bonini è solo una delle tante persone che, a torto o a ragione, in buona così come in cattiva fede, per altruismo o per vanagloria, nei giorni successivi la sciagura di Guidizzolo scrivono o contattano gli organi competenti per spiegare la causa di quanto accaduto o, in qualche caso, per dire come si sarebbe potuta evitare la tragedia. Giovanni Carrara è uno di questi.

Quarantacinque anni, cassiere presso l'agenzia di Borgo Roma a Verona della Cassa di Risparmio di Verona Vicenza e Belluno, ma appassionato di corse, domenica 12 maggio è andato a Goito con famiglia e amici per assistere al passaggio della Mille Miglia. Insomma, una scampagnata di quelle che la grande corsa incoraggia da sempre in quelle zone d'Italia che attraversa. E qui, a Goito, anzi, a tre chilometri dal centro abitato, Carrara ha ravvisato qualche cosa di anomalo nella macchina di De Portago.

Tornato a casa e appreso dell'incidente avvenuto a meno di dieci chilometri da dove si trovava lui, il sabato successivo ha scritto una breve lettera all'Automobile Club di Verona nella quale ha esplicitamente detto: «Mi permetto segnalarvi che, a mio avviso, la luttuosa catastrofe automobilistica della recente Mille Miglia non deve attribuirsi allo scoppio vero e proprio della gomma, ma caso mai al taglio della medesima dovuta al grembiule della macchina completamente staccato nella parte anteriore e che fregava tutto sull'asfalto».[90]

Il direttore dell'ACI di Verona ha girato la lettera di Carrara al giudice istruttore di Mantova il quale, pur non conoscendo la competenza tecnica di Carrara, alla luce di

[90] *Lettera di Giovanni Carrara alla Direzione dell'ACI di Verona*, 18 maggio 1957.

una ipotetica nuova causa dell'incidente, non ha potuto esimersi dal convocare Carrara e il fratello Carlo in Tribunale a Mantova. I due fratelli si presentano davanti a Caprioli la mattina di mercoledì 12 giugno. Il primo a essere ascoltato è naturalmente Giovanni, cioè colui che ha scritto all'ACI di Verona.

«La macchina, che passò ad una velocità straordinaria, presentava al di sotto nella parte anteriore un pezzo di lamiera penzolante, che toccava il terreno e faceva sprizzare fuoco dal terreno dove aveva attrito. Io» dice «l'ho vista in tali condizioni dalla parte posteriore, quando cioè era già passata, portandomi anche per meglio vedere nel mezzo della strada, tanto che non si vedeva la luce al di sotto della macchina stessa.»

Un componente del bolide, dunque, stando a quel che ha visto – o pensa di aver visto – Giovanni Carrara, che penzolava e che rischiava di staccarsi, corretto? chiede Caprioli.

«Per meglio precisare» dice ancora il teste veronese «un pezzo di lamiera che in modo anormale era staccato in tutta la parte anteriore» e «coi sussulti della macchina faceva contatto con l'asfalto facendo sprizzare scintille. La cosa» dice «fu notata da mio fratello» che aspetta fuori dalla porta di deporre a sua volta, e da altri. Carrara dice al giudice di aver detto ai presenti che «sarebbe stato opportuno» fermare la vettura di De Portago «telefonando ad un paese più prossimo onde avvertire il guidatore del pericolo che correva». Secondo Carrara, infatti, De Portago non poteva sapere che qualcosa si era staccato nella parte inferiore della sua Ferrari. «Era evidente che per la velocità» dice al giudice, e «il rumore della macchina, col casco in testa non poteva avvertire tale inconveniente.»

Sul ciglio della strada a tre chilometri da Goito e a dieci dal luogo dove di lì a qualche minuto si sarebbe consumata la tragedia, Carrara non sa esattamente che cosa possa essersi staccato dalla macchina di De Portago. È solo quando torna a Verona quel pomeriggio che un meccanico, al quale descrive quanto ha visto, gli dice «che poteva essere certamente il carter o grembiule».[91]

Dopo Giovanni è il turno del fratello Carlo, trentasette anni, impiegato. Carlo conferma di aver visto la «lamiera penzolante» sulla vettura numero 531 anche se, dichiara, sul momento non aveva dato troppa importanza alla cosa. È stato solo dopo il passaggio della Ferrari, «anzi, mentre la macchina stava per passare» racconta, che «mio fratello disse: "Guarda che perde un pezzo"». Così, mentre la Ferrari di De Portago si allontana, i due fratelli si portano al centro della strada per cercare di vedere meglio che cosa ci fosse di «anormale» nella vettura.

In piedi al centro della provinciale, Carlo Carrara nota «che qualche cosa effettivamente faceva attrito sulla strada sprigionando qualche scintilla ad intervalli, cioè col movimento della macchina stessa». I due fratelli a questo punto si mettono a discutere animatamente su quel che hanno visto. «Lui sosteneva di aver visto il pezzo di lamiera penzolante per quasi tutto lo spazio fra le ruote» afferma «mentre io ero più sicuro che fosse un pezzo dalla parte sinistra.» A ogni modo, «la gravità del pericolo apparve a tutti i presenti tanto che mio fratello disse che, se fosse stato possibile, sarebbe stato bene di telefonare ad una località avanti per fermare la macchina».

In conclusione di deposizione, Carlo Carrara non ha

[91] *Verbale di ricostruzione sommaria, Carrara Giovanni fu Ubaldo*, 12 giugno 1957.

dubbi nel confermare quanto lui e il fratello pensano dal momento in cui hanno appreso della tragedia, e cioè «che la rottura della gomma doveva necessariamente essere stata causata dal pezzo di lamiera, che può averla tagliata».[92]

Le deposizioni dei due fratelli Carrara di Verona possono essere importanti o meno ai fini dell'inchiesta, ma sono per lo meno testimonianze di quanto i due hanno – o pensano di aver – visto. Ma a Caprioli c'è anche chi scrive parlando di negligenza come causa scatenante la tragedia – negligenza da parte dei costruttori nel non aver voluto adottare soluzioni tecniche progettate per evitare proprio incidenti di questo tipo. Tra questi personaggi c'è Giulio Virgilio Scanzi, un inventore o pseudo-inventore di Brescia, che il 25 maggio ha scritto a Caprioli e, giusto per non farsi mancare nulla, ha messo in copia per conoscenza il presidente della Repubblica italiana Giovanni Gronchi.

«Considerato la necessità inderogabile che la Giustizia sia presente anche per l'osservanza della prevenzione del sinistro dell'autoveicolo, a tutela della vita della persona umana» ha premesso nella sua nota a Caprioli l'inventore bresciano «ci pregiamo informare che pure il sinistro in oggetto per rottura del pneumatico poteva essere prevenuto e scongiurato qualora la costruzione dell'autoveicolo avesse osservato l'adozione del perfezionamento fondamentale idoneo allo scopo: perfezionamento ben noto ai costruttori degli autoveicoli.»[93]

[92] *Verbale di ricostruzione sommaria, Carrara Carlo fu Ubaldo*, 12 giugno 1957.

[93] *Lettera di Giulio Virgilio Scanzi all'ill.mo signor procuratore della Repubblica Italiana di Mantova e per conoscenza a Sua Ecc. il presidente della Repubblica Italiana*, 25 maggio 1957.

Il perfezionamento di cui parla è una sua invenzione che risale al 1937 e che Scanzi dice di aver offerto, senza fortuna, tanto alle autorità competenti quanto a diverse Case automobilistiche, tra cui la Fiat e la Ferrari. Il perché del suo insistere è presto detto: «Umano lo scopo dei miei studi, poter offrire la possibilità fondamentale idonea a prevenire sinistri stradali». Il fatto che da allora non abbia ricevuto che cortesi, ma inflessibili rifiuti da parte di tutti coloro ai quali ha scritto non ha scalfito la fiducia che l'uomo ha nella propria invenzione.

Caprioli non ha modo di sapere che si trova al cospetto di un inventore frustrato e, benché decida di non convocarlo per sentirlo di persona (quindi, forse, sotto sotto in realtà sospetta di essere di fronte a un mitomane...), non può non chiedergli di inviare la documentazione cui accenna. Ed è naturalmente nel momento stesso in cui riceve il voluminoso incartamento che Caprioli non ha più dubbi sulla natura del personaggio che gli ha scritto. Insieme alla spiegazione tecnica di quanto dice di avere inventato, quasi fossero tanti riconoscimenti al suo talento incompreso, Scanzi include infatti anche tutte le risposte di rifiuto che ha collezionato dal giorno in cui ha iniziato a proporre quella che lui, senza molti giri di parole, chiama «sospensione Scanzi».

Sono quattro le lettere di rifiuto da parte del solo Enzo Ferrari, al quale Scanzi ha proposto per la prima volta la sua soluzione il 21 novembre 1948 e, l'ultima, il giorno prima della Mille Miglia. Per la precisione, l'11 maggio 1957 lo ha fatto due volte nel corso della stessa sera, la sera precedente la partenza della corsa, subito dopo l'intervento che Ferrari ha tenuto alla cena che rievocava Eugenio Castellotti. Lo ha fatto una prima volta a voce, la seconda per iscritto e sempre per interposta persona. La cosa è andata così.

Dal momento che la sua dubbia fama ormai lo precede e che certi luoghi gli sono preclusi, Scanzi ha fatto in modo che alla serata di commemorazione fosse presente il *dr. ing. arch.* Ghelfino Bargnani. Nel corso degli anni Bargnani è diventato una sorta di prestanome di Scanzi, incaricato di avvicinare persone che, alla vista dell'eccentrico inventore bresciano, probabilmente scapperebbero. A Bargnani Scanzi ha chiesto di avvicinare Ferrari per parlargli una volta ancora della sua invenzione. Tutto questo nonostante l'ultima risposta di Ferrari sul tema non avesse potuto essere più chiara – «la sua applicazione» ha risposto qualche tempo prima il costruttore modenese «non interessa la nostra produzione».[94]

Quella sera, come sappiamo, accennando a Castellotti Ferrari ha espresso dubbi sull'attività di un costruttore di automobili, che si batte per il futuro, ma spesso finisce con l'arrecare morte. «Il suo accorato discorso» scrive ancora Bargnani a un Ferrari che ha incontrato solo qualche decina di minuti prima «mi induce maggiormente a credere vorrà nuovamente esaminare e sperimentare la "sospensione Scanzi", che sono convinto apporti un sensibile miglioramento alla stabilità della vettura alle fortissime velocità e» scrive profeticamente

[94] *Lettera di Enzo Ferrari a Istituto Artigianelli di Brescia*, 3 aprile 1953. Virgilio Scanzi, dopo aver scritto personalmente a Ferrari il 21 novembre 1948 e aver ricevuto il suo cortese rifiuto il 1° dicembre, ha successivamente contattato Ferrari prima tramite un avvocato (20 maggio del 1952; rifiuto da parte di Ferrari in data 27 dello stesso mese) e poi dall'Istituto Artigianelli di Brescia.

«anche in caso di scoppio di una gomma».[95] Scanzi è in copia.

Ferrari risponde il 21 maggio, nove giorni dopo la sciagura di Guidizzolo, alla quale fa peraltro indirettamente riferimento. A voler troncare una volta per tutte le velleità dell'inventore bresciano, Enzo Ferrari scrive testualmente: «Purtroppo la situazione attuale, nel campo automobilistico sportivo, ci ha costretti a rivedere i nostri programmi e pertanto non possiamo sperimentare la sospensione propostaci».[96]

Ed è alla luce di questo verdetto che sa di definitivo, soprattutto dopo una disgrazia che lui è convinto che la sua invenzione avrebbe potuto evitare, che Scanzi, quattro giorni più tardi, decide di informare il procuratore del Tribunale di Mantova – e il presidente della Repubblica italiana – del muro di gomma contro cui si scontra almeno dal 1942, da quando cioè scrisse all'allora capo del governo Benito Mussolini, e il segretario personale del Duce gli disse esattamente la stessa cosa che tutti gli altri gli avrebbero detto negli anni a seguire.

[95] *Lettera di Ghelfino Bargnani a Enzo Ferrari*, 11 maggio 1957.
[96] *Lettera di Enzo Ferrari a Ghelfino Bargnani*, 21 maggio 1957.

12
Il blitz

Poco alla volta le polemiche sui giornali si affievoliscono. Come sempre accade, passata l'emotività del momento – che in primavera è stata enorme ed è stata vera – altri argomenti vanno a occupare le prime pagine dei giornali. Ma la macchina della giustizia non si ferma.

Il procuratore della Repubblica di Mantova Alessandro Caprioli ha nominato una commissione incaricata di redigere la perizia tecnica sulla quale poggerà il procedimento giudiziario. La scelta è caduta su due ingegneri, Mario Spetuzzi e Tarquinio Madella, e sul geometra Rinaldo Rinaldi.

A Enzo Ferrari la composizione della giuria non piace. Uno dei membri, «un consulente progettista di una scuderia concorrente» alla sua, lamenta, è il presidente della commissione tecnica dell'ACI e «da lui dipendono i commissari tecnici preposti ai controlli tecnici per l'accettazione delle vetture partecipanti alla Mille Miglia» ragione per la quale è di fatto parte in causa. Gli altri due sono «un ingegnere edile e un geometra»[97] cioè persone, per

[97] Ferrari, *Le mie gioie terribili*, cit., p. 236.

formazione ed esperienza, non necessariamente esperte sui temi che dovranno trattare. Il pericolo di essere giudicato sulla base del parere di due tecnici che con ogni probabilità non hanno le carte in regola e da un terzo che ha lavorato per un concorrente ed è stato coinvolto nelle verifiche tecniche della gara lo infastidisce non poco.

Con l'arrivo dell'estate, il Signore di Maranello inizia comunque a tornare con regolarità in ufficio. Nel frattempo Fangio e la Maserati hanno vinto le tre gare valide per il Campionato del mondo di Formula 1 fino a qui disputate: i gran premi di Argentina, Monaco e Francia. La Ferrari ha deluso: neppure un podio nelle prime due gare, il secondo e il terzo posto di Musso e di Collins in Francia. Fangio ha 25 punti in classifica; il primo dei piloti di Ferrari, che è Musso, ne ha solo sette.

Paradossalmente le cose vanno meglio nel Campionato Sport, quello all'interno del quale è inserita la Mille Miglia. Un incolore quinto posto nella 24 Ore di Le Mans e un quarto posto nel gran premio di Svezia consentono alle macchine di Maranello di mantenere la testa della classifica, anche se la Maserati è adesso sempre più vicina.

Il 10 giugno il procuratore della Repubblica di Mantova ordina la restituzione alla Ferrari della vettura di Taruffi, sequestrata poco dopo aver tagliato da vincitrice il traguardo della Mille Miglia, poiché, scrive, «tale macchina da corsa non occorre più ai fini peritali».[98] La vettura di Taruffi però tornerà a Maranello senza i cinque pneumatici e gli ammortizzatori, che rimangono sotto sequestro e a disposizione dei tre periti.

[98] *Ordine del procuratore della Repubblica di Mantova*, 10 giugno 1957.

Per quel che concerne i pneumatici, il discorso è chiaro. Per quanto riguarda invece gli ammortizzatori, si continua a pensare che possano in qualche modo aver giocato un ruolo anche se il pilota che dice di aver accusato problemi a questi organi meccanici sulla propria vettura – Taruffi – ha escluso in maniera categorica che possano aver causato lo scoppio del pneumatico della Ferrari di De Portago.

Quello stesso giorno Enzo Ferrari scrive di proprio pugno, con quel suo inchiostro viola che utilizza dalla fine degli anni Venti e che gli prepara appositamente un commerciante di Bologna, la delega perché un suo dipendente possa ritirare l'automobile, «previo smontaggio degli ammortizzatori e dei pneumatici che restano a disposizione dell'autorità giudiziaria».[99] A ritirare la vettura con la delega di Ferrari in tasca ci penserà Gian Franco Mari, che è già stato a Mantova per riportare a casa le automobili di von Trips e di Collins.

Quattro giorni dopo Ferrari è vittima di un duplice blitz da parte della Polizia giudiziaria di Mantova. Eseguendo un ordine verbale impartito da Caprioli, alle undici del mattino di venerdì 14 giugno due agenti della Polizia giudiziaria si recano contemporaneamente allo stabilimento Ferrari di Maranello e dal rappresentante della Englebert di Milano.

A Maranello il brigadiere Giuseppe Monaco accerta «che i pneumatici marca Englebert montati sulle autovetture della Ferrari che parteciparono alla Mille Miglia

[99] *Lettera di Enzo Ferrari al procuratore della Repubblica di Mantova*, 10 giugno 1957.

1957 furono richiesti dalla ditta Ferrari alla filiale della ditta Englebert» di Torino «in data 9 febbraio 1957 e ritirati dalla stessa Ferrari con suo automezzo in data 11 marzo 1957».

Durante la perquisizione, Monaco ha interrogato Luciano Boasso, il tecnico della Englebert dislocato a Maranello. Boasso ha spiegato di non tenere «alcun registro di carico e scarico ma» che «mensilmente, compila un elenco delle gomme ricevute dalla ditta e un elenco delle gomme montate su macchine Ferrari; elenchi che lo stesso impiegato trasmette direttamente alla propria filiale di Torino».

Il maresciallo capo Giuseppe Mazzarini, che per qualche motivo è stato mandato a Milano da un concessionario che vende gomme Englebert così come quelle di altre marche, Pirelli compresa, accerta l'ovvio, vale a dire che la «Englebert ha una sola filiale in Italia ed è quella di Torino». In via Procaccini a Milano il signor Giuseppe Colombo, che ha avuto la sorpresa di trovarsi la Polizia giudiziaria in negozio alle undici del mattino di un caldo venerdì di giugno, è un rivenditore autorizzato della Englebert, per conto della quale è autorizzato a vendere pneumatici nella sola Lombardia. A domanda diretta del maresciallo, Mazzarini risponde «di non avere fornito pneumatici alla ditta Ferrari di Modena, anche perché questa è sita fuori della zona di sua competenza».

Il maresciallo lo incalza. Mazzarini risponde che «qualche tempo prima della Mille Miglia» ha richiesto in filiale a Torino «dei pneumatici tipo "corsa"» ma la filiale gli ha risposto «di non averne disponibili e quelli che aveva erano appena sufficienti per fornirli alla Ferrari, che doveva impiegarli nella Mille Miglia».[100] Secondo il parere di Colombo, riferisce il maresciallo al procuratore della Repubblica che lo ha mandato in missione, i pneumatici in questione arriverebbero direttamente dal Belgio per via aerea.

Visita a sorpresa della Polizia giudiziaria a parte, l'estate di Ferrari procede tranquilla. Il 30 giugno cade il primo anniversario della morte di Dino. Ferrari ha ancora le ferite aperte. Anni dopo confesserà di avere strappato cinicamente compassione per questo suo dolore, ma un anno dopo la scomparsa del primogenito, della compassione della gente non interessa nulla a Ferrari, solo con il suo dolore e le lacerazioni e la rabbia che esso comporta.

Ogni mattina, dopo essersi fermato dal barbiere per farsi radere e prima di andare in fabbrica a Maranello, passa dal cimitero di Modena. Insieme al fido Verdelli percorre i vialetti in ghiaia e sale i gradini che portano alla cappella di famiglia, all'interno della quale, nell'anno che è trascorso, ha portato il padre e il fratello, che adesso riposano tutti insieme a Dino dietro a lapidi di marmo rosso cupo. Ogni mattina lo stesso rito. Ferrari si accomoda su una sedia di legno. Verdelli esce. Ferrari resta solo con Dino.

Ferrari dice di non saper pregare. Ma nella cappella del cimitero ogni mattina dialoga in silenzio col figlio – un dialogo che non ha ritrosia nel proporre a chi gli vuole bene. «Oggi manchi tu» ha scritto alla fine dell'anno precedente sulla pubblicazione che, da tradizione, riassume la stagione

[100] *Comunicazione del comandante la squadra di Polizia giudiziaria di Mantova Giuseppe Mazzarini al procuratore della Repubblica di Mantova*, 15 giugno 1957.

sportiva che si è conclusa. «Tu che sei stato l'ispiratore sorridente di ogni mia quotidiana ansia rinnovatrice.»

E ancora: «Fra le tante cose che di te sempre mi parlano c'è il rabbioso vagito dell'ultimo nato – ricordi quel piccolo scomposto motore che tu peroravi nelle lunghe serate del nevoso inverno trascorso?» dice alludendo al sei cilindri sul quale Dino si affaccendava con la complicità del padre e di Vittorio Jano, il grande progettista, nell'ultimo anno di vita. «Un cucciolo che tu non hai udito; ma esso porterà il tuo nome e ricorderà a noi tutti la tua infinita passione.»

Il sei cilindri che porta il nome del figlio ha debuttato a Modena, due mesi dopo la morte di Dino. Quel giorno Ferrari ha assistito a quella che sarà, per sua scelta, l'ultima gara che vedrà stando ai box di un circuito. Nel settembre del 1956, nel momento del debutto del motore che porta il nome di Dino, Enzo sta ancora valutando se proseguire nell'attività sportiva che qualche giorno dopo la morte del ragazzo, al colmo della disperazione, aveva pensato di abbandonare.

All'amico giornalista Gino Rancati in quei giorni d'estate aveva scritto di aver deciso di «andare in fondo a questa stagione sportiva» ma che poi riteneva «di lasciare ad altri l'onore di meglio difendere il prestigio del lavoro italiano all'estero. Bisogna saper rinunciare nella vita a qualcosa che ci preme veramente» scriveva Ferrari «ed io penso che, dopo aver perduto mio figlio, io non possa e non abbia nulla di più caro da rinunciare».[101]

Il mese successivo era andato a Torino, al cospetto di Vittorio Valletta, il potente amministratore delegato della

[101] G. Roncati, *Ferrari, lui*, Sonzogno 1977, p. 83. La lettera di Enzo Ferrari a Gino Rancati è in data 16 luglio 1956.

Fiat. Nel colloquio a quattr'occhi, Ferrari aveva ammesso che la morte di Dino lo aveva gettato in una «crisi profonda di sconforto». Ma siccome, insieme con il gusto di vivere, Ferrari aveva perso anche l'erede, da Valletta voleva una rassicurazione di carattere generale che, in caso di necessità, al futuro della sua azienda ci avrebbe in qualche modo pensato la Casa torinese. Valletta gli disse quello che Ferrari voleva sentirsi dire: «Dietro questo tavolo siede un suo amico, e questo amico rappresenta la Fiat».[102]

Un anno dopo, nell'estate del 1957, Ferrari ha sciolto tutti i dubbi. La produzione di berlinette continua più spedita che mai e il proposito di abbandonare l'attività sportiva, nonostante l'incidente di Guidizzolo e le polemiche e gli attacchi personali e il procedimento in corso, è soltanto uno sbiadito ricordo. Ma certe sere resta solo nel proprio ufficio, chiude la porta e accende il registratore con il nastro sul quale Dino, a sua insaputa, si è registrato mentre legge i *Canti* del Leopardi per lasciare al padre il suono della sua voce.[103]

In autunno, perso il Mondiale di Formula 1 e conquistato quello Sport, quel che preme a Ferrari è riportarsi a casa la vettura di De Portago, che è ancora sotto sequestro. Il 29 ottobre, ritenendo che i periti abbiano condotto e presumibilmente concluso le loro indagini, scrive al procuratore generale della Repubblica di Mantova chiedendo la «pronta restituzione del relitto della vettura Ferrari protagonista del luttuoso incidente di Guidizzolo». Ferrari precisa che il «recupero si rende necessario dovendo tra l'altro smontare

[102] Ferrari, *Le mie gioie terribili*, cit., p. 46.
[103] G. Torelli, *Gli Arcinoti*, Edizioni del Borghese 1968.

dal motore gli speciali carburatori sperimentali che urgono per riprendere le prove a suo tempo interrotte».[104]

Come sempre e nonostante tutto, Ferrari ha bisogno di recuperare il recuperabile da ogni sua vettura e pazienza se su quella di De Portago c'è poco da salvare. E forse, nella sua richiesta, che a questo punto sembra quasi piccata dal momento che sono cinque mesi che gli inquirenti hanno in mano l'automobile, non si rende conto dello sciagurato uso dell'aggettivo *sperimentali* che associa agli speciali carburatori del 12 cilindri della Ferrari n. 531 perché, c'è da giurarci, al giudice sarà venuto un sussulto, un qualche dubbio, una qualche idea nel vedere scritto un vocabolo che esprime tutta la precarietà di un mondo delle corse nel quale la sperimentazione è continua e, si sa, spesso portatrice di affanni. Ma tant'è.

Tre settimane più tardi, la Procura dà il via libera alla riconsegna della vettura. Il 30 dicembre Ferrari manda un suo incaricato a Mantova per recuperarla. È lo stesso Gian Franco Mari, che in primavera ha riportato in Fabbrica le Ferrari sequestrate mano a mano che venivano liberate, a presentarsi al Comando della Polstrada, dove la vettura di De Portago è restata in tutti questi mesi. Sotto gli occhi del geometra Rinaldi, vale a dire di uno dei tre periti tecnici giudiziari nominati da Caprioli, poco dopo le 11:00 del mattino Mari prima pesa la vettura e poi la carica sul camion della Scuderia.[105] Quel che resta della Ferrari di De Portago torna finalmente a Maranello.

[104] *Lettera di Enzo Ferrari al procuratore della Repubblica di Mantova*, 29 ottobre 1957.

[105] *Verbale di dissequestro e di restituzione dell'autovettura da competizione «Ferrari 4000» targa di collaudo nr. 81825, numero di gara 531, di proprietà della Ditta Ferrari di Modena*, 30 dicembre 1957. L'ordine di restituzione era stato emesso il 17 novembre.

13
La perizia giudiziale

Il nuovo anno, il 1958, si apre con la consegna della perizia giudiziale alla quale i tre tecnici, che hanno ricevuto l'incarico da Caprioli il giorno stesso dell'incidente di Guidizzolo, stanno lavorando da maggio.

Il loro lavoro è stato lungo e faticoso. Due volte hanno chiesto una proroga di sessanta giorni. La prima volta il 12 giugno, un mese dopo aver ricevuto l'incarico. La seconda volta il 10 agosto «in quanto la complessità dei rilievi» sostenevano «è stata tale da superare il termine massimo concesso».[106] In piena estate, nel momento in cui chiedono la seconda proroga, i periti ritengono di aver necessità di un periodo di tempo «non certo inferiore ad una quarantina di giorni».[107] Con riluttanza Caprioli concede anche questa seconda proroga.

Quando però, ai primi di dicembre, la perizia ancora non si vede, Caprioli si infuria e mette i tre periti di fronte

[106] *Comunicazione della Procura generale della Repubblica presso la Corte di Appello di Brescia*, 30 agosto 1957.

[107] *Richiesta dell'ing. Tarquinio Madella al procuratore della Repubblica di Mantova*, 10 agosto 1957.

alle loro responsabilità nel caso di «mancata presentazione dell'elaborato dopo la scadenza del termine prorogato». Nel mirino di Caprioli c'è soprattutto il professor Mario Spetuzzi, che è il capo della squadra, cui si rivolge direttamente «affinché una perizia così delicata ed importante, i cui risultati sono stati particolarmente affidati alla sua capacità ed esperienza, non debba essere ulteriormente ritardata».[108]

L'11 dicembre Caprioli intima di fatto ai tre di consegnare i frutti del loro lavoro entro e non oltre il 24 dicembre. Ma anche questo termine viene disatteso. La perizia arriva nelle mani di Caprioli solo martedì 14 gennaio 1958.

Il primo atto compiuto dai periti – o quantomeno da due dei tre – è stato il sopralluogo che l'ingegner Tarquinio Madella e il geometra Rinaldo Rinaldi hanno effettuato sul luogo dell'incidente in compagnia del procuratore della Repubblica di Mantova Alessandro Caprioli alle dieci del mattino di lunedì 13 maggio 1957, il giorno successivo alla strage.

In quella occasione, valutando le tracce di pneumatico ancora fresche, hanno accertato, o perlomeno desunto, che lo scoppio del pneumatico della Ferrari di De Portago è «presumibilmente» avvenuto «a metri 60,80 prima della pietra miliare km 21» e «a metri 4,75 dal ciglio asfaltato a destra in direzione Guidizzolo».

Le tracce sull'erba non sono più visibili, ma tra pali del telefono spezzati e paracarri divelti e scagliati a decine di

[108] *Sollecito all'ing. Mario Speluzzi per perizia sull'incidente mortale durante la corsa «Mille Miglia» da parte della Procura della Repubblica di Mantova*, 11 dicembre 1957.

metri di distanza, i due tecnici e il giudice cercano pazientemente di ricostruire la dinamica dell'incidente. Sulla banchina a sinistra della strada trovano ancora quei visceri umani che il fotografo incaricato dalla Procura ha fotografato la sera precedente, ma che nessuno ha ancora rimosso.

La Ferrari di De Portago e Nelson è sempre nel fosso, semisommersa dall'acqua. Tutto attorno ci sono quei pezzi della vettura che si sono via via staccati dopo che il bolide ha travolto gli spettatori sul lato opposto della strada ed è rimbalzato da un fossato all'altro – «nel fosso destro, all'altezza del punto dove l'auto è risalita sulla strada, si notano i rottami della fiancata destra e del serbatoio della benzina»[109] appuntano scrupolosamente in vista della perizia che sono chiamati a redigere.

«La parte di carrozzeria in corrispondenza al posto di guida era mancante (...) la ruota posteriore era senza pneumatico col cerchione ammaccato (...) la sospensione di sinistra era arretrata e senza tamburo freno (...) l'ammortizzatore anteriore sinistro era sfondato (...) il seggiolino del pilota era scardinato; il volante di guida contorto (...) tutti gli strumenti del quadro erano a zero, mentre la lancetta rossa dei contagiri segnava 7350» scriveranno poi.

Enzo Ferrari ha collaborato da subito con i tre periti.

Anzi, dieci soli giorni dopo la loro nomina e dopo aver già consegnato i disegni tecnici delle vetture in questione, Ferrari si è permesso di sollecitare il procuratore della Repubblica di Mantova a che «l'indagine tecnica in corso sia spinta fino allo accertamento della scelta dei materiali,

[109] *Verbale di ispezione giudiziale dei luoghi e delle cose*, 13 maggio 1957.

delle lavorazioni e di quant'altro la S.V. Ill.ma riterrà utile, ai fini della giustizia con un collegiale sopralluogo presso la officina di Maranello dove le macchine partecipanti alla XXIV Mille Miglia furono costruite».[110]

Il 3 giugno, quando l'offerta di Ferrari di visitare Maranello non è ancora stata accolta, Caprioli convoca in Tribunale a Mantova il professor Spetuzzi e il geometra Rinaldi per consegnare loro alcuni oggetti che dovrebbero tornare utili ai fini della perizia.

Il primo di questi è il «rotolo di film relativo all'arrivo dell'automobile n. 531 al controllo di Bologna». Poi ci sono un frammento di copertone e uno di camera d'aria «rinvenuti all'altezza del km 21,950»; un terzo frammento di pneumatico, che è quello recuperato da Giovanni Bonini pochi chilometri prima dell'incidente e che il rapporto di Polizia peraltro esclude che sia della Ferrari di De Portago; infine il pneumatico completo di camera d'aria «proveniente dall'incidente di Olmo di Vicenza».[111]

La perizia giudiziale che il procuratore della Repubblica di Mantova Alessandro Caprioli ha finalmente tra le mani martedì 14 gennaio 1958 è il frutto di 152 giorni di lavoro da parte dei tre esperti. Il professor Spetuzzi, l'ingegner Madella e il geometra Rinaldi ci hanno lavorato dal 12 maggio al 10 ottobre 1957.[112] Gli ultimi tre mesi li hanno spesi cercando di dare un senso a tutto quello che hanno messo insieme.

Enzo Ferrari ha espresso dubbi sulla composizione del-

[110] *Lettera di Enzo Ferrari al procuratore della Repubblica di Mantova*, 23 maggio 1957.

[111] *Verbale di perizia in genere*, 3 giugno 1957.

[112] *Nota spese presentata dall'ing. Tarquinio Madella*, 10 ottobre 1957.

la commissione sin dal suo annuncio poiché non considera i tre realmente esperti di quanto dovranno rilevare. Uno è un geometra, un altro è un ingegnere edile, il terzo ha lavorato per la Scuderia Milan, che fa correre vetture prodotte dalla Maserati, la grande rivale cittadina in quella Modena che, a metà degli anni Cinquanta, è diventata a tutti gli effetti la capitale mondiale dell'automobilismo sportivo.

Forte di un sesto senso per certe cose tutto suo, Ferrari non si sbaglia. Le quaranta cartelle di testo, le ventotto fotografie e la planimetria allegata puntano infatti l'indice verso una sua negligenza, riassumibile nell'aver montato gomme non adatte alla velocità che la Ferrari di De Portago raggiungeva in corsa.

Per arrivare alla loro conclusione i tre periti sono partiti dalla fine, vale a dire dalla velocità alla quale ritengono viaggiasse la Ferrari n. 531 nel momento dell'incidente, cioè tra i 270 e i 280 chilometri all'ora. Come siano arrivati ad affermare che la 335 S del marchese spagnolo viaggiasse a quella velocità è un mistero poiché la velocità massima di questa vettura, che peraltro nelle battute finali della Mille Miglia non aveva il motore al meglio, è pari a 263 chilometri all'ora. La perizia a ogni modo non lo spiega.

Ma la conclusione è questa: «Quando si esamina la gommatura di una vettura non si può invero esimere dal considerare non solo le gomme impiegate, ma se tali gomme rispondano sia per sezione e qualità di costruzione alle prestazioni della vettura. Deve cioè esistere una mutua corrispondenza fra copertura e caratteristiche della macchina». E sulla base dell'evidenza che hanno raccolto in sette mesi di lavoro e sulla scorta di calcoli tecnici di cui la perizia è disseminata, i periti si dicono convinti che «la sezione delle gomme anteriori usate e la pressione di gonfiaggio non erano le più idonee alle prestazioni della vettura, tenuto presente in particolare la diminuita efficienza delle sospensioni durante la corsa».

In sostanza, quindi, «dato il tipo di costruzione adottata per i pneumatici, verificatosi un *dechappage*, la carcassa si è trovata scoperta e l'urto sul terreno ad alta velocità ha consentito un elemento determinante per mettere la gomma fuori uso per scoppio». In altre parole, «le coperture impiegate presentano per l'uso che se ne è fatto carenza di costruzione per cui le sollecitazioni alle quali sono state sottoposte erano eccessivamente al limite delle loro possibilità».

Le conclusioni dei tre periti lasciano poco spazio all'interpretazione. La perizia giudiziale nelle mani del procuratore della Repubblica di Mantova pesa come un macigno sulla testa di Enzo Ferrari. Anche la Englebert è naturalmente sotto tiro perché quelle gomme la ditta belga le ha costruite. Ma Ferrari è responsabile per averle montate sulle sue vetture senza curarsi del fatto che non fossero adatte per le sollecitazioni di cui sarebbero state oggetto.

«Che la gommatura non fosse perfettamente idonea alla vettura» prosegue la perizia «è indirettamente confermato anche dal fatto che la gomma della vettura di De Portago – più precisamente la posteriore di sinistra – ha avuto un distacco di battistrada dopo un centinaio di chilometri dalla partenza» cioè sul rettilineo tra Olmo e Tavernelle poco dopo le sei del mattino di domenica.

«Dalla stampa cosiddetta tecnica» continua la perizia per sostenere la sua tesi, che cioè la Ferrari di De Portago corresse a una velocità troppo elevata per il tipo di gomme che montava «è stata ipotizzata la possibilità che lo scoppio fosse dovuto ad un precedente urto del pneumatico contro "occhi di gatto"[113] disposti circa cinque chilometri prima della località dell'incidente.» Questa, bene inteso, è anche la tesi sostenuta da Enzo Ferrari.

Ma i periti la pensano diversamente poiché, scrivono, «i fianchi interno ed esterno del pneumatico scoppiato non portavano alcun segno o abrasione dovuto a urto laterale contro ostacoli di sorta». Per questa ragione si sentono sicuri di escludere «la possibilità che lo scoppio sia stato originato in conseguenza di un urto precedente» dato che lo sforzo cui è «sottoposta una gomma per urto contro un occhio di gatto non è tale da comprometterne la resistenza».

A latere, la perizia mette sotto accusa anche il servizio di sicurezza praticato nell'ambito di una corsa che ormai ha superato le condizioni nelle quali era stata concepita trent'anni prima. Facendo diretto riferimento al luogo dove sono state falciate le vittime, cioè la banchina sulla sinistra della strada provinciale «Bresciana», i periti affermano che «è evidente che grave responsabilità incombe a chi ha dato disposizioni alla Forza Pubblica per il mantenimento dell'ordine e della sicurezza in relazione allo svolgimento della corsa».

Nelle righe conclusive della loro relazione, Spetuzzi, Madella e Rinaldi colgono infine l'occasione per confutare anche alcune tra le ipotesi che sono state avanzate in privato da spettatori, appassionati, tecnici o presunti tali.

Per quel che riguarda i due fratelli veronesi, Giovanni

113 Per «occhi di gatto» si intendevano all'epoca quei dispositivi retroriflettenti inseriti nell'asfalto, dal quale sporgevano di qualche centimetro. Parte integrante della segnaletica stradale orizzontale, erano utili per aumentare la visibilità in caso di nebbia e pioggia e naturalmente di notte. Si trattava di una capsula di metallo all'interno della quale era posto il catarifrangente.

e Carlo Carrara, che avevano detto di aver visto penzolare dalla Ferrari di De Portago e fare attrito al contatto con l'asfalto un pezzo di lamiera, «con ogni probabilità i testi» si legge sulla perizia «hanno potuto osservare qualche scintilla uscita dai tubi di scarico in relazione a variazioni di regime nella condotta di marcia».

A proposito di quello che invece chiamano «il memoriale presentato» dall'inventore bresciano Giulio Virgilio Scanzi, i periti non hanno dubbi nell'affermare che «la presentazione di questo memoriale è ininfluente nell'incidente occorso, trattandosi della esposizione molto confusa di una sospensione stabilizzatrice dello Scanzi e che, fra l'altro, mai venne realizzata, né provata su macchine da competizione ad alta velocità».

Infine, confermano quanto aveva a suo tempo concluso il capitano Saverino della Polstrada di Mantova, e cioè che il frammento di pneumatico raccolto a Marcaria dall'appassionato di corse Giovanni Bonini «non appartiene a pneumatici da corsa di costruzione della Casa Englebert di Liegi».[114]

Due giorni dopo la consegna della perizia, lette e rilette le quaranta cartelle di testo, visionate le fotografie e analizzata la planimetria, Caprioli desidera avere una delucidazione. Così invita in Tribunale due dei tre autori del documento, cioè quelli che sono a portata di mano poiché mantovani, l'ingegner Madella e il geometra Rinaldi, che si sono nel frattempo confrontati con il terzo, che vive e lavora a Milano.

[114] *Perizia giudiziale relativa all'incidente di Guidizzolo del 12 maggio 1957*, 14 gennaio 1958.

I tre non hanno incertezze nel rispondere al dubbio che ha assalito Caprioli dopo la lettura della perizia.

«La rilevata poca efficienza degli ammortizzatori non è stata per nulla determinante del verificarsi del sinistro» dichiarano. E anche se è un dato di fatto che «i rilevanti strisciamenti sul parafango anteriore di sinistra della vettura n. 531 abbiano indotto un lievissimo aumento di temperatura nel pneumatico, va però precisato che tali strisciamenti, per le loro caratteristiche, non possono affatto considerarsi un fenomeno continuo, ma intermittente perché dovuto solo ai sobbalzi più pronunciati della vettura. Essi pertanto, e con certezza» dichiarano Madella e Rinaldi anche a nome del terzo componente il terzetto di periti «possono essere esclusi dalle cause che hanno determinato il *dechappage* e lo scoppio, tanto più che i segni rilevati sul parafango anteriore di sinistra dell'auto di De Portago erano molto meno pronunciati rispetto a quelli rilevati sull'auto n. 535 alla guida dell'Ing. Taruffi».[115]

[115] *Verbale di perizia in genere, Procura generale della Repubblica di Mantova*, 16 gennaio 1958.

14
La lettera

Un pezzo alla volta il procuratore della Repubblica di Mantova Alessandro Caprioli sta raccogliendo le tessere di un puzzle che forse non riteneva così complesso. Dopo la perizia giudiziale che Spetuzzi, Madella e Rinaldi gli hanno finalmente consegnato il 14 gennaio, il giorno 23 il dottor Enea Caldana gli invia la perizia medico-legale relativa ai nove feriti coinvolti nell'incidente di Guidizzolo.

Tra il 12 maggio e il 12 luglio dell'anno precedente, Caldana ha compiuto complessivamente 120 visite ai nove spettatori rimasti feriti al km 21 della strada provinciale «Bresciana».[116] E a distanza di mesi, nella perizia medica che il 23 gennaio 1958 presenta a Caprioli, il perito medico d'ufficio che quattro ore dopo l'incidente aveva ricevuto l'incarico dal sostituto procuratore della Repubblica Luigi Geraci «di sottoporre ad accertamento medi-

[116] *Nota delle spese e competenze per la compilazione della perizia medico-legale nel procedimento penale relativo all'incidente delle Mille Miglia (esame dei feriti)*, 24 gennaio 1958. Giusto per curiosità, ogni visita del dottor Caldana è stata rimborsata con mille lire.

co-legale» le «persone ferite a seguito» dell'incidente della Ferrari di De Portago, invia le proprie conclusioni.

Sei dei feriti, scrive Caldana, sono guariti nell'arco di qualche giorno soltanto e non presentano «postumi invalidanti». Tre di loro, invece, non sono stati così fortunati e mostrano «postumi di invalidità permanente» valutabili nel 50% per Mario Pilan, il trentaduenne di Volta Mantovana; del 25% per Ettore Cauzzi, il cinquantacinquenne di Vasto di Goito; e del 15-20% per Giovanni Rigon, il quarantasettenne di Cavriana che ha perso due figli nella sciagura.[117]

Nel frattempo, e sempre al dottor Caldana, il procuratore della Repubblica Caprioli affida una perizia medico-legale su Teresa Massagrandi, la donna che dice di avere subito un aborto spontaneo il 18 maggio dell'anno precedente a seguito dello choc successivo all'incidente di Guidizzolo, al quale ha assistito seduta davanti alla porta di casa.

Caldana non perde tempo.

Il 26 gennaio si reca a casa della signora a Corte Colombo di Cavriana per effettuare «le prime indagini medico-legali» nell'ambito della perizia. Quello che Caprioli gli ha chiesto è di accertare se l'aborto spontaneo sia effettivamente da addebitarsi allo choc prodotto dall'incidente.

Quel giorno il dottor Caldana non effettua alcun controllo medico, ma si limita a ripercorrere la storia medica della signora Massagrandi e della famiglia, e ad appurare quanto sia successo tra il 12 e il 18 maggio dell'anno precedente, cioè tra il momento dell'incidente e l'aborto spontaneo. Ma il 2 febbraio la sottopone a un esame clinico completo in ospedale.

[117] *Perizia medico-legale eseguita dal dottor Enea Caldana sui feriti dell'incidente nella Mille Miglia*, 23 gennaio 1958.

«Un fatto che può prestarsi a qualche discussione» dice Caldana dopo aver visitato la donna «è l'aborto precedente avuto dalla Massagrandi nel 1955 – aborto che sembra privo di una qualunque causa apparente.» Ma, avverte, «non si deve dimenticare che la gemellarità (si trattava appunto di gravidanza gemellare) può essere causa d'aborto. Il trauma psichico come causa di aborto è sempre più discusso» prosegue Caldana nella sua disamina «specialmente dopo le intense ed estensive esperienze belliche. Ammessa quindi l'idoneità del trauma psichico nel determinismo dell'aborto, considerata l'imponenza dello choc nervoso indubbiamente provocato dall'incidente nella Massagrandi, la quale sapeva trovarsi il proprio figlio tra le persone investite, resta da rilevare lo stretto rapporto cronologico tra l'insorgenza del fatto emotivo ed il verificarsi dell'aborto, il quale si è espletato entro sei giorni dall'incidente. È innegabile quindi che, anche ammettendo una predisposizione organica della donna, il trauma psichico deve avere avuto importanza determinante nell'interruzione della gravidanza».

A questo punto, dopo aver analizzato la storia clinica personale di Teresa – «buona mangiatrice, scarsa bevitrice» – e dei familiari – la mamma è morta all'età di cinquantasette anni per cardiopatia; un fratello, affetto da ipertiroidismo, è morto a ventisette; il padre, tre fratelli e una sorella sono vivi e «apparentemente sani», il dottor Caldana deve tirare le conclusioni per rispondere al quesito che gli è stato posto dal procuratore della Repubblica.

«Poiché non è apparsa alla indagine peritale alcuna causa atta a giustificare l'interruzione della gravidanza della Massagrandi» scrive Caldana nella sua relazione «poiché il trauma psichico è generalmente considerato idoneo a provocare l'aborto e poiché l'incidente avvenuto sotto gli occhi della Massagrandi è stato di tale entità da provocare nella donna uno choc nervoso indubbiamente imponente, considerato inoltre lo stretto rapporto cronologico tra incidente ed espletamento del parto, dobbiamo ammettere che l'aborto subito da Massagrandi Teresa in data 18 maggio 1957, a prescindere da qualunque predisposizione eventuale della donna all'aborto, è stato determinato dallo choc nervoso prodotto in conseguenza dell'incidente delle Mille Miglia avvenuto nei pressi dell'abitazione della perizianda.»[118]

Le vittime dell'incidente di Guidizzolo salgono così a dodici.

Enzo Ferrari non sa nulla di Teresa Massagrandi, della quale non ha mai sentito parlare. Parimenti ignora che, in quello stesso giorno in cui la donna viene visitata dal dottor Caldana, una lettera scritta dai familiari delle vittime dell'incidente è stata inviata al ministro degli Interni della Repubblica, il democristiano Fernando Tambroni. Il mittente è Giuseppe Dobelli, che la firma «per le famiglie delle vittime». Nell'incidente, Giuseppe ha perso il figlio Angelo, di cinquantun anni. La lettera ha un titolo rivelatorio: *Il sangue delle vittime di Guidizzolo chiede giustizia*.

Le due cartelle e mezzo – certamente scritte da un avvocato e solo firmate da Dobelli – sono un durissimo sfogo nei confronti del sistema. Gli organizzatori della Mille Miglia hanno comunicato l'entità delle cifre con le quali intendono risarcire i familiari delle vittime e i sopravvissuti, senza tanti giri di parole, si sentono presi in giro.

[118] *Relazione di perizia medico-legale eseguita dal dottor Enea Caldana su Massagrandi Teresa*, 1° aprile 1958.

«Malgrado l'interessamento del Prefetto per le famiglie delle vittime di Guidizzolo» si legge nell'incipit della lettera «le cifre complessivamente offerte risultano le seguenti...» e si va dai 6 milioni e 500mila lire offerte per Silvestro Franzini, ventisette anni «pennellista, ammogliato con un figlio minore» alle 600mila lire offerte per i due ragazzini di nove anni, Emma Boscaini e Giovanni Consato. In mezzo ci sono le altre sei vittime, tutte pesate sulla base di quella cruda e impietosa valutazione che fanno di regola le assicurazioni in casi come questi in cui il calcolo viene fatto sulla base di coefficienti come l'età, il lavoro, le persone a carico.

Gli altri adulti, Pietro Grandelli e Romeo Stancari, entrambi cinquantatreenni, mezzadro il primo, affittuale il secondo, con una moglie e due figli ciascuno, sono stati valutati tre milioni di lire a testa; per Angelo Dobelli, che ha due anni in meno, ma è celibe ed è «affittuale di terreni di proprietà del padre» la cifra è ben inferiore, vale a dire 1 milione e 200mila lire.

Per i due fratellini, Virginia e Valentino Rigon, di dieci e sei anni, il rimborso complessivo è di 1 milione e 400mila lire. L'anno d'età in più che Carmen Tarchini, la nona vittima, ha rispetto a Emma Boscaini e Giovanni Consato, frutta ai genitori 300mila lire in più – 900mila contro 600mila – in un calcolo aritmetico tanto freddo quanto spietato e, in questo caso, probabilmente neppure comprensibile.

«Questi» scrive Dobelli a nome di tutti i familiari delle nove vittime «sono i dati relativi alla liquidazione del tragico disastro dell'ultima Mille Miglia.»

Dopo la premessa e l'elenco di vittime e risarcimenti, pressappoco a metà pagina la lettera ha un eloquente secondo titolo, sottolineato: *Considerazioni e propositi di gente onesta*. Scrive Dobelli: «Davanti a questa vergognosa presa in giro, trafitti dal dolore materiale e morale, non facciamo che invocare da Voi, Organi competenti, comprensione e non compassione, solidarietà e non pietà, affinché si possa in un clima di fraterna cooperazione gettare le basi di un equo e cordiale accordo».

Oltre che lamentare un risarcimento considerato ridicolo – «Ma dove sono andati a finire i 500 milioni di copertura dell'intero percorso, quando per i 9 morti qui a fianco, si vorrebbero versare solo 17.200.000 lire?» – nella lettera si chiede con forza di non autorizzare più le corse in automobile. Nella seconda pagina Dobelli si rivolge infatti direttamente al ministro degli Interni perché fermi per sempre le corse in automobile in Italia, ovvero, «che la sua firma non abbia mai più ad avallare l'autorizzazione al suicidio e all'omicidio».

La lettera chiede «a tutti gli uomini onesti, alle autorità e Voi uomini di Governo» tre cose: una interpellanza per la «soppressione della Mille Miglia; un intervento con contributo governativo a favore delle famiglie vittime della Mille Miglia di Guidizzolo; subordinare qualsiasi eventuale edizione della Mille Miglia al nostro equo risarcimento».[119]

A prima vista la richiesta dei familiari delle vittime di *subordinare qualsiasi eventuale nuova edizione della Mille Miglia* all'equo risarcimento può apparire quasi fuori luogo. Invece parlano a ragion veduta poiché temono che, dopo tutta l'emozione e la commozione dei giorni successivi la sciagura, così come è stato ridimensionato lo stanziamento per il risarcimento economico una volta che i riflet-

[119] *Il sangue delle vittime di Guidizzolo chiede giustizia*, lettera dei familiari delle vittime, 2 febbraio 1958.

tori si sono spenti sui morti di Guidizzolo, si stanno sciogliendo come neve al sole i proclami di sopprimere la Mille Miglia. Del resto, la sospensione delle corse su strada decisa subito dopo la sciagura dall'Automobile Club d'Italia nel maggio del '57 ha sì impedito lo svolgimento della Milano-Taranto, ma non la disputa del gran premio di Pescara, corso su un tracciato costituito da strade normalmente aperte alla circolazione e inserito per la prima volta nel calendario del Campionato del mondo di Formula 1.

Ai familiari delle vittime non sono certamente sfuggite le dichiarazioni che Renzo Castagneto, presidente dell'ACI di Brescia, fondatore e organizzatore della Mille Miglia, ha rilasciato in autunno. Castagneto ha infatti affermato che la commissione sportiva dell'ACI di Brescia sta preparando «tre interessanti progetti che verranno sottoposti quanto prima all'approvazione delle Autorità di governo e sportive» per «rilanciare la Mille Miglia». Sei mesi dopo una sciagura che aveva sdegnato l'intera Italia, la realtà è che a Brescia si sta già parlando di *rilanciare* la Mille Miglia.

Le proposte sul tavolo sono per l'appunto tre. La prima prevedrebbe di svolgere la corsa sul medesimo percorso di sempre, utilizzando però vetture da turismo, strettamente di serie, al posto dei bolidi di grossa cilindrata. Per renderla più appetibile agli appassionati, che nonostante l'incidente di De Portago in Italia continuano a esistere, Castagneto pensa di mettere a confronto vetture prodotte in tutta Europa, ipotizzando di chiamare la corsa, nel suo nuovo formato, «la Mille Miglia del Mercato Comune Europeo» – il trattato di Roma è stato firmato il 25 marzo 1957 e il MEC è entrato in vigore il 1° gennaio del 1958.

La seconda proposta richiama invece un precedente storico, vale a dire l'edizione del 1940. Nel 1938 la Mille

Miglia aveva visto una prima immane sciagura quando, nel centro abitato di Bologna, la Lancia Aprilia dell'equipaggio genovese Magnanego-Bruzzi era piombata sulla folla uccidendo dieci spettatori, tra cui sette bambini, e ferendone ventiquattro. Il governo Mussolini, più solerte di quello Segni, aveva vietato la Mille Miglia che, dopo la mancata disputa dell'edizione 1939, era tornata nella primavera del 1940, ma su un percorso accorciato, che è lo stesso sul quale Castagneto propone di correre nel 1958, vale a dire un triangolo d'asfalto di circa 160 chilometri tra Brescia, Cremona e Mantova da ripetersi dieci volte. Se organizzata su questo circuito, alla prossima edizione della Mille Miglia verrebbero ammesse anche le vetture Sport di alta cilindrata, cioè esattamente come nel '57. Ad aggiungere al danno anche la beffa, le strade insanguinate del mantovano diventerebbero in questo modo ancora più protagoniste rispetto al passato perché le vetture vi passerebbero non una, ma dieci volte ciascuna.

Il progetto numero tre che, dichiara Castagneto, è quello «meno gradito agli ambienti sportivi»[120] consisterebbe in una gara di regolarità sulle sole strade dell'Italia settentrionale, con brevi tratti di velocità su strade in salita, scelte tra quelle meno battute a livello di traffico nel mese di maggio.

Preoccupati da quel che leggono e temendo che l'Italia non avrà la forza di sopprimere la Mille Miglia perché gli interessi in ballo sono troppi, i familiari degli spettatori falciati dalla Ferrari di De Portago cercano così di salvare il salvabile, puntando almeno a portare a casa un risarcimento degno di tale nome visto che hanno il fondato

[120] *La Gazzetta dello Sport*, 9 novembre 1957.

sospetto che la corsa si continuerà comunque a disputare. Ma una cosa i familiari delle vittime vogliono che sia chiara: «Noi non intendiamo speculare sui nostri morti e tanto meno mercanteggiare, ma vogliamo e desideriamo per loro morti, e per noi vivi, giustizia».

La lettera è ineccepibile. La chiusura ha invece un sapore vagamente melodrammatico: «O Dio Onnipotente e Misericordioso, fa' che queste nostre umili voci siano ascoltate per il bene delle madri, delle spose e dei figli tutti, affinché queste belle strade d'Italia non abbiano più a essere insanguinate da immani sciagure».[121]

Il 13 febbraio Attilio Tarchini e Maria Boscaini, genitori di Carmen Tarchini, si costituiscono parte civile «per l'accertamento delle singole responsabilità per i reati di omicidio colposo, lesioni colpose, e disastro, conseguenti ai tragici eventi verificatisi in Cavriana in occasione della corsa delle Mille Miglia il giorno 12 maggio 1957 a causa di imprudenza, negligenza, imperizia e inosservanza di leggi, regolamenti e disciplina sia nella organizzazione che nello svolgimento e condotta della corsa».

Il fine dell'esposto è di poter avere un «risarcimento dei danni riportati nei confronti di quanti saranno ritenuti responsabili dei reati sopra indicati».[122] Insieme a loro si costituiscono parte civile anche la madre di Angelo Dobelli e il padre di Anita Boscaini.

[121] *Il sangue delle vittime di Guidizzolo chiede giustizia*, lettera dei familiari delle vittime, 2 febbraio 1958. Per tutte le vittime, oltre alla somma offerta per il risarcimento ce n'è una seconda, molto più modesta, a copertura delle spese legali.

[122] *Esposto di Attilio Tarchini e Maria Boscaini al procuratore della Repubblica di Mantova*, 13 febbraio 1958.

15
Testimone

Giovedì 20 marzo il giudice istruttore del Tribunale di Mantova Luciano Bonafini procede «con formale istruzione nel procedimento penale relativo all'incidente di Guidizzolo» causato dall'uscita di strada della Ferrari di De Portago. Bonafini scrive al giudice istruttore del Tribunale di Modena Italo Cividali perché convochi Enzo Ferrari e lo interroghi formalmente. Bonafini dispone che venga convocato e ascoltato anche Georges Ledent, il tecnico belga che la Englebert, la ditta dei pneumatici utilizzati dalla Ferrari nella Mille Miglia, ha dislocato da tempo presso la Ferrari a Maranello.

Bonafini elenca a beneficio del collega modenese le domande che vuole vengano poste a Ferrari e a Ledent quando verranno ascoltati. Nello specifico: da chi sono state progettate le gomme; dove sono state costruite; quali sono i metodi e i sistemi di fabbricazione; se le gomme effettuano un primo collaudo già in fabbrica; quali collaudi sono stati fatti in Ferrari prima della corsa; se la Ferrari ha già corso in precedenza con le Englebert; eventuali precedenti inconvenienti e soluzioni.

Bonafini lascia a Cividali la libertà di decidere di approfondire oltre, se lo ritenesse opportuno. E giusto per imbeccarlo, suggerisce una «eventuale ispezione presso lo stabilimento di Maranello» in modo da «descrivere in che modo venga curata la scelta, l'approntamento e la montatura delle gomme sui vari tipi di vetture da corsa, e quali sono i rilievi e le indagini che i tecnici della Ferrari effettuano in proposito nel corso delle prove».[123]

Quello stesso giorno Bonafini scrive anche al consigliere istruttore presso il Tribunale di Bologna. Nella sua comunicazione lo informa che «Enzo Ferrari, nella deposizione resa, ha fatto presente che tutte le vetture presentate alla competizione – e così quella affidata al concorrente De Portago – erano state preventivamente sottoposte al collaudo dell'Ispettorato Compartimentale Motorizzazione Civile di Bologna». La 335 S di De Portago aveva il numero 531 sulla carrozzeria ma, dal momento che avrebbe affrontato una gara su strade normalmente aperte alla circolazione, aveva anche la targa BO 81825.

Bonafini chiede pertanto al collega di Bologna di sentire «sulla circostanza il funzionario ed il tecnico (o i funzionari ed i tecnici) che presiedettero al collaudo delle vetture Ferrari partecipanti alle Mille Miglia dello scorso anno». Nello specifico, Bonafini vuole appurare «quali furono le operazioni di collaudo, su quali parti dei mezzi meccanici maggiormente si appuntò l'indagine dei collaudatori, e se furono osservate con particolare attenzione le gomme». Nel caso sia stato fatto un «ver-

[123] *Dal giudice istruttore del Tribunale di Mantova al giudice istruttore del Tribunale di Modena*, 20 marzo 1958.

bale delle operazioni di collaudo»[124] Bonafini vorrebbe riceverne copia.

Il giorno successivo, venerdì 21 marzo 1958, il giudice istruttore del Tribunale di Modena ordina a Enzo Ferrari di comparire davanti a lui alle ore 11:00 del 2 aprile 1958 «per deporre sulle circostanze e sui fatti sui quali verrà interrogato nel processo penale per l'incidente della Mille Miglia».[125]

L'appuntamento è fissato presso il Palazzo di giustizia di Modena. Con Ferrari, e per deporre sulle medesime circostanze, viene convocato anche Georges Ledent, il tecnico della Englebert di stanza a Maranello.

Ma prima che Ferrari possa deporre, come da richiesta di Bonafini di qualche giorno prima, il 28 marzo il giudice istruttore del Tribunale di Bologna Gerardo Moscato interroga Stefano Toschi, ispettore di prima classe presso la Motorizzazione Civile di Bologna per verificare se e a quali collaudi sono state sottoposte le Ferrari che hanno preso parte alla Mille Miglia.

Moscato precisa subito che la Motorizzazione Civile «non effettua e non è previsto alcun collaudo speciale per le macchine che vengono iscritte alle gare. Pertanto il collaudo da parte dell'Ispettorato si limita a quello necessario per il rilascio del libretto di circolazione. Per queste operazioni» aggiunge «non si compilano verbali». E specifica: «L'Ispettorato si limita ad annotare sulla domanda i dati della mac-

[124] *Dal giudice istruttore del Tribunale di Mantova al consigliere istruttore presso il Tribunale di Bologna*, 20 marzo 1958.

[125] *Tribunale civile e penale di Modena, Citazione a testimoni*, 21 marzo 1958.

china da collaudare». Se l'esito del collaudo è positivo, l'Ispettorato rilascia «il certificato di approvazione, in base al quale la prefettura rilascia la licenza di circolazione».[126] E conferma che questa operazione è avvenuta per tutte le Ferrari iscritte alla Mille Miglia del 1957.

Quando gli verrà trasmesso il verbale dell'interrogatorio di Moscato, Bonafini capirà che il collaudo che la Motorizzazione Civile esegue di una vettura da corsa è una semplice operazione burocratica e che tale *collaudo* non riuscirebbe a scoprire alcuna eventuale anomalia.

Enzo Ferrari si presenta a deporre davanti al giudice istruttore del Tribunale di Modena Italo Cividali con un'ora di anticipo rispetto all'orario di convocazione. Poco prima delle dieci del mattino di mercoledì 2 aprile 1958, Ferrari varca il portone del Palazzo di giustizia di Modena in corso Canalgrande, un austero palazzo in mattoni rossi con lesene intonacate di giallo a non più di cinquanta metri dalla bottega di Antonio D'Elia, il barbiere che gli fa la barba ogni mattina dalla metà degli anni Trenta. La madre di Ferrari, Adalgisa, abita un paio di centinaia di metri più indietro, sul medesimo marciapiede, ma dall'altra parte della Via Emilia. A ottantacinque anni Adalgisa Bisbini conserva ancora la forza e lo spirito ribelle che la contraddistingue da sempre e che ha passato pari pari al figlio.

Esplicate le formalità di rito – «Sono e mi chiamo Commendator Enzo Ferrari fu Alfredo, titolare della omonima ditta Ferrari» – e ricordato al teste che, pur in assenza di giuramento, «a mente dell'articolo 357 del Codice di proce-

[126] *Verbale di testimonio senza giuramento*, 28 marzo 1958.

dura penale» il testimone «ha l'obbligo di dire tutta la verità, null'altro che la verità» il Signore di Maranello inizia a rispondere alle domande che gli pone il giudice istruttore.

«Anzitutto» dice Ferrari in apertura di deposizione «preciso che Lidenit Giorgio, cittadino belga, è attualmente all'estero e verrà in Italia presumibilmente il mese di maggio prossimo. Se la signoria vostra ne avrà bisogno» continua «mi impegnerò di farle conoscere il suo arrivo in Italia tempestivamente, arrivo che avverrà senz'altro» aggiunge a scanso di equivoci per evitare che il giudice pensi che Ledent, come cittadino straniero attualmente all'estero, possa volersi sottrarre alla giustizia italiana. Quando Cividali osserva che a dover essere informato non è tanto lui, quanto il collega mantovano, Ferrari solerte risponde: «Prendo atto che dell'arrivo del Ledenit dovrò informare il Giudice Istruttore di Mantova, il dottor Bonafini, e la signoria vostra per conoscenza».

Fatta questa premessa, Ferrari passa a rispondere alle domande di Cividali, che altro non sono se non quelle che gli ha trasmesso Bonafini qualche giorno prima.

«Tutte le notizie tecniche relative alla costruzione, ai sistemi di fabbricazione, al collaudo presso la fabbrica dei pneumatici Englebert impiegati nella Mille Miglia» dice «le può fornire solo il signor Ledenit Giorgio e il signor Boasso montatore della casa belga. Il primo è il tecnico addetto alle competizioni sportive» precisa «mentre il secondo è il montatore addetto alla assistenza della Scuderia Ferrari.

«Per quanto invece mi riguarda» dichiara «posso dire che la Ferrari si è avvalsa in numerose e precedenti occasioni della collaborazione della Englebert ed ha effettuato per ogni tipo di pneumatico prove sia su strada che in autodromi, ritraendone risultati positivi.» Quando Bonafini riceverà copia della deposizione, sul margine sinistro del foglio evidenzierà l'attacco di questo paragrafo tracciando una doppia riga blu e rossa con una di quelle matite bicolore che all'epoca utilizzano i professori nel correggere i compiti in classe.

L'interrogatorio finisce praticamente qui. Alla maggior parte delle domande stilate da Bonafini possono infatti rispondere solo gli uomini della Englebert – Ledent, che è in Belgio, e Luciano Boasso, il tecnico che la Casa belga ha messo a disposizione della Ferrari e che lavora a Maranello. «Prendo atto dalla signoria vostra» afferma Ferrari in conclusione «che si recherà in Maranello per sentire il Boasso e ottenere le informative che riterrà opportuno.»

Il cancelliere rilegge il verbale. Poi lo passa a Cividali e a Ferrari perché lo firmino per approvazione. Per qualche motivo – forse perché ha dimenticato la penna a casa, o forse per non voler sembrare provocante con le sue civetterie – Ferrari non utilizza la stilografica viola che usa normalmente, ma firma con quella con inchiostro nero del cancelliere.[127]

Il giorno successivo, giovedì 3 aprile, alle due del pomeriggio il giudice istruttore Bonafini ha convocato una dozzina di persone nel palazzo della Pretura di Castiglione delle Stiviere,[128] un centro del mantovano non distante dal luogo della tragedia.

[127] *Verbale di esame di testimonio senza giuramento, Comm. Enzo Ferrari fu Alfredo*, 2 aprile 1958.

[128] *Comunicazione del maresciallo capo comandante della stazione dei Carabinieri di Castiglione delle Stiviere alla Pretura di Castiglione delle Stiviere*, 26 marzo 1958.

Alcuni sono parenti delle vittime, come Battista Franzini, il padre di Silvestro, il ventisettenne di Volta Mantovana, l'unico tra i caduti per il quale è stato fatto un funerale separato. Altri sono feriti o miracolati, come i tre Morelli – Sebastiano, Giuseppe e Ivo – che confermano la deposizione resa un anno prima a Caprioli, ma lamentano di non essere ancora stati risarciti per i danni subiti. Nonostante sia stato dichiarato «clinicamente guarito in circa un mese» Giuseppe Morelli accusa di non riuscire «a muovere bene le dita medio e anulare» e, dice a Bonafini, si riserva di costituirsi «parte civile contro eventuali responsabili».[129]

A un anno di distanza, alcune delle testimonianze restano agghiaccianti. Ricorda Attilio Tarchini a beneficio di Bonafini: «Trovai mia figlia Carmen di anni dieci già morta giù nel fondo del fossato sulla destra venendo da Mantova. Preciso però che la bambina prima si trovava sulla sinistra, ove fu investita, e trasportata a destra dall'automobile investitrice».[130] Anche il padre di Carmen dice di non essere stato risarcito.

Tutti i testimoni che gli sfilano davanti confermano a Bonafini le deposizioni rese quasi un anno prima. Ma la lista delle lamentele è lunga. «Non mi ritengo completamente guarito dal danno subito essendo rimasto un po' sordo all'orecchio sinistro» dichiara Mario Remelli, che aggiunge: «Ho ripreso il mio lavoro di autista assai parzialmente perché non mi sento più sicuro a causa delle cefalee e della nevrite di cui soffro».

[129] *Verbale di testimonio senza giuramento, Morelli Giuseppe*, 3 aprile 1958.

[130] *Verbale di testimonio senza giuramento, Tarchini Attilio*, 3 aprile 1958.

Anche Remelli non è stato risarcito del danno subito. Come chi l'ha preceduto e come coloro che lo seguiranno in questo pomeriggio di inizio aprile, anche lui chiede «che la giustizia faccia il suo corso»[131] e si riserva di costituirsi parte civile. Un anno dopo, seppelliti i morti e suturate le ferire – quelle fisiche, ma soprattutto quelle morali – spenti i riflettori e abbandonati al loro destino da un'Italia che era inorridita e pareva essersi ribellata, ma che ora sembra essersi scordata l'orrore per il quale era insorta, il calvario per i sopravvissuti non è certamente terminato.

[131] *Verbale di testimonio senza giuramento, Remelli Mario*, 3 aprile 1958.

16
Maranello

Alle dieci del mattino di martedì 8 aprile, in assenza di Georges Ledent, che è sempre in Belgio, si presenta a deporre davanti al giudice istruttore di Modena, Italo Cividali, Carlo Anselmi, il giovanissimo direttore vendite della Englebert Italia, la filiale italiana della Casa di pneumatici belgi. A differenza di Enzo Ferrari una settimana prima, che era stato ascoltato nel palazzo del Tribunale di Modena in corso Canalgrande, Anselmi viene interrogato nello stabilimento Ferrari di Maranello, che ha raggiunto da Torino, dove lavora abitualmente.

Alla prima domanda Anselmi, che non è un tecnico, non è in grado di rispondere e rimanda di fatto all'interrogatorio già programmato per quel pomeriggio con Luciano Boasso, il tecnico specializzato che la Englebert ha dislocato nello stabilimento Ferrari di Maranello. Anselmi conferma comunque che è stato Boasso a occuparsi personalmente delle gomme delle quattro Ferrari il giorno dell'incidente. «Da parte mia» precisa «posso dire che nessuno all'infuori del nostro tecnico può montare o smontare il pneumatico sul cerchio. Ed è lo stesso tecnico» puntualizza «che durante la corsa, attraverso le istruzioni avute, controlla la efficienza e il funzionamento della gomma.»

Quando gli viene chiesto a quando risale la progettazione del modello di pneumatico utilizzato dalle Ferrari nella Mille Miglia del '57, Anselmi dice di non saperlo, ma che è comunque un particolare facilmente verificabile parlando direttamente con la Casa madre a Liegi. «Anche per quanto riguarda le mescole impiegate e le eventuali modifiche sulla materia prima» dichiara «non so dire altro e ripeto che è necessario informarsi direttamente a Liegi.»

Pur ignorando i sistemi di fabbricazione – cosa più che legittima poiché egli è un commerciale e non un ingegnere – Anselmi assicura Cividali che «in fabbrica, a Liegi, avviene un severissimo collaudo» e che «prima della corsa la copertura viene rodata con qualche decina di chilometri e questo» dice «è l'unico collaudo effettuato dalla Ferrari, oltre, si intende, quello del montatore della gomma» di cui ha già parlato.

Cividali gli chiede da quanto tempo la sua azienda fornisce pneumatici alla Casa di Maranello. «Dal 1955 la Ferrari si serve esclusivamente di gomme Englebert» risponde sicuro Anselmi. Poi gli devono essere fischiate le orecchie – sul verbale, il cancelliere scrive e cancella alcune parole mentre il teste sta evidentemente cercando di fare mente locale... – e correttamente aggiunge: «... e ciò per il periodo successivo agli eventi bellici». Negli anni Trenta Ferrari si era effettivamente servito di gomme Englebert in un periodo in cui le Pirelli non gli garantivano le prestazioni di cui lui aveva bisogno per contrastare lo strapotere dei bolidi tedeschi di Mercedes e Auto Union finanziati direttamente dalle casse del Terzo Reich. Anselmi è poco più che trentenne, all'epoca naturalmente non era in azienda e di quei giorni ha solo sentito parlare.

Quello che invece Anselmi può confermare senza timore di essere smentito è che «prima dell'incidente» di Guidizzolo «non furono rilevati inconvenienti degni di nota» a eccezione di quando, puntualizza, «nel 1956, a Monza, si verificò lo scollaggio del battistrada ad alcune macchine, ma tale incidente» precisa a scanso di equivoci «avvenne per cause estranee alla costruzione della gomma».[132]

Probabilmente perché non lo sa, Cividali non chiede ad Anselmi se sia lui la persona che, martedì 14 maggio, si è presentato a casa di Lino Zigliotto per ritirare la gomma con il battistrada lacerato che De Portago gli aveva lasciato in custodia la mattina della domenica dopo averla sostituita. Il suo nome è stato fatto da Zigliotto quando, due giorni dopo, si è presentato spontaneamente in Questura a Vicenza per raccontare l'accaduto. In base alla deposizione di Zigliotto di quel giorno, Carlo Anselmi si sarebbe presentato come un dipendente della Ferrari. Naturalmente potrebbe aver capito male Zigliotto dal momento che Anselmi era la risposta al telegramma che aveva inviato alla Ferrari il giorno prima. Ma nessuno, oggi, l'ha verificato.

Alle quattro del pomeriggio, sempre a Maranello, Cividali incontra finalmente quel Luciano Boasso citato tanto da Enzo Ferrari la settimana scorsa quanto da Carlo Anselmi in mattinata e che sembra l'unico in grado di poter

[132] *Verbale di esame di testimonio senza giuramento, Anselmi Carlo fu Alberto*, 8 aprile 1958.

rispondere a determinate domande. Presentandosi, Boasso conferma che «per conto della Englebert, che fabbrica i pneumatici per competizione» risiede «permanentemente a Maranello col compito di assistenza tecnica, manutenzione e montaggio delle coperture».

Cividali può finalmente formulare la domanda alla quale Bonafini aspetta impaziente una risposta. «Il tipo di gomma usato dalle macchine nella competizione Mille Miglia nel 1957» chiede «quando e da chi fu progettato?»

Boasso non si fa pregare. «Il tipo di gomma usato nel 1957» dice «era stato progettato, come miscela di gomma e materiale, nel 1954. Fu però messo in produzione un anno dopo a seguito di una serie di prove necessarie per la definitiva sistemazione e cioè» spiega «dopo le varie osservazioni che si possono trarre dall'uso concreto del pneumatico.» Ma se subito dopo conferma che le gomme vengono progettate e costruite a Liegi, si premura anche di aggiungere che, per quel che riguarda i sistemi di fabbricazione, «nulla so e nulla posso dire».

Al giudice che si deve essere irrigidito per la totale chiusura da parte dell'interrogato, Boasso spiega che «è necessario che l'autorità giudiziaria si rivolga, tramite le autorità consolari, alla sede centrale di Liegi». È evidente che il tecnico della Englebert è stato istruito su cosa dire e soprattutto su cosa non dire. Subito dopo infatti dichiara di non conoscere le modalità di collaudo, limitandosi a dire di sapere che «avviene in fabbrica» – cioè in Belgio. L'unica concessione che fa sull'argomento è quando afferma che a Liegi «la gomma, una volta costruita, viene sottoposta a prova di usura e resistenza con macchine speciali nella fase sperimentale».

Finalmente – per Cividali – si arriva alla prima delle

domande alle quali Boasso non può sottrarsi. «Prima della corsa faceste un collaudo sulla copertura?» chiede.

«Io stesso effettuai il montaggio del pneumatico sul cerchione» risponde sicuro il tecnico della ditta belga «ed effettuai l'equilibratura statica della ruota su apposita attrezzatura con gomma a pressione di un paio di atmosfere.» E puntualizza: «Verificai anche il pneumatico, per riscontrare un eventuale difetto». Boasso è chiaramente sicuro di quanto ha fatto – non solo la mattina della Mille Miglia del 1957, ma probabilmente migliaia di volte in una prassi consolidata cui si attiene da sempre.

«Sa se da parte della Ferrari sia stato effettuato un ulteriore collaudo prima della corsa?» lo incalza il giudice istruttore di Modena.

«Non mi consta» risponde sicuro. «D'altronde» specifica «il sottoscritto è l'unico addetto al collaudo del pneumatico e nessun altro meccanico può manomettere il pneumatico stesso, sia pure per operazioni di montaggio e smontaggio.» Con forza ripete: «Insisto ancora nel dichiarare che l'unico addetto a tale operazione sono io».

L'interrogatorio prosegue.

Boasso conferma che la Ferrari si serve delle gomme Englebert dall'autunno del 1953, da quando, cioè, chiamò la Casa belga «in sostituzione della Pirelli». E conferma anche che non ci sono mai stati incidenti in questi quattro anni dovuti a problemi con le gomme. L'unico inconveniente, dice facendo eco alle parole del suo direttore vendite di quella mattina, si è verificato nel '56 a Monza, quando tutte le Ferrari in gara accusarono il distacco del battistrada, «e la colpa fu in parte attribuita alla pista di cemento e alla eccessiva velocità del circuito».

Cividali vuole sapere come avviene la scelta del pneumatico e Boasso pazientemente spiega che «per ogni tipo di vettura e per ogni tipo di corsa, caratteristiche, tipo e dimensioni del pneumatico vengono decise dai tecnici della Ferrari in concorso coi tecnici della Englebert». Poi, prima che il giudice si faccia delle idee strane, aggiunge: «Da parte mia io non effettuo alcuna scelta poiché trattasi già di tutte gomme selezionate e controllate in fabbrica». E quando Cividali vuole sapere quali rilievi fanno i tecnici della Ferrari sulle gomme durante una corsa, per l'ennesima volta un quasi spazientito Boasso risponde che «i rilievi sul pneumatico sono effettuati solo dal sottoscritto, o eventualmente da un tecnico della Englebert».

«Ogni pneumatico» spiega adesso pazientemente «ha un numero di matricola e un foglio di controllo nel quale vengono segnati tutti i rilievi effettuati ogni singola corsa o prova. Tali controlli» continua «si riferiscono alla pressione e all'usura in base al chilometraggio seguito. Preciso anche» dice Boasso in conclusione «che le gomme, prima di ogni competizione, vengono rodate per qualche decina di chilometri.» E aggiunge: «Nella corsa del 12 maggio 1957, le gomme subirono un rodaggio eccezionale e cioè per il tratto Maranello-Brescia».[133] Cioè non meno di 150 chilometri.

Quella mattina, il direttore vendite della Englebert in Italia è stato interrogato dal solo giudice istruttore Italo Cividali. Nel pomeriggio, invece, nell'interrogatorio di Boasso, Cividali è assistito da Felice Sanchioni, un ingegnere meccanico di Bologna che quella mattina ha ricevuto l'in-

[133] *Verbale di esame di testimonio senza giuramento, Boasso Luciano di Oreste*, 8 aprile 1958.

carico dallo stesso Cividali di redigere una relazione tecnica sulle operazioni di montaggio e collaudo delle gomme Englebert sulle macchine da competizione della Ferrari.

Alle tre del pomeriggio, vale a dire un'ora prima di assistere all'interrogatorio di Boasso, Sanchioni ha compiuto una visita dettagliata dello stabilimento di Maranello. Ai tecnici della Ferrari che ha incontrato durante la sua perlustrazione ha posto nove domande: chi ha progettato le gomme montate sulle Ferrari di De Portago, Taruffi, Collins e von Trips il giorno della Mille Miglia?; dove sono state costruite?; quali metodi e sistemi vengono usati per la fabbricazione delle gomme?; le gomme subiscono un primo collaudo nella fabbrica in cui vengono prodotte?; quali collaudi sono stati fatti presso la Ferrari prima della corsa?; la Ferrari ha già utilizzato in precedenza gomme Englebert e, se sì, anche in gare «su strada o circuiti aperti?»; sono stati riscontrati in precedenza eventuali inconvenienti e, nel caso, come vi si è ovviato?; come vengono scelte, preparate e montate le gomme su vetture di tipo diverso?; quali «rilievi e indagini effettuano i tecnici della Ferrari durante il corso delle prove?».

Prima di incontrare i tecnici della Ferrari, l'ingegner Sanchioni visita il reparto gomme della Ferrari o, per la precisione, «il magazzino gomme del reparto sportivo della Ferrari». Il magazzino ha una superficie di circa 250 metri quadrati ed è gestito direttamente dalla Englebert. Nello specifico, da Luciano Boasso, tecnico e montatore. «Nessuno» scriverà nella sua relazione «può prelevare una gomma da competizione senza il visto del Boasso.»

Metà della superficie del magazzino è occupata da scaffali sui quali sono riposte le gomme, l'altra metà da scaffali con pezzi di ricambio delle vetture da corsa – questi ultimi naturalmente amministrati direttamente dal personale della Gestione Sportiva della Scuderia del Cavallino. «I vetri delle finestre dal lato gomme» annota Sanchioni «sono schermati con vernice rosa per attenuare la luminosità del locale, dannosa al pneumatico. Nello stesso locale, su di un piccolo banco, avviene il montaggio della gomma sul cerchione. I cerchioni, di tipo speciale, vengono forniti dalla ditta Borrani, di Milano. Sempre nel magazzino esiste una attrezzatura per l'equilibramento statico della ruota. Il Boasso» specifica Sanchioni «effettua esclusivamente il montaggio del copertone e della camera d'aria sul cerchione.»

A seguire, dopo l'ispezione nel magazzino in cui la Englebert tiene le proprie gomme, Sanchioni interroga il personale della Ferrari. La sua perizia non si farà attendere e arriverà sulla scrivania di Cividali, perché la trasmetta al collega Caprioli a Mantova, nove giorni dopo, il 17 aprile. Ai tecnici della Ferrari Sanchioni ha posto, come abbiamo visto, nove domande. Queste le risposte.

Le gomme montate sulle Ferrari che hanno partecipato alla Mille Miglia del 1957 – «sulle macchine di De Portago e compagni» scrive in modo forse non proprio consono alla gravità della situazione l'ingegner Sanchioni – sono state progettate «dai tecnici della Englebert in concomitanza con quelli della Ferrari ed in base a una serie di prove sperimentali».

Le gomme vengono tutte costruite in Belgio presso la Englebert. Il processo di fabbricazione delle medesime può essere fornito solo dalla ditta produttrice. Il collaudo effettuato in fabbrica dalla Englebert è «del tipo statistico, cioè, ad esempio, prelevando per il collaudo una gomma campione ogni 100-1000 pezzi». Precisa Sanchioni: «In questo campione verranno effettuate tutte le prove fino a rottura». Poi aggiunge: «Il sistema di collaudo della Englebert non è noto nemmeno ai tecnici della ditta interrogati» e qualcuno – quasi certamente Caprioli – a mano tira una riga a lato del paragrafo per indicare l'importanza di questo punto.

«Prima della corsa, oltre al controllo eseguito dal montatore Boasso» continua la relazione di Sanchioni «le gomme vengono rodate facendo correre la macchina ad andatura sostenuta per qualche decina di chilometri. Se la gomma, o il montaggio di essa fossero difettosi, questo collaudo sarebbe più che sufficiente per rilevarne i difetti o addirittura lo scoppio.» A questo punto, la stessa mano di prima tira non una, ma due righe parallele sul lato sinistro del paragrafo, mentre su quello destro disegna un grosso punto di domanda.

Il personale che ha interrogato a Maranello, continua Sanchioni nella sua perizia, ha affermato che la Ferrari si serve da circa tre anni esclusivamente di gomme Englebert e che «l'unico inconveniente di nota» in passato si è verificato a Monza, quando tutte le Ferrari in gara subirono il distacco del battistrada. L'ingegner Sanchioni non dice di quale gara si trattasse. Ma aggiunge che «i tecnici attribuiscono l'incidente alla pista di cemento e alla velocità».

Il punto successivo, la risposta alla domanda numero 8, ha pure una doppia riga sul margine sinistro: «La scelta delle gomme non viene effettuata perché il magazzino è fornito esclusivamente di materiale selezionato, oltreché del tipo da competizione». E aggiunge: «Il Boasso consegna la ruota completa ai meccanici Ferrari». Infine, conclude il perito «tutte le gomme impiegate vengono immatricolate e seguite nella loro vita da una scheda. Ad ogni corsa vengono montate gomme nuove (appena rodate) ed alla fine di essa vengono rilevati i dati di cui sopra».

Chiosa l'ingegner Sanchioni in chiusura: «Ovviamente il settore corse rappresenta per l'Englebert un ricchissimo e continuo banco di prova per la propria produzione».

L'8 maggio Attilio Tarchini e Maria Boscaini, genitori di Carmen Tarchini, si costituiscono una volta ancora parte civile.

La loro motivazione trova fondamento nella perizia giudiziale presentata il 14 gennaio, nella quale i periti «avrebbero nelle conclusioni della loro relazione accennato al fatto che le due macchine N. 531-535 erano dello stesso tipo e denunciate come sperimentali». La parola è sottolineata nell'esposto inviato al procuratore della Repubblica di Mantova su foglio di protocollo completo di marca da bollo da 300 lire e firmato dalla mamma di Carmen.

Nel mirino della madre della ragazzina uccisa a dieci anni sul ciglio della strada mentre assisteva al passaggio della Mille Miglia ci sono gli organizzatori della corsa i quali, accusa, «erano tenuti all'osservanza del regolamento». E la parola chiave sulla quale si basa l'esposto è naturalmente quel *sperimentali* sottolineato qualche riga prima.

Regolamento di gara alla mano, la signora Boscaini fa infatti presente che «in violazione ai requisiti di ammissione, vennero ammesse macchine sperimentali» – una volta ancora sottolineato – «e in particolare quella che causò il disastro, non descritta in catalogo» come prevedeva il regolamento, «non posta in commercio, e di un prezzo di molti milioni superiore a quello limite del regolamento».

La signora ha perfettamente ragione. Nonostante le deroghe che sono sempre state fatte per favorire la partecipazione delle vetture Sport, che sono poi quelle per veder sfrecciare le quali milioni di spettatori da trent'anni si affollano sui lati della strada al passaggio della Mille Miglia, il regolamento parla chiaro. Le vetture partecipanti devono essere «poste in commercio da Case costruttrici di automobili attraverso la loro normale organizzazione di vendita»,[134] devono essere pubblicizzate sulle brochure di cui tutte le Case ormai si servono (chiamate, nel 1957, con il vocabolo «cataloghi») e devono avere un costo non superiore ai due milioni di lire. Tutti requisiti che la 335 S di De Portago, così come la vettura gemella portata alla vittoria da Piero Taruffi, non possiede.

[134] *Esposto di Boscaini Maria al procuratore della Repubblica di Mantova*, 8 maggio 1958.

17
Saturno ammodernato

Domenica 6 luglio, nel corso del gran premio dell'Automobile Club di Francia, Luigi Musso muore per le ferite riportate in un pauroso incidente mentre sta lottando con il compagno di squadra Hawthorn per la testa della corsa. È il terzo dei componenti la formazione della Ferrari Primavera a lasciarci la pelle dopo Eugenio Castellotti nel marzo del '57 e Alfonso De Portago due mesi dopo. Il pilota romano avrebbe compiuto trentaquattro anni alla fine del mese.

Alla vigilia della gara Musso era secondo nella classifica del Campionato del mondo di Formula 1. Alle sue spalle c'era proprio Hawthorn. La corsa francese poteva proiettare uno dei due in testa al Mondiale, ma poteva soprattutto decidere della leadership in squadra e, con essa, quale tra i piloti di Ferrari avrebbe potuto tentare di fare suo il titolo di campione del mondo nell'anno 1958.

La sua Ferrari ha preso troppo velocemente la curva di Gueux, ha compiuto quattro balzi senza rovesciarsi prima di finire in un campo di grano. Nell'ultimo salto il pilota è stato sbalzato dalla monoposto e Musso è atterrato sulla propria testa. È stato soccorso e immediatamente trasportato in ospedale. È morto alle sette di quella sera per sfondamento della scatola cranica.[135]

Luigi Musso era l'ultimo pilota italiano di primo piano rimasto in Formula 1. «Con lui» scrive la stampa sportiva in quei giorni, finisce «un ciclo che s'era iniziato con il grande Felice Nazzaro» nel primo decennio del secolo. In rapida successione, nel giro di poco più di tre anni sono morti il veterano Alberto Ascari e le giovani promesse Eugenio Castellotti e Luigi Musso. E tutti e tre sono morti al volante di una Ferrari.

Enzo Ferrari viene informato della morte di Musso da Tavoni, che è in Francia con la squadra. Ferrari, scriveranno i giornali amici, si chiude «in un doloroso silenzio».[136] Ma anche per la squadra, provata dalle polemiche successive all'incidente della Mille Miglia dell'anno precedente, la morte del pilota è un colpo tremendo. Il corpo di Musso rientra in Italia il mercoledì. Il funerale è celebrato a Roma il giovedì. Ferrari rimane a Modena e invia una corona di fiori.

Inevitabilmente, la morte di Musso riapre cicatrici che non si erano ancora chiuse. Come l'anno precedente dopo l'incidente di Guidizzolo, la stampa mette violentemente sotto accusa Ferrari e il mondo delle corse in genere. I costruttori di automobili da corsa vengono addirittura bollati come «pluriomicidi a scopo di lucro».[137]

Ma dopo l'incidente che è costato la vita a Musso prende addirittura posizione anche l'organo ufficiale del

[135] *La Gazzetta dello Sport*, 7 luglio 1958.
[136] *La Gazzetta dello Sport*, 8 luglio 1958.
[137] *La Gazzetta dello Sport*, 10 dicembre 1958. La frase citata non è della *Gazzetta*, ma è citata da Ferrari nel corso dell'incontro di fine anno con la stampa.

Vaticano con un intervento che non ha precedenti. Mercoledì 9 luglio, tre giorni dopo la morte del pilota romano, il quotidiano religioso pubblica un tremendo editoriale di condanna delle corse. L'articolo è lungo 96 righe, non proprio un'inezia, dunque, e inizia sulla prima pagina. «Saturno industriale» dice il titolo – dove quel Saturno è naturalmente Enzo Ferrari.

Ferrari non viene in realtà citato per nome, ma l'attacco nei suoi confronti è spietato: «Saturno ammodernato fattosi cioè capitano d'industria, continua a divorare i propri figli. Come nel mito, così purtroppo nella realtà. Luigi Musso è l'ultima delle sue vittime, intorno alla quale si stringe, una volta ancora, una di quelle solidarietà di lutto e di rimpianto che hanno un solo grave difetto: di non trarre mai dal loro ripetersi così frequente un salutare consiglio; di non intuire di come dalla subcoscienza di tanto accorato stupore, sale un sentimento, prorompe una invocazione: basta!». *L'Osservatore Romano* ne fa una «questione di moralità» adducendo un «pretesto di scienza e di progresso» da parte di Ferrari che nasconde, al contrario, «un interesse industriale, economico, che fa del cronometro un mezzo di pubblicità, anche se si identifichi con la statistica delle vittime».

Il Vaticano è dunque sceso in campo contro Enzo Ferrari e, con lui, contro le corse in automobile e quelli che il quotidiano della Santa Sede non ha remore nel chiamare i «suicidi preterintenzionali dei grandi campioni sportivi».[138] E se è vero che la stampa amica gli viene subito in soccorso – Giovanni Canestrini sulla *Gazzetta*, dopo l'intervento dell'*Osservatore Romano*, non senza una certa dose di co-

[138] *L'Osservatore Romano*, 9 luglio 1958.

raggio personale definisce «il tragico incidente di Reims» un «pretesto per speculare contro le corse automobilistiche» –, quella del quotidiano sportivo milanese è una delle poche, pochissime voci fuori dal coro. Per capire che tipo di situazione si è creata in Italia dopo l'articolo dell'*Osservatore Romano* basti pensare che, nei giorni successivi la morte di Musso, due quotidiani torinesi pubblicano lettere di lettori sdegnati dal sangue che hanno visto versare e che lamentano il fatto che il pilota romano sia stato definito, da qualche giornalista sportivo, un «eroe».[139]

Con la morte di Musso e con l'intervento personale della Santa Sede, in Italia riprendono immediatamente vigore le polemiche che erano nate dopo l'incidente di Guidizzolo e che si erano quasi fisiologicamente placate con il passare del tempo. Ma a causa della matrice religiosa del nuovo grande inquisitore, il dibattito sulle corse in automobile acquista ora una nuova dimensione e si sposta sul piano etico. Ferrari torna così nell'occhio del ciclone e si ritrova catapultato al centro di una polemica sulle ragioni morali delle corse automobilistiche sancita personalmente dal Papa – per quanto per interposta persona.

Spaventati dal peso e dalla sacralità dell'interlocutore, gli organi sportivi competenti, in un'Italia ancora fortemente democristiana, si guardano bene dal prendere una posizione. Così questa volta, a differenza di quattordici mesi prima, Ferrari rimane davvero solo. Abbandonato da chi dovrebbe avere il dovere di proteggerlo o perlomeno di difenderlo – cioè l'Automobile Club Italiano e la commissione sportiva dell'ACI – Ferrari ricorre alla tattica sperimentata spesso in passato e lascia trapelare l'in-

[139] *La Gazzetta dello Sport*, 13 luglio 1958.

tenzione di smettere con le corse. Attraverso canali amici fa addirittura circolare la voce che, se non fosse per il duello per il titolo di campione del mondo in atto con la squadra inglese della Vanwall, si ritirerebbe immediatamente dal Campionato del mondo di Formula 1.

Ferrari fa quadrato e prova a tirare diritto per la propria strada. Nella gara successiva, in Inghilterra, la sua squadra rafforza la presa sul Campionato del mondo di Formula 1. Ma la corsa seguente finisce di nuovo in tragedia. Sul circuito del Nürburgring, in Germania, infatti, il 3 agosto muore l'inglese Peter Collins, che due settimane prima ha colto il trionfo nel gran premio di Gran Bretagna. Collins è il quarto pilota della Ferrari Primavera che perde la vita al volante di una Ferrari, il secondo in un mese.

Collins esce di strada con la sua Ferrari in una delle curve più veloci del circuito tedesco. In quel momento è in lotta con la Vanwall di Tony Brooks, suo rivale anche nella lotta per il titolo. La Ferrari di Peter compie tre piroette in aria. Il pilota viene sbalzato dall'abitacolo e atterra su alcuni cespugli, che lo tengono sospeso per qualche secondo prima di cedere sotto al suo peso. Prima di perdere i sensi, un commissario di pista lo sente mormorare queste parole: «Come Musso».[140]

A Maranello Ferrari torna a essere preda di quella angoscia che sembra non volergli dare tregua. E anche se la morte di Collins – inglese – non ha sulla stampa italiana l'eco che ha avuto il mese prima quella di Musso, ancora una volta Ferrari viene assalito dai tanti dubbi che da qualche tempo lo assillano – il futuro della sua squadra

[140] *La Gazzetta dello Sport*, 4 agosto 1958.

corse, certamente; ma anche il senso di quello che fa nel momento in cui continua ad arrecare morte al prossimo. I dubbi, come sappiamo, erano affiorati pubblicamente la sera precedente la partenza della Mille Miglia del 1957. E anche se in pubblico e in privato cerca giustificazioni contro gli attacchi del Vaticano e di un'opinione pubblica che cavalca l'editoriale dell'*Osservatore Romano*, nel suo intimo Ferrari dubita fortemente di se stesso.

A livello personale, per certi versi la morte di Collins gli fa addirittura più male di quella di Musso. L'eco sulla stampa è molto diverso a causa della nazionalità del morto, ma a Peter lui e la moglie erano affezionati per via dell'attenzione che il giovane pilota inglese aveva mostrato verso Dino negli ultimi tempi della sua malattia. I coniugi Ferrari, che da anni litigano su tutto, avevano insistito entrambi perché Peter, quando si trovava a Maranello, alloggiasse nella villetta che possiedono in paese e nella quale Dino aveva trascorso molto tempo nei suoi ultimi mesi.[141]

«Per quanto la resistenza umana abbia grandi possibilità» viene scritto in quei giorni di smarrimento «era assurdo pensare che questo nuovo lutto lasciasse insensibili i dirigenti della Ferrari e soprattutto Enzo Ferrari, provato al massimo in questi ultimi tempi.»[142] E nonostante Ferrari smentisca pubblicamente la voce, che lui stesso aveva fatto trapelare, di un suo possibile ritiro – anche perché, nonostante la scomparsa di Musso e di Collins, Hawthorn è pur sempre in testa alla classifica del Campionato del mondo – la stampa non esclude la possibilità che ciò accada al termine della stagione di corse.

[141] Colloquio dell'autore con Franco Gozzi, 21 luglio 2010.
[142] *La Gazzetta dello Sport*, 6 agosto 1958.

18
La pista belga

Mercoledì 30 luglio 1958 – quindi *dopo* la morte di Musso e *prima* di quella di Collins –, il giudice istruttore del Tribunale di Mantova Luciano Bonafini scrive al presidente del Tribunale per gli affari penali di Liegi.

«Presso questo ufficio, su richiesta del Procuratore della Repubblica, deve istruirsi con rito formale il procedimento relativo al grave incidente» dice l'uomo di legge italiano, che poi va a riassumere a beneficio del collega belga cosa è successo esattamente il 12 maggio dell'anno precedente sulla strada provinciale che collega Goito a Guidizzolo nelle ultime fasi della XXIV Mille Miglia.

Al presidente del Tribunale di Liegi Bonafini chiede tre cose, e cioè che vengano interrogati il proprietario o legale rappresentante della Englebert; il capo servizio Corse della Englebert presso la Casa madre, Georges Ledent; tutti i tecnici, i progettisti, i costruttori e i collaudatori delle gomme tipo *Competition P* montate sulle Ferrari che hanno preso parte alla Mille Miglia del 1957, e in particolare su quella di De Portago.

Le domande sono queste: da chi sono state progettate le

gomme in questione; quali sono i nomi dei progettisti della Englebert «e di quelli della Scuderia Ferrari che eventualmente abbiano con loro collaborato»; perché è stata adottata «una carcassa con tele a "tortiglia di cotone" anziché in "nylon", secondo le più moderne concezioni tecniche»; quali sono i sistemi di collaudo presso la Englebert; impiego da parte della Scuderia di gomme Englebert in corse antecedenti la Mille Miglia ed eventuali problemi riscontrati; come vengono adattate le gomme Englebert ai vari modelli Ferrari; se presso la Englebert esistono «cartellini o documenti di identificazione» delle singole gomme – e in particolare della gomma n. 9650854, cioè la gomma dechappata sulla vettura di De Portago e che ha causato la tragedia. Infine, si chiede alla Englebert di consegnare «un elaborato tecnico-scientifico in merito alla progettazione, costruzione, collaudo ed uso delle gomme "tipo *Competition P*", con particolare riguardo alla scelta dei materiali impiegati».[143] Lo stesso giorno il documento viene tradotto in francese per essere spedito a Liegi.

Nei primi giorni di agosto il presidente del Tribunale di Liegi assegna la pratica al giudice istruttore Thisquen. Sarà lui ad accertarsi che le persone indicate da Bonafini siano ascoltate e che chi di dovere risponda alla serie di domande cui in Italia si vorrebbe una risposta per cercare di capire che cosa possa aver provocato lo scoppio che ha causato l'incidente. La cosa ricopre naturalmente enorme importanza poiché la perizia giudiziale, cui Bonafini non accenna nella sua comunicazione al collega belga, ha ac-

[143] *Comunicazione dal giudice istruttore del Tribunale di Mantova al presidente del Tribunale per gli affari penali in Liegi*, 30 luglio 1958.

certato che la responsabilità di quanto accaduto è da attribuirsi a pneumatici non adatti alle caratteristiche e alla velocità della Ferrari di De Portago.

Il 16 ottobre, su mandato del giudice Thisquen, gli ispettori giudiziari Guillaume Bare e Pierre Geradon si recano alla sede della Englebert a Liegi e chiedono di parlare con l'amministratore delegato, Georges Englebert, per accertare eventuali responsabilità nell'incidente di Guidizzolo. Englebert risponde che ha bisogno di sei giorni per raccogliere informazioni e documentazione. I sei giorni di tempo gli vengono accordati. L'appuntamento è così rimandato al 22 ottobre.

Trascorrono solo quattro dei sei giorni chiesti da Georges Englebert per prepararsi quando questi informa l'ispettore giudiziario Pierre Geradon di essere pronto per essere interrogato. Geradon quindi torna – lui solo, questa volta – alla sede della Englebert a Liegi e interroga i testimoni indicati da Bonafini.

Il primo a essere ascoltato è proprio Georges Englebert, amministratore delegato e proprietario della azienda di famiglia, che il nonno Oscar ha aperto nel 1877. Classe 1916, il gentiluomo belga risponde con sicurezza e dovizia di particolari. «È dal 1932, data dei primi grandi successi nelle corse» afferma in apertura «che il pneumatico *Competition* si è sempre dimostrato capace di adattarsi alla potenza e alla velocità sempre maggiore delle vetture da corsa.» Il costante lavoro di sviluppo, dice, «è affidato ai nostri due direttori del servizio ricerche». E spiega: «Ogni volta che esce un nuovo tipo di vettura, la messa a punto è affidata al nostro servizio di ricerche, che non vara un nuovo pneumatico se non dopo delle prove conclusive».

Per quel che riguarda nello specifico la Mille Miglia

dell'anno precedente, dice Georges Englebert, «le caratteristiche della vettura, tali da influenzare la progettazione del pneumatico, sono state fornite dalla società Ferrari». Quando avrà tra le mani la deposizione di Englebert – anzi, la traduzione in italiano – Bonafini sottolineerà queste due righe.

A beneficio di chi ascolta e di chi dovrà trarre delle conclusioni, Englebert ricapitola l'iter normalmente seguito per l'approvazione di un dato pneumatico. «Certe volte» rivela «sorgono delle discussioni di ordine tecnico. Una volta che viene effettuata la scelta, la Ferrari riceve i pneumatici ed esamina il loro comportamento sulla vettura.» A domanda precisa risponde però di non essere in grado di nominare i collaboratori della Ferrari con cui intrattiene rapporti «poiché questi collaboratori cambiano secondo le circostanze». Ma specifica: «Ferrari indica le caratteristiche dei suoi nuovi modelli e suggerisce le dimensioni dei pneumatici da adottare. I nostri servizi tecnici esaminano l'equipaggiamento proposto e danno il consenso – oppure impongono un altro pneumatico che risponda meglio al compito imposto».

Anche questo passo è sottolineato a penna sul documento che da Liegi verrà inviato a Mantova. Ma vale la pena precisare che la frase che Bonafini evidenzia è quella che, con ogni probabilità, ritiene utile a incriminare il costruttore modenese – *Ferrari indica le caratteristiche dei suoi nuovi modelli e suggerisce le dimensioni dei pneumatici da adottare* – e non quella che, al contrario, potrebbe contraddire la tesi della perizia giudiziale e assolvere Ferrari – *i nostri servizi tecnici esaminano l'equipaggiamento proposto e danno il consenso – oppure impongono un altro pneumatico che risponda meglio al compito imposto.*

Englebert ricorda a questo punto che la sua azienda fornisce pneumatici a Enzo Ferrari da quando questi, negli anni Trenta, non era ancora il costruttore di oggi, ma il titolare di una squadra corse nota con il nome di Scuderia Ferrari, che schierava principalmente vetture di fabbricazione Alfa Romeo. «Nel corso di parecchi anni di collaborazione con Ferrari» afferma «non abbiamo mai conosciuto uno scoppio di pneumatico avvenuto spontaneamente.» E non senza una punta di orgoglio, dopo aver elencato una parte delle vittorie che Ferrari ed Englebert hanno conseguito negli ultimi anni, aggiunge che «la serie dei successi comuni è continuata nel 1958» cioè dopo l'incidente di De Portago, «la qual cosa» dice «prova che Ferrari ha conservato la sua fiducia nel pneumatico Englebert».

Confermando una volta ancora che il personale che la sua ditta impiega è «altamente qualificato e selezionato» Englebert entra poi nello specifico della realizzazione dei pneumatici da corsa. «La carcassa» dice «non è in cotone ritorto, ma in cordone di cotone» perché «la cordonatura conferisce ai fili proprietà meccaniche e fisiche, elasticità e resistenza speciali.» Per le sue gomme, la Englebert utilizza solo «cotone egiziano a fibra molto lunga». In Europa, rivela, «tutti i pneumatici da corsa di qualsiasi marca sono fatti in cotone dello stesso tipo di quello usato da Englebert». E, per quel che riguarda il nylon, «nei pneumatici da corsa è usato solo da un fabbricante americano» e a ogni modo, aggiunge, «è ben lungi dall'essere provato che questo tessile artificiale sia di migliore applicazione del cotone, nel caso particolare dei pneumatici da corsa».

L'agente della Polizia giudiziaria di Liegi vuole adesso sapere in cosa consistono le prove a proposito di un nuovo tipo di pneumatico. Vuole sapere quale ruolo gioca la Englebert e quale compito svolge la Ferrari.

«Le prove» dice Georges Englebert per spiegare come si comporta la sua azienda ogni volta che prepara un nuovo modello di pneumatico «si continuano fino all'ottenimento di un risultato soddisfacente e costante. Una volta in corso la produzione reale si provano nella medesima maniera dei pneumatici prelevati dalla fabbricazione e si devono ritrovare dei risultati analoghi a quelli dati dai prototipi. In caso di difetto» aggiunge «i pneumatici sono declassati e lo studio riprende.»

Una volta mandati a Maranello, i nuovi pneumatici vengono montati sui nuovi modelli Ferrari e il collaudo di auto e gomme di fatto procede di pari passo. Le prove di auto nuova e gomme nuove vengono fatte «in circuito chiuso» vale a dire su una pista privata e, di conseguenza, in situazione di totale sicurezza. Così come per una nuova vettura, dice il proprietario della Englebert, anche i nuovi pneumatici si mettono alla prova in una serie di situazioni diverse: «Resistenza all'usura, tenuta di strada...». E aggiunge: «Nel corso di queste prove, che sono a volte più dure della corsa stessa, ogni anomalia è segnalata». Non solo. «Molto frequentemente» riferisce «un rappresentante di Englebert, aggregato alla Ferrari, è sul posto e osserva i risultati delle prove.»

L'ispettore Geradon ha con sé la lista di punti sui quali Bonafini ha chiesto chiarimenti e, di volta in volta, spunta gli argomenti trattati.

«Ogni pneumatico da corsa, qualunque siano le sue dimensioni» spiega adesso il dirigente belga «riceve, dopo ispezione ed approvazione finale, una etichetta con peso e caratteristiche.» E aggiunge: «Il fatto di essere entrato nel magazzino di spedizione con la sua etichetta prova che il pneumatico è stato scrupolosamente esaminato».

Solo sull'ultimo punto è evasivo. Georges Englebert dichiara che preparare un simile documento richiederebbe troppo tempo e sarebbe comunque un esercizio fine a se stesso dal momento che «la teoria matematica è certamente utile, ma non vale quanto si impara invece con la pratica».[144]

Successivamente viene interrogato Georges Wansart, direttore della ricerca della Englebert.

La sua è una deposizione brevissima nella quale conferma di non avere nulla da aggiungere rispetto a quanto ha appena affermato il suo amministratore delegato. Ci tiene solo a ribadire, dice prima di alzarsi, «che tutti i pneumatici da competizione fabbricati dalle nostre officine sono severissimamente controllati, su base individuale, prima di essere consegnati».[145]

L'ispettore Geradon a questo punto fa convocare Georges Ledent, che si trova in officina. Quando arriva, Ledent dice di confermare le dichiarazioni rese al giudice istruttore di Mantova Alessandro Caprioli il 21 maggio dell'anno precedente.

Geradon lo incalza. Gli chiede se, dopo l'incidente, ha avuto modo di ispezionare il pneumatico che è al centro dell'inchiesta. Ledent conferma. «Presentava uno strappo a croce della carcassa al centro del nastro di rotazione. Questa rottura» afferma «è stata provocata da un urto pregiudiziale di una violenza tale che nessun pneumatico di qualsiasi marca, fabbricazione, costruzione o materiali

[144] *Deposizione di Englebert Albert Georges Julien*, 20 ottobre 1958.
[145] *Deposizione di Wansart Georges Joseph*, 20 ottobre 1958.

vi avrebbe resistito. Questa rottura» conclude senza adombrare alcun dubbio «non è quindi attribuibile ad alcun difetto. Se ce ne fosse stato uno si sarebbe logicamente manifestato prima dell'incidente, avvenuto a circa 30 chilometri dall'arrivo.»[146]

E a conferma di quanto dice ricorda all'ispettore che i pneumatici montati sulla Ferrari di De Portago erano identici a quelli montati sulla vettura gemella di Taruffi, che ha vinto la gara.

Esattamente un mese dopo, giovedì 20 novembre, Englebert, Wansart e Ledent si ritrovano davanti a Thisquen, il giudice istruttore di Liegi.

Le deposizioni che rendono ricalcano quelle che hanno rilasciato in ottobre. Senza mezzi termini Georges Englebert conferma al giudice che l'incidente della Ferrari di De Portago è stato causato da «uno scoppio da urto di un pneumatico. Una frattura di questa specie» precisa «si produce in seguito ad un urto contro un corpo estraneo alla carreggiata propriamente detta: per esempio una grossa pietra, un piccolo paracarro, delle borchie catarifrangenti». E pensando anche al possibile coinvolgimento a livello penale della sua azienda, dichiara: «Ritengo la nostra ditta completamente immune da responsabilità in questo incidente».[147]

[146] *Deposizione di Ledent Georges Felix Philippe*, 20 ottobre 1958.
[147] *Deposizione di Englebert Albert Georges Julien*, 20 novembre 1958.

19
La Chiesa contro Ferrari

Nonostante il polverone che ha sollevato, l'editoriale estivo dell'*Osservatore Romano* è stato solo l'antipasto. Sul far dell'autunno, quando alla conclusione del Campionato del mondo di Formula 1 manca una sola gara, Ferrari finisce sulla graticola della Compagnia di Gesù. Nel numero del 4 ottobre 1958 di *Civiltà Cattolica*, il padre gesuita Leonardo Azzollini torna infatti sull'argomento dell'immoralità delle corse con un lungo articolo intitolato: *Una inutile strage: le gare automobilistiche di velocità*.

In un contesto nel quale illustri sconosciuti si ritagliano il ruolo di pubblici censori e persone completamente a digiuno di determinati argomenti pretendono di parlare con cognizione di causa, citando pareri di esperti come quello di «un alto dirigente Volkswagen», padre Azzollini sentenzia che «l'affermazione che le corse servano al progresso delle costruzioni automobilistiche non corrisponde a verità» poiché, sostiene citando l'ingegnere tedesco, «tutte le grandi Case d'auto hanno da tempo sospesa la partecipazione allo sport del motore perché non hanno nulla da imparare da esse».

L'affermazione del tecnico tedesco serve naturalmente a smentire la giustificazione che chi è favorevole alle competizioni adduce da sempre per difendere i ripetuti sacrifici di vite umane ed è ovviamente in antitesi con il pensiero pubblico e privato di Ferrari, il quale da una parte continua a correre perché correre è quanto più gli piace fare nella vita, ma che, d'altro canto, dall'esperienza che i suoi bolidi sperimentano in corsa trae comunque quelle soluzioni tecniche che poi riversa sulle berlinette che la sua fabbrica vende nei quattro angoli della terra – nel 1957 la produzione della Ferrari ha per la prima volta superato quota cento unità all'anno.

Nel suo articolo il padre gesuita non risparmia nessuno. Con la forza che gli viene dal parlare a nome di Dio, o comunque di chi su questa terra si è ritagliato il privilegio di parlare per conto Suo, attacca i «responsabili degli organi pubblici (...) l'opinione pubblica che prima (...) attende» le corse (...) «poi insorge, difficilmente si rassegna alla loro eliminazione (...) gli spettatori che incitano e applaudono (...) i piloti che vi si cimentano» ma soprattutto i «costruttori delle macchine da corsa» per i quali «è più difficile sottrarsi ad ogni responsabilità» poiché «il loro prodotto porta in se stesso la terribile capacità di stragi e disastri». E a questo punto, pur dicendo di non voler dare «una valutazione morale», cita Enzo Ferrari e la sua «autocritica molto significativa, pur nella sua forma dubitativa» espressa l'anno prima in occasione della commemorazione di Castellotti, nella quale il costruttore modenese si era chiesto se non fosse lui – che dava ai piloti le macchine con le quali avevano trovato la morte – il vero responsabile di quelle tragedie, come a voler dire che è lo stesso Ferrari che si è messo il cappio al collo.

La conclusione di Azzollini è questa: «Tutte le corse di velocità, sia su pista che su strada, in qualunque modo esse vengano organizzate, dovrebbero essere impedite».[148] E l'articolo, ampiamente citato dalla stampa nazionale, finisce naturalmente con l'alimentare la polemica sulla disumanità del mondo delle corse che il fondo dell'*Osservatore Romano* ha riportato d'attualità in piena estate.

Ancora una volta le voci che si alzano in soccorso di Ferrari sono poche e limitate a quella stampa dei motori o sportiva che condivide la sua stessa passione per le corse. Il sempre leale Canestrini scrive: «Quando le corse facevano comodo, erano utili – ad esempio ad imprese ed industrie – e si consideravano normali, mentre si condannano come immorali oggi perché servono meno o non servono più a tali scopi».[149]

Nonostante tutto, il mondo delle corse non si ferma. Con il secondo posto nel primo gran premio del Marocco, il 19 ottobre Mike Hawthorn, il penultimo sopravvissuto dei componenti la Ferrari Primavera, conquista il titolo di campione del mondo di Formula 1. Per la quarta volta, Ferrari è sul tetto del mondo. Provato dalla morte del compagno di squadra e amico fraterno Collins, Hawthorn torna a Londra e, senza consultare Ferrari, annuncia il ritiro dalle corse.[150]

Oltre al titolo mondiale Piloti di Formula 1, nel 1958 Ferrari fa suo, per la quinta volta in sei anni, anche il titolo mondiale nel Campionato Sport, quello all'interno del quale era inserita la Mille Miglia.

[148] *Civiltà Cattolica*, Anno 109, Vol. IV, 4 ottobre 1958, Quaderno 2599.
[149] *La Gazzetta dello Sport*, 3 gennaio 1959.
[150] M. Hawthorn, *Champion Year: My Battle for the Driver's World Title*, William Kimber 1959, p. 186.

Per rispondere alle accuse in merito alla questione morale suscitata dai due articoli pubblicati sull'*Osservatore Romano* in luglio e su *Civiltà Cattolica* in ottobre – ma ce n'è stato un terzo, sulla rivista *Orizzonti*, nel quale sono stati messi sullo stesso piano la morte dei piloti di Ferrari con quella del figlio Dino[151] – Ferrari decide di cambiare il formato del tradizionale appuntamento con la stampa di fine anno. Così, il 9 dicembre 1958, al posto del banchetto e del discorso le cui origini risalgono al primo anno di corse della sua Scuderia, Ferrari organizza una conferenza stampa, cui avrebbe sì fatto seguito il pranzo, ma all'interno della quale il centinaio di giornalisti che ha invitato – e che arrivano naturalmente in massa a Modena nonostante la scomunica mediatica che il Vaticano ha imposto sulla sua testa – avranno modo di porgli tutte le domande del caso in un contraddittorio che, lui ne è certo, servirà al meglio la sua causa.

Al cospetto di una platea che in larga parte condivide la sua stessa visione del ruolo che le corse in automobili rivestono, Ferrari parte all'attacco. «Una volta le corse in Italia erano esaltate» dice in apertura «poi furono gradite, in un terzo tempo diventarono tollerate, oggi sono messe all'indice, mentre la regina d'Inghilterra invita al proprio tavolo il campione del mondo riconoscendo così la funzione dello sport dell'automobile.»[152] I giornalisti italiani lo ignorano, ma tra i tanti riconoscimenti che Hawthorn ha avuto in patria dopo la conquista del titolo mondiale c'è effettivamente anche un invito per un tè a Buckingham Palace.[153]

[151] Ferrari, *Le mie gioie terribili*, cit., p. 233.
[152] *La Gazzetta dello Sport*, 13 dicembre 1958.
[153] Hawthorn, *Champion Year*, cit., p. 184.

«La condanna morale che ci è venuta» prosegue Ferrari «ci ha profondamente commosso. Ci siamo chiesti, unitamente a tutti i nostri tecnici, se effettivamente da parte nostra fosse stata trascurata qualcosa che potesse evitare tali disastri.» Ma da quelle interrogazioni interne, Ferrari e i suoi hanno «tratto la serena convinzione di aver fatto tutto quello che si poteva umanamente e tecnicamente prevedere per prevenire ed evitare qualsiasi incidente».[154]

Sollecitato da un'altra domanda sulla cosiddetta «questione morale» di così grande attualità in Italia a partire dall'incidente di Guidizzolo, Ferrari fornisce la propria versione degli incidenti occorsi a Castellotti, Musso e Collins per i quali tira apertamente in causa gli organizzatori delle gare e chi sovrintende alla sicurezza nei circuiti o sulle strade. In occasione dell'incidente di Musso, dice, «la pista non era nelle migliori condizioni per disputare un gran premio». Alla stessa stregua «per l'incidente di Collins basta osservare un servizio fotografico pubblicato in Francia per vedere che i ripari di terra messi ai bordi della pista servono a far decollare le macchine».

E per quanto riguarda la fine di Castellotti a Modena, Ferrari accusa la «pericolosità dei muretti di 40 centimetri posti alla *chicane*». Della pericolosità di quelle minibarriere Ferrari non aveva del resto fatto mistero in passato ma, dice, gli era stato «risposto che la Commissione tecnica inviata per il collaudo del circuito aveva stabilito che quei muretti erano un serio ammonimento per coloro che volevano troppo arrischiare, e che pertanto dovevano restare all'altezza alla quale erano stati costruiti».[155]

[154] *La Gazzetta dello Sport*, 13 dicembre 1958.
[155] *Ibid.*

D'altronde, dice, già dopo l'incidente di Le Mans nel 1955, che non aveva visto coinvolte sue vetture, Ferrari aveva scritto – ma non pubblicato – parole ben precise in merito a quella che lui vedeva come la vera responsabilità degli incidenti, ovvero «il desiderio recondito ed ostinato di molti organizzatori i quali si sforzano di rendere sempre più veloci i loro percorsi, onde poter affermare che il loro circuito è il più rapido d'Europa e del mondo».[156]

Il comportamento dilettantesco degli organizzatori è dunque, adesso come in passato, la base della difesa di Ferrari. «I costruttori» dichiara «devono affrontare l'onere della costruzione di nuove vetture» così come «gli organizzatori dovranno assumere quello del ripristino dei loro circuiti.»[157]

Fatte queste precisazioni, Ferrari conferma che, a dispetto di tutte le voci (che lui stesso ha messo in giro...!), nel 1959 continuerà a correre in Formula 1 così come nel Mondiale Sport. Al tempo stesso avverte che, a causa delle implicazioni di quella che lui stesso chiama «questione morale», ha deciso di non assumere piloti italiani e, con ogni probabilità, di non partecipare a quelle corse che si disputeranno sul suolo patrio.[158] Come a dire che, se l'Italia non lo vuole, l'Italia non lo merita.

Il colpo da maestro Ferrari lo sferra però qualche giorno dopo, una volta che i giornali italiani hanno dato ampio spazio alla sua voce, alle sue convinzioni e ai suoi propositi così come espressi nel corso della conferenza stampa di

[156] G. Rancati, *Ferrari lui*, Sonzogno 1977, p. 79.
[157] *La Gazzetta dello Sport*, 13 dicembre 1958.
[158] *Ibid.*

Modena, e dopo che un convegno a Napoli ha stigmatizzato «l'atteggiamento di una certa stampa che da qualche tempo va conducendo una campagna volutamente demolitrice e allarmistica, per non dire intimidatoria, contro quanti esercitano l'automobilismo sportivo ed in primo luogo contro i costruttori di macchine da corsa».[159] Utilizzando come intermediario un gesuita di Parma amico del giornalista e qualche volta collaboratore Gino Rancati, padre Mosè Molin, Ferrari ha infatti chiesto e ottenuto un incontro con padre Azzollini, l'inquisitore gesuita che lo ha ferocemente attaccato in ottobre su *Civiltà Cattolica*.[160]

Accompagnato da un altro religioso ancora, padre Gambigliani, a metà dicembre Leonardo Azzollini arriva a Modena.[161] L'incontro con Enzo Ferrari è stato organizzato all'interno del palazzo dell'Arcivescovado.[162] Accusatore e accusato discutono per cinque lunghe ore,[163] al termine delle quali Ferrari ha di fatto convinto il padre gesuita delle proprie ragioni e lo ha arruolato alla sua causa al punto di convincerlo a riprendere carta e penna e a tornare pubblicamente sull'argomento. Questa volta, naturalmente, a suo favore.

Sul numero di *Civiltà Cattolica* del 7 marzo 1959, padre Leonardo Azzollini firma un secondo articolo dal titolo, *Le gare automobilistiche di velocità*. Con la stessa ricchezza di documentazione del primo scritto, ribalta – in maniera elegante e intelligente in modo da riuscire natural-

159 *Ibid.*

160 Rancati, Varisco, *Ferrari, che gente*, cit., p. 66.

161 Rancati, *Ferrari lui*, cit., p. 100.

162 C. De Agostini, *Don Ruspa*, Nada 2015, p. 95.

163 Ferrari, *Le mie gioie terribili*, cit., p. 232.

mente a non perdere la faccia – la versione che ha dato cinque mesi prima in un articolo, scrive adesso, che «ha suscitato e continua a suscitare reazioni non del tutto serene e obiettive e qualcuna, anzi, tendenziosa». Per questa ragione e «non per desiderio di vana polemica» afferma «riteniamo necessarie alcune precisazioni».

A convincerlo a ritornare sull'argomento, scrive, è stata la decisione di Enzo Ferrari, a valle di tutte le polemiche che si sono rincorse, di non schierare più piloti italiani e di disertare in futuro gare sul territorio nazionale – «una decisione così grave» afferma il padre gesuita, che «non poteva essere stata presa alla leggera... ma maturata alla luce di considerazioni di varia natura, tra le quali non mancarono quelle di ordine morale. Pensiamo» continua padre Azzollini «che si possa divergere dal Ferrari in altri punti, ma non si può onestamente non riconoscergli, nello svolgimento della sua attività di costruttore, una sensibilità morale che gli fa onore». La condanna espressa nel precedente articolo, dice testualmente, non era infatti stata «una condanna personale nei riguardi di Enzo Ferrari».

Ma se Ferrari e, con lui, i costruttori di automobili sportive vengono adesso assolti, è necessario indicare altri colpevoli. Così il padre gesuita, facendo eco a quanto ha dichiarato Ferrari nella conferenza stampa di dicembre, distribuisce la responsabilità delle gare «tutta e soltanto agli organizzatori ed a coloro che detengono i pubblici poteri. I costruttori quindi» stabilisce «e tanto meno il Ferrari, non c'entrano né in primo, né in secondo luogo».[164]

[164] *Civiltà Cattolica*, Anno 110, Vol. I, 7 marzo 1959, Quaderno 2609.

Da parte di Enzo Ferrari la decisione di incontrarsi con il suo grande accusatore è stata un'intuizione geniale. Le cinque ore di fitto colloquio con padre Azzollini sono state un capolavoro di quella fine arte diplomatica personale che ha perfezionato col tempo e della quale, a fine anni Cinquanta, è maestro. Con il secondo articolo di *Civiltà Cattolica* la Chiesa lo assolve da qualsiasi peccato.

20
Sotto torchio

Assoluzione da parte della Chiesa non vuole però dire assoluzione da parte dello Stato. Il 20 marzo 1959, dopo mesi nei quali sulla vicenda giudiziaria successiva all'incidente di Guidizzolo sembra essere calato il silenzio, Enzo Ferrari riceve un telegramma dal maresciallo della squadra di Polizia giudiziaria di Modena Alessandro Generali con il quale viene convocato in Tribunale a Mantova alle ore undici del mattino di lunedì 6 aprile.[165]

Quello stesso giorno telegrammi analoghi di convocazione raggiungono il presidente dell'ACI di Brescia e organizzatore della XXIV Mille Miglia Renzo Castagneto, e tre dei componenti la commissione tecnica della grande corsa che per tre decenni ha infiammato gli animi degli italiani e che ha smesso di esistere qualche mese prima, Renato Tenchini, Iginio Rubagotti e Giuseppe Morandi.

[165] *Comunicazione del maresciallo comandante la squadra di Polizia giudiziaria di Modena Alessandro Generali al procuratore della Repubblica di Mantova*, 20 maggio 1959.

Puntuale, alle undici del mattino del 6 aprile, Enzo Ferrari si siede davanti al giudice istruttore del Tribunale di Mantova Luciano Bonafini.

«Le tre autovetture tipo "Sport" affidate alla guida di Taruffi, von Trips e De Portago, ed anche quella di Collins» dice Ferrari rispondendo alla prima domanda «erano perfettamente rispondenti al regolamento di corsa, in aderenza al Codice sportivo internazionale, secondo le norme dell'Allegato C»[166] riportato su una pagina di un opuscolo stampato dall'ACI di Brescia nella primavera del 1957 e che il giudice adesso gli mostra. «Prendo visione dell'opuscolo che vostra signoria mi mostra» dice Ferrari «e ritengo, salvo precisazione, che a pagina 26 e seguenti siano riportate le norme dell'Allegato C del Codice sportivo internazionale.»

L'opuscolo che Bonafini mostra a Ferrari è il programma di corsa della XXIV Mille Miglia. L'Annesso C del regolamento internazionale, uno stralcio del quale è effettivamente riportato a pagina 26 di questa sottile pubblicazione, all'articolo 207 prescrive che «la cappotta può essere tolta per la corsa solo se il regolamento particolare lo prevede», cosa che il regolamento specifico della Mille Miglia in effetti consente. A ogni modo, dice sempre l'articolo 207 dell'Annesso C, «alla verifica la vettura però deve presentarsi con la cappotta prescritta e fissata sulla vettura stessa».[167]

Ferrari non batte ciglio. «Le vetture di cui sopra» dice sereno «furono sottoposte alla verifica tecnica prima

166 *Verbale di esame di testimonio senza giuramento, Ferrari Comm. Enzo fu Alfredo*, 6 aprile 1959.

167 *Annesso C – vetture Sport – del regolamento sportivo internazionale*, 1957.

dall'Ispettorato della Motorizzazione Civile di Bologna, e poi dai commissari tecnici dell'ACI e di Brescia, componenti la Commissione, i quali apposero il piombo-punzone a convalida della aderenza delle vetture alle norme prescritte in regolamento di corsa.»

Ferrari sta in realtà ripetendo quanto ha già affermato nella sua prima deposizione, quella del 16 maggio di due anni prima, resa quattro giorni dopo la tragedia. Egli sa di essere al sicuro poiché, se anche le sue quattro vetture non avessero rispecchiato i parametri di iscrizione previsti dall'Annesso C, cosa che peraltro facevano, sarebbe spettato ad altri – nello specifico, alla commissione tecnica della Mille Miglia – decidere altrimenti ed eventualmente non ammettere le sue vetture Sport alla corsa.

Il giudice gli chiede adesso proprio della *capote* che ogni vettura aperta, cioè la maggior parte di quelle della categoria Sport, tra cui naturalmente le quattro Ferrari guidate da Taruffi, Collins, De Portago e von Trips, dovevano per regolamento avere a bordo. «Per quel che attiene alla "cappotta" delle mie vetture» risponde Ferrari senza timore di essere smentito «sono in grado di precisare quanto segue: la medesima è stata controllata alla verifica perché pretesa dal regolamento e poscia alloggiata fra lo schienale dei sedili e il serbatoio carburante. In pratica» spiega al giudice, digiuno di corse, ma dal quale dipende molto del suo futuro «trattasi di cappotta, che non viene ovviamente usata in corsa, anche in caso di pioggia.»

Quindi il teste conferma che ogni vettura Sport schierata dalla Scuderia Ferrari aveva a bordo la *capote*? chiede a garanzia di avere capito correttamente Bonafini.

«La cappotta esisteva in ogni macchina Sport» ripete pazientemente Ferrari «ed era solidamente fissata sulle autovetture che hanno corso: non fu alzata poiché è notorio, in tema di competizioni, che i piloti, anche in caso di pioggia, preferiscono correre con la vettura scoperta e la maschera al casco.»

Ma perché, viene da chiedersi, Bonafini gli chiede della presenza o meno a bordo di un aggeggio come la *capote* quando nel momento dell'incidente di Guidizzolo non pioveva e, per di più, anche in caso di pioggia, tanto il regolamento internazionale quanto le modifiche del regolamento della XXIV Mille Miglia prevedevano che le vetture Sport potessero non montare la *capote*? Bonafini è stato imbeccato da qualcuno? E se sì, per quale motivo? Sta invece solo cercando di sfoggiare una conoscenza tecnica che non possiede insistendo su un particolare di cui parla il regolamento, ma che è totalmente ininfluente per quanto è successo? O sta cercando di impressionare il teste con una meticolosità inquisitoria tesa a impressionarlo – o meglio, a spaventarlo?

A questo punto il discorso si sposta sui pneumatici, il punto nodale della questione e l'argomento principale della deposizione precedente di Ferrari. Invece di porre domande specifiche, Bonafini legge a Enzo le conclusioni della perizia giudiziale, di cui Ferrari non è al corrente. In base alla perizia, la causa dell'incidente di Guidizzolo consiste nell'adozione da parte della Ferrari di pneumatici non adatti al tipo di vettura sulla quale sono stati impiegati – non adatti per disegno, costruzione e, soprattutto, per le velocità raggiunte dalle auto sulle quali sono stati montati.

Ferrari resta di stucco.

«Prendo atto che vostra signoria mi legge le conclusioni peritali del professor Spetuzzi.» Ma, dice anche, «mi riservo ogni eventuale osservazione se e quando potrò avere visione completa dell'elaborato peritale. In linea generale» si sente però in animo di aggiungere «posso dire che l'impiego di gomme al nylon per me è cominciato da tre mesi circa e, pertanto, solo al termine di una stagione sportiva sarà possibile esprimere giudizio». Questo per rispondere alla sottintesa accusa di situazione sperimentale nei pneumatici che gli ha fornito la Englebert.

Ancora una volta un profano – il giudice istruttore – entra in materie che non conosce sulla base di conclusioni raggiunte da una commissione di periti non necessariamente esperti della situazione specifica. A Ferrari, che mastica corse da quarant'anni, deve essere sembrata una situazione paradossale. Una situazione quasi risibile, se non fosse che il futuro suo e della sua azienda sono in questo momento, a tutti gli effetti, nelle mani del giudice istruttore del Tribunale di Mantova.

Se Ferrari non è d'accordo sulle conclusioni cui sono giunti i periti incaricati dal Tribunale, quale pensa che sia, dunque, la causa dell'incidente? gli chiede allora Bonafini.

«A mio avviso» risponde pronto Ferrari «lo scoppio della gomma della macchina di De Portago è avvenuto a seguito di un urto in derapata veloce sull'anteriore, al bivio di Volta Mantovana e subito dopo l'abitato di Goito contro uno degli occhi di gatto che delimitano il centro della strada piuttosto che la riga bianca verniciata.» Ferrari lo sostiene da sempre. La sua tesi ha avuto ampia eco nella stampa di settore, ma è stata scartata dalla perizia giudiziale.

Se è tuttavia vero che i periti hanno svolto un'indagine, è altrettanto vero che Ferrari non si è limitato a ipotizzare la causa dello scoppio e ha condotto studi in proprio, che hanno previsto anche sopralluoghi sui luoghi dell'incidente.

«È possibile» dice infatti «che, per l'alta velocità, il sottile battistrada – credo sui tre millimetri – contro il piccolo ostacolo, anche se smussato – sporge oltre 20 millimetri dal terreno – abbia provocato uno sfaldamento in croce iniziale della carcassa, la quale, dilatandosi nel susseguente rettilineo per effetto giroscopico, sia riuscita a pizzicare la camera d'aria.» Da qui, conclude, sono arrivati «l'afflosciamento della ruota, e l'estrema, palese difesa del pilota frustrata dal cedimento del terreno della banchina che, in quel punto, era smosso perché di recente rincalzato».

Nella sua ricostruzione privata Ferrari non ha lasciato nulla al caso e si è recato di persona non solo a esaminare metro per metro i chilometri precedenti il punto esatto dell'incidente, ma anche a guardare col microscopio il luogo stesso della tragedia, vedendo cose che altri non hanno visto. O più precisamente, interpretando certe cose grazie al proprio bagaglio specifico di esperienze, che non sono solo quelle di un costruttore di automobili da corsa, ma anche quelle di un pilota. Come costruttore ha capito che gli occhi di gatto possono verosimilmente aver determinato lo scoppio. Come pilota deve aver ricostruito gli ultimi istanti di vita di De Portago, spesi nel disperato tentativo di fermare la propria auto, tentativo fallito nel momento in cui la sua Ferrari è arrivata sulla superficie cedevole della banchina sul lato sinistro della strada.

«Lo scoppio della gomma, pertanto» dice sicuro a conclusione della propria deposizione «ha tratto origine dall'urto che io ritengo di avere così individuato.»[168]

[168] *Verbale di esame di testimonio senza giuramento, Ferrari Comm. Enzo fu Alfredo*, 6 aprile 1959.

Enzo Ferrari non ha altro da aggiungere. Il cancelliere rilegge quanto ha scritto. Ferrari approva e verga con inchiostro viola il documento.

Nel pomeriggio è il turno degli altri quattro convocati a deporre quel giorno. Il primo è Renzo Castagneto, che nel 1927 ha creato la Mille Miglia e nel 1957 ne era ancora l'organizzatore e il direttore di corsa.

Castagneto prende posto davanti al giudice istruttore di Mantova alle quattro del pomeriggio. Dopo Ferrari, il suo è il nome più noto tra quelli delle persone coinvolte nell'istruttoria. Per qualche tempo ha sperato che la sua corsa potesse avere comunque un futuro. Trascorsi i mesi dello sgomento, nell'autunno di quello stesso 1957 si è dato da fare per escogitare una formula che potesse garantire un domani alla Mille Miglia. Ma il suo sogno è naufragato contro gli scogli del Parlamento, che ha soppresso quella che, a lungo, è stata identificata come la *corsa degli italiani*.

Davanti a Bonafini, Castagneto conferma «che tutte le autovetture partecipanti alla corsa dovevano essere conformi al regolamento». È per questa ragione, spiega, che «nei tre giorni antecedenti a quello di gara si procedeva alla loro verifica tecnica» in piazza Vittoria a Brescia. La verifica era presieduta da «una commissione tecnica dell'ACI», tre componenti della quale aspettano in questo preciso momento nel corridoio antistante l'aula nella quale Castagneto sta rendendo la propria deposizione. A beneficio del giudice, Castagneto specifica che «assistevano alle operazioni di verifica tutti i concorrenti» cioè i piloti, «nonché i rappresentanti delle Case partecipanti alla gara. Ciascuno quindi» dice «aveva interesse specifico affinché le vetture iscritte rispondessero alle provvisioni regolamentari».

Subito si arriva a parlare della *capote*. Così come Ferrari prima di lui, anche Castagneto conferma che tutte le vetture ammesse alla gara si sono sottoposte alle verifiche con la capote montata anche se poi, in gara, non avrebbero avuto intenzione di montarla anche in caso di diluvio. «La norma del codice internazionale che parla della "cappotta"» spiega Castagneto, uomo di regolamenti, «intende l'obbligo della presenza dell'apparecchio sulla vettura onde eventualmente possa essere usata a gradimento del pilota. Il nostro regolamento» dice facendo naturalmente riferimento alla Mille Miglia «la prescriveva, ed infatti le vetture Sport, alla verifica e durante la corsa, ne erano debitamente provviste.»

Prima di terminare la propria deposizione, Castagneto pone nuovamente l'accento sul fatto che «esisteva un interesse specifico di tutti i concorrenti e di tutte le Case automobilistiche affinché le norme regolamentari fossero scrupolosamente osservate».[169]

Il direttore di corsa della Mille Miglia ha terminato. Davanti a Bonafini adesso sfileranno, tra le 16:45 e le 17:30, tre commissari tecnici della gara, tre delle persone deputate a controllare ognuna delle centinaia di vetture di categorie diverse che hanno partecipato alla XXIV edizione della tragica corsa.

«La verifica della rispondenza delle macchine alle norme regolamentari fu particolarmente rigorosa» dichiara Iginio Rubagotti, il cinquantanovenne commissario tecni-

[169] *Verbale di esame di testimonio senza giuramento, Castagneto Lorenzo fu Carlo*, 6 aprile 1959.

co bresciano. «Ricordo bene che le vetture Ferrari, tra le quali quella del defunto De Portago» dice a Bonafini «erano regolarmente munite di cappotta smontabile.»[170]

Sulla stessa lunghezza d'onda è il sessantacinquenne Giuseppe Morandi, anch'egli di Brescia. «Con particolare severità» assicura «veniva controllato se ogni macchina era rispondente alle norme regolamentari, a seconda della categoria cui apparteneva.» Alla stessa stregua, dice, «ricordo bene che le Ferrari Sport, fra cui quella affidata alla guida di De Portago, erano munite di cappotta. L'apparecchio, alla verifica, fu provato montato sulle vetture. Quindi veniva smontato e collocato nell'apposito alloggiamento poiché, in gara, il concorrente poteva anche non usarlo, così come prescritto dall'articolo 207 dell'Allegato C al Codice internazionale. Io stesso» dice «posso assicurare di avere verificato l'esistenza della cappotta sulle vetture della categoria Sport».[171]

Così, pure il terzo commissario sentito da Bonafini parla di «scrupolosa verifica tecnica» e dice di ricordare perfettamente che «vennero effettuate tutte le misurazioni, vennero controllati tutti i dispositivi meccanici ed elettrici». Anche lui naturalmente ricorda che «alla verifica, tutte le vetture della categoria Sport dovevano essere munite di cappotta con dimensioni specifiche». E, nella fattispecie, che «le vetture della Ferrari erano munite di cappottina smontabile».[172]

170 *Verbale di esame di testimonio senza giuramento, Rubagotti Iginio fu Angelo*, 6 aprile 1959.
171 *Verbale di esame di testimonio senza giuramento, Morandi Giuseppe fu Giuseppe*, 6 aprile 1959.
172 *Verbale di esame di testimonio senza giuramento, Tenchini Renato fu Vincenzo*, 6 aprile 1959.

La giornata è terminata.

Davanti al giudice istruttore del Tribunale di Mantova sono sfilate cinque persone. La quasi totalità del tempo è stata spesa per verificare la presenza a bordo delle vetture di Ferrari, e nello specifico in quella di De Portago, di un oggetto, la *capote* smontabile, del tutto estraneo alla dinamica dell'incidente. Dei pneumatici, che sono fin dal primo giorno i maggiori indiziati per la tragedia che si è consumata sul lato della strada provinciale «Bresciana» nel pomeriggio di domenica 12 maggio 1957, si è parlato solo nell'ultimo scampolo della deposizione di Enzo Ferrari e per nulla nelle quattro successive.

Quella stessa sera, Luciano Bonafini trasmette gli atti dell'istruttoria al sostituto procuratore della Repubblica di Mantova, Mario Luberto, che ha nel frattempo preso il posto di Alessandro Caprioli, perché questi tragga le sue conclusioni e decida se e in quale direzione proseguire con il procedimento giudiziario. Il destino di Enzo Ferrari passa così nelle mani di un nuovo personaggio, che da adesso in poi diventerà centrale nella vita del costruttore di Maranello.

Due giorni dopo, mercoledì 8 aprile, Enzo Ferrari, «con riferimento alla richiesta verbale del 6 aprile»[173] manda a Luciano Bonafini copia dell'Annesso C del Codice sportivo internazionale del 1957, il testo completo del Codice sportivo internazionale del 1958, e la fotocopia dell'Annesso C come riportato nel regolamento della Mille Miglia del '57.

[173] *Lettera di Enzo Ferrari al giudice istruttore del Tribunale di Mantova*, 8 aprile 1959.

Il giudice che due giorni prima ha messo sotto torchio Ferrari, Castagneto e tre commissari tecnici della Mille Miglia per una minuzia regolamentare del tutto ininfluente ai fini reali delle indagini – determinare cioè che cosa ha causato lo scoppio della gomma della Ferrari di De Portago, fatto per il quale la *capote* smontabile che le vetture della categoria Sport avevano a bordo è del tutto ininfluente – non ha in realtà mai neppure letto il famoso Annesso C che, per qualche motivo, ha deciso di spostare al centro delle indagini.

Quando, il giorno 9 aprile, Bonafini riceve la missiva di Ferrari e i tre allegati, trasmette tutto al sostituto procuratore Luberto «per unione agli atti così trasmessi in data 6/4/1959».[174] Adesso Mario Luberto ha tutto quanto gli serve per pronunciarsi sul futuro di Enzo Ferrari.

[174] *Ibid.* A mano, in data 9 aprile, il giudice istruttore Luciano Bonafini scrive la postilla di cui sopra per trasmettere la lettera e i tre allegati al sostituto procuratore della Repubblica Mario Luberto.

21
Imputato

La vita di Enzo Ferrari cambia il 22 giugno 1959.

Quel giorno il sostituto procuratore della Repubblica di Mantova Mario Luberto ritorna al giudice istruttore Luciano Bonafini gli atti che questi gli ha mandato il 6 di aprile, con richiesta di contestare a Ferrari il reato «*per colpa consistita nell'aver adottato* nella XXIV edizione della Mille Miglia sulle macchine della sua Scuderia e in particolare sulla autovettura che portava il numero di corsa 531 pilotata da Alfonso Cabeza De Vaca marchese De Portago, targata BO 81825, *pneumatici costruiti dalla ditta Englebert* corrente in Liegi (Belgio), *che*, stante le loro caratteristiche di costruzione e di messa a punto *non erano adatte alle prestazioni delle autovetture che a pieno regime sviluppavano valori massimi di velocità di corsa di ben km 280 orari*, consentendo invece essi, i pneumatici, al massimo una velocità di km 220 all'ora, e determinando per il surriscaldamento conseguente all'eccessivo spessore del battistrada e all'eccessivo gonfiaggio lo scollamento della parte centrale del battistrada e susseguente scoppio di tutto il pneumatico, che causava lo sbandamento della autovettura, cagionando la morte...».[175] Seguono i nomi delle undici vittime, pilota e co-pilota compresi.

Il sostituto procuratore ha dunque fatto propria la tesi sostenuta nella perizia giudiziale consegnata il 14 gennaio dell'anno precedente. Una perizia sulla quale Ferrari nutre dubbi dal momento in cui, due mesi e mezzo prima, ha avuto modo di leggerla. Anzi, una perizia sulla quale egli nutriva dubbi ancora prima di averne letto le conclusioni perché riteneva che i componenti la commissione di periti – un geometra, un ingegnere edile e un ingegnere con interessi personali con Case in competizione con la sua – non fossero all'altezza del compito loro richiesto. Per Ferrari, tra l'altro, la presenza tra i componenti la commissione del professor Spetuzzi, consulente della Scuderia Milan che schiera Maserati e che di fatto si confronta sui campi di gara con la sua squadra, rappresenta un palese caso di conflitto d'interessi. Ma il sostituto procuratore sembra pensarla diversamente.

La conclusione è dunque che Enzo Ferrari ha montato pneumatici non adatti alle caratteristiche della vettura di De Portago e che, per questo motivo, il pneumatico anteriore sinistro è scoppiato causando la tragedia che è costata la vita a undici persone. Di fatto gli si dà dell'incompetente o dell'incosciente. In altre parole, o del dilettante o dell'assassino. Ma adesso, con la decisione di Luberto di procedere a suo carico, delle conclusioni dei tre periti dovrà rispondere davanti alla giustizia italiana. Con undici vittime di cui dover dar conto – ma ci sono

[175] *Comunicazione dal sostituto procuratore della Repubblica di Mantova al giudice istruttore del Tribunale di Mantova*, 22 giugno 1959. Il corsivo è mio.

lesioni colpose anche per quattro feriti –, le nuvole si fanno minacciose.

Due giorni dopo, mercoledì 24 giugno, Luberto, nelle vesti di pubblico ministero, informa Bonafini della decisione di procedere. In quella stessa giornata, Bonafini dà disposizioni perché per Enzo Ferrari «si prepari mandato di comparizione per il giorno 28 settembre 1959, ad ore 9:30, presso questo ufficio, in Mantova».[176]

Ferrari viene informato dell'elevazione del capo di accusa nei suoi confronti giovedì 9 luglio quando, alle undici del mattino, compare davanti al giudice istruttore di Modena Italo Cividali.

Cividali gli dà lettura della lettera del 24 giugno che ha ricevuto da Bonafini e, terminata la lettura, gli comunica l'elevazione «dell'imputazione per omicidio colposo e lesioni colpose». Allo stesso tempo lo informa che è arrivato il momento di nominare un avvocato difensore di fiducia.

Quando viene il suo momento di parlare, Ferrari fa buon visto a cattiva sorte. «Prendo atto, sia pure con sorpresa, delle imputazioni che mi sono state elevate e delle quali, pur non conoscendo i precisi termini, mi ritengo estraneo.»

Al di là della sorpresa di cui parla, Ferrari naturalmente aveva avuto dei presentimenti. Dopo che Bonafini, il 6 aprile, gli aveva letto le conclusioni della perizia giudiziale, non si era certamente fatto delle illusioni. Sapeva per-

[176] *Ibid.* La nota per la richiesta di comparizione nei confronti di Enzo Ferrari è aggiunta a mano, in calce alla comunicazione di Luberto, da Bonafini.

fettamente cosa lo aspettava e la comunicazione di oggi, di conseguenza, non lo trova impreparato. Ciò nonostante, lo sgomento c'è ed è grande. Sono quarant'anni esatti che è nel mondo delle corse, quasi trenta da quando schiera vetture per piloti di una sua struttura – la Scuderia Ferrari prima, la Ferrari ora. Incidenti ne sono sempre accaduti. Morti ce ne sono sempre stati. Ma è la prima volta che viene accusato di aver procurato la morte di altri esseri umani e che viene ritenuto responsabile a livello penale.

Ferrari a questo punto precisa che, per quel che riguarda la responsabilità civile, è assicurato con la S.A.R.A. con più polizze, che va a elencare a beneficio del giudice. Sottolinea inoltre di aver già risarcito le famiglie delle vittime e si riserva di fornire in seguito la documentazione relativa ai pagamenti che ha effettuato. Infine nomina suo «difensore a tutti gli effetti» l'avvocato Giacomo Cuoghi, al quale si è rivolto nelle ore immediatamente successive alla tragedia e che lo segue da allora.[177]

Due giorni dopo, l'11 luglio, l'avvocato Cuoghi, ora ufficialmente investito della difesa di Enzo Ferrari, si reca a Mantova. Presso la Cancelleria dell'Ufficio Istruzione del Tribunale sono stati depositati per dieci giorni gli atti processuali.

Tra le carte che consulta c'è la perizia giudiziale effettuata dalla terna Spetuzzi/Rinaldi/Madella, i verbali dei due interrogatori che il suo cliente ha affrontato nei mesi precedenti, gli atti della perizia tecnica d'ufficio redatta

[177] *Verbale di esame di imputato a chiarimento, imputato Enzo Ferrari fu Alfredo*, 9 luglio 1959.

dall'ingegner Sanchioni e di quella medica effettuata dal dottor Caldana sulla donna che ha subito un aborto spontaneo qualche giorno dopo la tragedia di Guidizzolo, tutta la documentazione e le fotografie dei rilevamenti effettuati sul luogo dell'incidente.[178]

Sulla base di queste carte, Cuoghi ha due mesi e mezzo di tempo per mettere a punto la strategia che dovrà salvare Ferrari dal carcere.

Venerdì 17 luglio Enzo Ferrari presenta una dichiarazione al giudice istruttore del Tribunale di Mantova Luciano Bonafini per informarlo che, «pur dichiarandosi del tutto estraneo ai fatti» come invitato a fare nel corso dell'udienza del 9 luglio, ha provveduto «alla nomina del difensore».

Ferrari comunica inoltre a Bonafini che si riserva «di provare documentalmente che, per quanto rifletteva la eventuale responsabilità civile per danni a terzi, egli era ampiamente assicurato». Prosegue Ferrari: «Ferma restando la già espressa denegazione di ogni responsabilità, il sottoscritto ritiene doveroso di portare a conoscenza della S.V. Ill.ma che TUTTI I DANNI ARRECATI A TERZI nell'incidente sono stati risarciti». Le lettere in maiuscolo esprimono magistralmente tutta la frustrazione di un Ferrari che, alla soglia dei sessant'anni, sta conoscendo situazioni del tutto inaspettate.

Alla dichiarazione Ferrari unisce tre atti di quietanza firmati dai familiari delle vittime che sono stati risarciti. Le quietanze sono tre. Ferrari aggiunge anche la lettera del giorno precedente che le Assicurazioni Generali han-

178 *Elenco atti processuali, Tribunale di Mantova, Ufficio Istruzione*, 11 luglio 1959.

no spedito all'avv. Cuoghi per confermargli gli avvenuti pagamenti. Da tutti questi documenti, dice Ferrari facendo ancora ricorso alle lettere maiuscole, «risulta che TUTTI I DANNI SONO STATI RISARCITI IN VIA TRANSATTIVA dalla Compagnia dello scrivente per la responsabilità civile».

Le cifre che Ferrari ha elargito ai familiari delle vittime sono: 1.750.000 lire agli eredi di Carmen Tarchini; 1.750.000 agli eredi di Emma Boscaini; 3.800.000 agli eredi di Angelo Dobelli.[179] Agli eredi di Dobelli sono state pagate anche «spese legali ed onorari». Gli assegni sono stati consegnati in una «riunione collegiale» avvenuta a Mantova. I familiari di Dobelli – genitori molto anziani – non sono intervenuti alla riunione e non hanno potuto firmare l'atto di quietanza.

In calce alla dichiarazione Ferrari «dichiara di rimanere a disposizione per tutti i chiarimenti anche di carattere tecnico che, ai fini della giustizia» il giudice istruttore «ravvivasse opportuno chiedergli, pur riconfermando di ritenersi indenne da responsabilità di qualsiasi specie».[180]

Ferrari non dubita delle conclusioni cui lui è arrivato qualche giorno dopo l'incidente di Guidizzolo. Ma adesso che è a tutti gli effetti imputato e la prospettiva di una

[179] Per capire l'entità delle cifre devolute da Ferrari ai parenti delle vittime vale la pena sottolineare come, nel 1956, lo stipendio medio di un operaio oscillava tra 40mila e 43mila lire al mese, i quotidiani costavano 25 lire, un litro di latte 80, un chilo di pane 135, un chilo di carne di vitello 1500 e un televisore, merce rara all'epoca, 160mila lire. E quando nel 1957 uscì sul mercato la Fiat 500, il suo prezzo era di 465mila lire.

[180] *Dichiarazione di Enzo Ferrari al giudice istruttore presso il Tribunale di Mantova*, 17 luglio 1959.

condanna al carcere per pluri-omicidio colposo è reale, vuole cautelarsi oltre ogni ragionevole dubbio. Così si rivolge personalmente a Georges Englebert, il titolare della fabbrica di pneumatici di Liegi per avere conferma di quanto lui va sostenendo dall'inizio delle indagini, e cioè che l'esplosione del pneumatico della vettura di De Portago sia avvenuto per l'urto contro un corpo estraneo e che, dunque, non ci sia stata negligenza né da parte della Ferrari né della Englebert.

Georges Englebert gli risponde in data 30 luglio. Nella missiva di due pagine che spedisce a Maranello, *Monsieur* Englebert conferma per iscritto che la vettura di De Portago è stata controllata da un tecnico della Casa di pneumatici all'ultimo rifornimento prima dell'incidente, cioè a Bologna. Englebert fa espressamente il nome del suo tecnico che ha ispezionato la Ferrari del pilota spagnolo – l'ormai celebre Boasso – e conferma che i quattro pneumatici erano tutti in condizioni di poter continuare la corsa.

«Passando direttamente al pneumatico incidentato, che secondo la giustizia italiana è stato la causa dell'incidente» prosegue Englebert «lo strappo è da attribuirsi a un violento impatto.» Il proprietario della casa di pneumatici belga non nutre alcun dubbio in proposito e conclude dicendo che «qualsiasi specialista di pneumatici confermerà il nostro punto di vista».[181]

Un mese e mezzo dopo, il 12 settembre, la Englebert spedisce dal Belgio, a Enzo Ferrari, una dichiarazione nella quale attesta di «aver fornito gratuitamente alla Società

[181] *Lettera di Georges Englebert a Enzo Ferrari*, 30 luglio 1959.

Ferrari, attraverso la propria sede di Torino, dei pneumatici affinché venissero montati su vetture da competizione».[182] La Englebert afferma anche che, dopo le prove e le gare cui hanno partecipato, questi pneumatici sono stati restituiti alla sua sede di Torino.

Quello stesso giorno, in riferimento a una sua precisa richiesta, l'Osservatorio Geofisico dell'Università di Modena spedisce a Ferrari i dati meteorologici relativi alla giornata del 12 maggio 1957, il giorno dell'incidente di Guidizzolo. Recita testualmente la nota dell'Osservatorio: «Velocità vento debole, direzione variabile. Temperatura minima 9,7°, massima 20,8°, media 15,1°. Umidità relativa media, 74%. Stato del cielo misto al mattino, coperto alla sera e nel pomeriggio. Pioggia dalle 15:36 alle 18:10».[183]

[182] *Dichiarazione della ditta Englebert spedita da Liegi a Enzo Ferrari*, 12 settembre 1959.

[183] *Certificato dell'Osservatorio Geofisico dell'Università di Modena*, 12 settembre 1959.

22
La memoria difensiva

L'avvocato Giacomo Cuoghi è uno dei giuristi più stimati di Modena. Con il collega avvocato Andrea Pini, gestisce uno studio associato tra i più avviati della città. Cuoghi conosce Enzo Ferrari da diversi anni e da altrettanti gli presta collaborazione per gli aspetti legali connessi alla fabbrica di Maranello. Insieme hanno affrontato varie vicissitudini legate al mondo del lavoro. È però la prima volta che Cuoghi si trova ad avere letteralmente tra le mani il destino del suo cliente più famoso.

La seconda settimana di settembre Cuoghi sta mettendo in bella le osservazioni che ha raccolto nelle ultime settimane – da quando Enzo Ferrari ha ricevuto un mandato di comparizione per difendersi dall'accusa di omicidio e lesioni colpose ai danni di undici persone. In capo a pochi giorni l'avvocato deve consegnare al giudice istruttore del Tribunale di Mantova, Luciano Bonafini, la memoria difensiva del suo cliente. A fine mese Enzo Ferrari deve comparire a giudizio. Ne va della sua libertà.

Scrive Cuoghi: «Il sottoscritto, difensore del costruttore Enzo Ferrari, nell'imminenza dell'interrogatorio del suo patrocinato (invitato a presentarsi avanti a Lei con mandato di comparizione per il 28 settembre p.v.) ritiene opportuno proporre alla Sua attenzione talune considerazioni, suggeritegli da un meditato esame di quegli atti istruttori dei quali ha potuto acquisire conoscenza in occasione del rituale deposito in Cancelleria. Ciò perché» dice l'avvocato modenese «il sottoscritto è pienamente convinto che dalle risposte che saranno a Lei rese dal Ferrari, oltre che dalle riflessioni riepilogate in questa scrittura, nonché dalla esperienza dell'intera inchiesta fino ad oggi, Ella trarrà le ragioni per pronunciarsi definitivamente in questo processo, mediante sentenza di pieno proscioglimento».

Cuoghi inizia la sua dissertazione senza perdersi in preamboli. «Il Ferrari, costruttore di autovetture da competizione e granturismo, a seguito del noto luttuoso incidente avvenuto (...) durante lo svolgimento della XXIV Mille Miglia, alla quale partecipava con cinque vetture di sua proprietà (...), è stato incriminato quale responsabile dell'incidente stesso, per aver adottato sulle predette autovetture e, in particolare, su quella pilotata dal Marchese De Portago, pneumatici "Englebert" inadatti alle prestazioni di automobili capaci di sviluppare velocità di 280 km orari.»

Secondo il capo di imputazione, dice Cuoghi riesponendo la tesi dell'accusa, i pneumatici non sarebbero stati in grado di affrontare velocità superiori ai 220 chilometri all'ora. Quindi lo scoppio del pneumatico, lo sbandamento della vettura e la morte di piloti e spettatori «troverebbe sua causa nell'erronea adozione da parte del Sig. Ferrari di tale tipo di pneumatico». Cuoghi afferma di non dubitare che «alla risoluzione di procedere nei confronti del Sig. Enzo Ferrari (...) il Pubblico Ministero sia stato indotto dalla lettura delle conclusioni cui è pervenuto – nella sua indagine tecnica – il Collegio peritale formato dai Sigg.ri Ing. Mario Spetuzzi, Ing. Tarquinio Madella e Geom. Rinaldo Rinaldi». Ma nel contempo l'avvocato si premura anche di sottolineare che «altre obbiettive risultanze istruttorie, in qualche modo concordanti con i rilievi e le supposizioni del nominato Collegio, non dovrebbero – a giudizio di chi scrive – essere emerse». Come a dire: la causa dell'incidente individuata dai tre relatori è stata indicata solo da loro.

È la premessa di base su cui poggia l'intera difesa di Ferrari: l'inadeguatezza a livello tecnico dei tre componenti il collegio di esperti, che esperti in realtà non sono, che dopo lunghi tormenti hanno dato alla luce la perizia giudiziale che, erroneamente, lo inchioda. Tre gli argomenti che Cuoghi andrà ad affrontare nella trentina di pagine che seguono a questa premessa: «La validità del giudizio tecnico del Collegio peritale; la responsabilità di Enzo Ferrari nel caso di specie; la responsabilità, in genere, del costruttore di autovetture da competizione per gli incidenti verificatisi in gara». Per fare ciò, per prima cosa, Cuoghi passa meticolosamente al vaglio – o sarebbe più corretto dire, mette sulla graticola – la relazione tecnica del collegio peritale.

«Il Collegio peritale» scrive Cuoghi nella memoria difensiva del suo cliente «ha concluso che la sezione delle gomme anteriori usate e la pressione di gonfiaggio non erano le più idonee alle prestazioni della vettura, tenuto presente in particolare la diminuita efficienza delle sospensioni durante la corsa. Dato il tipo di costruzione adottata per i pneumatici» continua Cuoghi «verificatosi un *dechappage*, la carcassa si è trovata scoperta e l'urto sul terreno ad alta velocità ha costituito un elemento determinante per mettere la gomma fuori uso per scoppio.» La seconda conclusione cui sono arrivati i periti, continua Cuoghi nella sua disamina, è «che le coperture impiegate presentano, per l'uso che se ne è fatto, carenza di costruzione per cui le sollecitazioni alle quali sono state sottoposte erano eccessivamente al limite delle loro possibilità».

I periti poi danno per certo «che lo scoppio della gomma anteriore sinistra dell'autovettura del Marchese De Portago fu la conseguenza di un repentino e violento distacco del battistrada (*dechappage*) verificatosi qualche centinaia di metri prima del luogo dell'incidente» escludendo così «in modo assoluto l'ipotesi di scoppio conseguente ad urto del pneumatico contro un corpo tagliente o lacerante». E perché non ci siano dubbi sull'oggetto che può aver tagliato o lacerato il pneumatico, Cuoghi tra parentesi scrive, mettendolo tra virgolette, «*occhi di gatto*».

Alla stessa stregua, la relazione di Cuoghi sostiene che nella perizia giudiziale viene dato per assodato che gli ammortizzatori della Ferrari di De Portago «presentavano, al momento dell'incidente, delle inefficienze di funzionamento». Prova di ciò sarebbero, sempre secondo i tre esperti, «il rinvenimento di apporti di gomma nella parte sottostante del parafango anteriore sinistro». Infine, altra certezza dei periti che Cuoghi intende confutare è il fatto «che la carcassa dei pneumatici in questione è composta di quattro tele in ritorto di cotone (...) mentre» sempre secondo i tre «maggiore garanzia di sicurezza avrebbero offerto altri materiali con modulo elastico più elevato quali il nylon».

Queste conclusioni, scrive Cuoghi, «espresse in termini di assoluta certezza dai periti» in realtà «non reggono ad un approfondito esame critico e si rivelano frutto della mera acquisizione scolastica di astratti principi teorici e talora – addirittura – di errori di valutazione e di sommarietà di indagine».

A questo punto Cuoghi entra nel vivo e inizia a demolire le conclusioni cui è arrivata la commissione di periti – «valga il vero» ammonisce in un prologo di una sola riga alla parte forte della sua disquisizione. Lo scopo è dimostrare che i cosiddetti esperti in realtà sono tutto fuorché esperti, che le loro conclusioni sono opinabili quando va bene e sbagliate quando va male e che, soprattutto, non conoscono veramente la materia che hanno trattato e sulla quale hanno sentenziato.

Il primo argomento è lo scoppio del pneumatico. «È noto» scrive Cuoghi, premurandosi di aggiungere subito dopo che invece «la perizia non ne fa cenno», che sono «rarissimi i distacchi di battistrada delle ruote anteriori sulle quali, non agendo lo sforzo di trazione, il fenomeno dello strisciamento ha molto minore importanza ed il riscaldamento è decisamente inferiore. Rarissimo, quasi sconosciuto, è poi il caso in cui si verifichi lo scoppio del pneumatico contemporaneamente al distacco del battistrada; normalmente, anzi, accade che prima si produca il distacco di una parte del battistrada, e successivamente (e non sempre) le tele cedano al contatto del terreno. Possono citarsi» ammonisce l'avvocato modenese «numerosissimi casi accaduti in corsa nei quali anche dopo il distacco totale del battistrada le tele hanno resistito per parecchi chilometri.»

Forte dell'esperienza maturata da Ferrari in tanti anni di corse, Cuoghi elenca esempi di distacco di battistrada ad alta velocità che non hanno procurato uscite di strada prendendoli, in certi casi, per sottolineare l'esperienza del proprio cliente, esperienza che ha pochi riscontri al mondo, anche dalla notte dei tempi – come quando cita il circuito di Tripoli sul quale si correva negli anni Trenta, dove «si verificarono molti distacchi di battistrada, quasi sempre ai pneumatici posteriori, senza mai determinare fuori uscite di strada. È risaputo, infatti» chiosa l'avvocato «che il distacco parziale o totale del battistrada viene sempre avvertito dal pilota prima che si verifichi, causa la "palpitazione" della guida sulla quale si ripercuote immediatamente la eccentricità che sta creandosi sulla ruota».

Gli esempi, ma soprattutto le parole, non sono scelte a caso. Così come le immagini. *Palpitazione della guida* è con ogni probabilità un'espressione inventata da Ferrari, che con le parole ci sa fare, quando si è trovato a spiegare a Cuoghi le vibrazioni prodotte sul volante di una vettura lanciata a grande velocità da un pneumatico che va perdendo dei pezzi. Ma ha lo scopo di suggestionare o comunque impressionare il giudice istruttore confermando la padronanza dell'argomento da parte di chi si sta difendendo e, di conseguenza, l'attendibilità della sua tesi. «In effetti» si premura di aggiungere Cuoghi assestando un'altra stoccata all'accusa, «il distacco del battistrada (contrariamente a quanto si legge nell'elaborato del Collegio peritale) si produce per gradi e non improvvisamente.»

Il lavoro di Cuoghi non sarà invano. Quando leggeranno queste righe Bonafini o Luberto – questo non è chiaro, ma chi dei due sia stato in ultima analisi non è neppure importante perché uno l'ha comunque sottolineato e l'altro l'ha per forza di cose letto – sottolineeranno, prima con una penna rossa e poi con una blu, come in un crescendo di importanza, il passaggio che segue: «Dapprima si ha il graduale scollamento del battistrada dalla tela, successivamente la proiezione del battistrada o di parte di esso per effetto della forza centrifuga e, infine, lo scoprimento della tela. È nella prima fase che il corridore» e la penna adesso è passata al blu «avverte immediatamente, prima ancora della proiezione dei pezzi di battistrada contro il parafango, che il pneumatico ha ceduto e può correre al riparo, decelerando subito».

Messe le cose in chiaro da un punto di vista tecnico, nel passaggio successivo Cuoghi passa dal generale allo specifico riferendosi per la prima volta direttamente all'incidente di De Portago.

«Normalmente, prima dello scoppio il pneumatico perde le parti (o alcune parti) del suo battistrada distaccandosi, e si sarebbero quindi dovuti rintracciare, parecchio prima della traccia dello scoppio, parti e residui di battistrada proiettati sulla strada, specie se si consideri la elevata velocità alla quale il veicolo marciava.» Di conseguenza, scrive Cuoghi, «questo importante rilievo necessariamente induce a prospettare la ipotesi che lo scoppio sia avvenuto, non già per *dechappage*, ma per lesione profonda e, magari, improvvisa del battistrada, producendo successivamente allo scoppio e quale effetto di esso, il distacco di parte del battistrada». Per essere certo che l'importanza di queste conclusioni non sfugga al giudice, Cuoghi sottolinea a macchina alcune parole chiave.

«In ogni caso questa ipotesi» si legge subito dopo in una nuova stoccata all'accusa «non può a priori escludersi sulla base stessa delle descrizioni e delle risultanze della perizia e farebbe cadere nella quasi totalità le successive illazioni e conclusioni.» Ipotesi «resa estremamente verosimile dalla presenza sul tracciato di gara, qualche chilometro prima dell'incidente, di "occhi di gatto", contro i quali è assai probabile che il pneumatico *de quo* abbia urtato». Occhi di gatto, precisa Cuoghi, che «furono tolti dopo l'incidente come possibile causa di lesioni a pneumatici».

Ma Cuoghi non ha che iniziato.

«Altro punto sul quale la relazione peritale non approfondisce» scrive «è quello riguardante il percorso già fatto dalla vettura del Marchese De Portago.» Il particolare non è insignificante da un punto di vista tecnico e porta cospicua acqua al mulino di Ferrari. Spiega l'avvocato difensore: «È ben noto che i pneumatici sono soggetti a distacchi di battistrada quando questo è ancora nuovo, ha cioè ancora lo spessore integrale, non quando lo spessore è ridotto e concorre perciò in misura molto minore all'eventuale riscaldamento della gomma. Nelle gare di velocità» spiega Cuoghi esibendo una conoscenza della materia da parte del suo assistito che l'accusa ha palesemente dimostrato di non possedere «i tecnici anche per questo sono restii al cambio della gomma, essendo più sicuri e normalmente indenni da distacchi di battistrada i pneumatici già in parte usurati che non quelli nuovi».

La conclusione, scontata, è «che non dovevano considerarsi proclivi al distacco di battistrada gomme come quelle della Ferrari di De Portago che – come è stato rilevato dai periti – presentavano una sensibile usura e avevano già percorso parecchie centinaia di chilometri. Né va trascurato il rilievo che alla fine della corsa, per l'alleggerimento del serbatoio del carburante, il peso totale della vettura era diminuito all'incirca di un dieci per cento». Diminuzione di peso, sembra quasi adesso voler infierire sui tre periti Cuoghi, che «concorreva anche a scaricare l'avantreno e, quindi, anche la ruota sinistra».

L'avvocato difensore di Ferrari ormai ha preso l'abbrivio. Una dopo l'altra elenca altre lacune che ha ravvisato nella perizia giudiziale. La prima è la mancata indicazione della temperatura atmosferica e della temperatura dell'asfalto il giorno della gara – «dato non trascurabile» rimarca

Cuoghi «influendo sensibilmente tale temperatura sul regime termico della carcassa» dei pneumatici. «I periti hanno dimenticato di accertare in quali condizioni ambientali si sia svolta la XXIV Mille Miglia: se lo avessero fatto, avrebbero appreso che la corsa è stata, per buona parte del suo svolgimento, accompagnata da mal tempo. Il che è sufficiente per togliere ai loro calcoli ogni attendibilità.»

Poi confuta la tesi che gli ammortizzatori fossero inefficienti. Quindi ridimensiona non tanto certe affermazioni rese dal vincitore della Mille Miglia Piero Taruffi quanto l'importanza che i periti le hanno attribuito. Infine spiega come «le tracce di gomma rinvenute sui resti del parafango anteriore sinistro» siano una conseguenza dell'incidente e non un'indicazione della sua causa. Commenta con una buona dose di sarcasmo l'avvocato Cuoghi: «Era l'ipotesi più semplice e, come suole accadere nei riguardi delle soluzioni più facili, i periti non ci hanno pensato».

Dati alla mano, Cuoghi successivamente ridicolizza le conclusioni dell'improvvisata troika di esperti per quel che concerne la composizione dei pneumatici, dove le fibre di cotone, data la tecnologia del 1957, sono in ogni caso preferibili al nylon, che è al momento solo in uno stadio di sperimentazione e, di conseguenza, molto meno affidabile e sicuro. Lo stesso ragionamento viene applicato alla pressione delle gomme, dove Cuoghi contrappone alle indicazioni teoriche dei tre periti il riscontro dell'esperienza di corsa.

La conclusione è una sola, scrive Cuoghi rivolgendosi direttamente al giudice: «Sembra a chi scrive di avere dimostrato che le conclusioni del Collegio peritale non costituiscono accettabile elemento di giudizio in questo procedimento. Innanzitutto, mentre i periti non sono riusciti a fornire una convincente spiegazione dello scoppio del pneumatico come conseguenza del distacco del battistrada, esistono molteplici e probanti indizi a conforto della ipotesi dello scoppio conseguente a lesione del pneumatico dovuta a cause esterne. Questo solo rilievo» precisa l'avvocato Cuoghi «rende ultronee tutte le considerazioni e argomentazioni peritali relative alla inidoneità della gommatura, in quanto fa venir meno il nesso causale fra l'evento (scoppio) e i requisiti di struttura del pneumatico, come inadeguati alle prestazioni della vettura. Senza dire che le dette considerazioni e argomentazioni hanno peraltro rivelato, sottoposte ad un attento vaglio critico, la loro pressoché completa inconcludenza».

Fin qui la confutazione delle cause indicate dai periti come scatenanti l'incidente. Ma all'inizio della sua relazione Cuoghi ha promesso a Bonafini che avrebbe contestato altri due punti: la responsabilità diretta di Ferrari nell'incidente di Guidizzolo, e quella più generale dei costruttori di automobili negli incidenti di gara.

La chiave del discorso in tema di responsabilità personale di Ferrari, scrive il suo avvocato difensore, è la natura del rapporto che esiste tra il costruttore modenese e la ditta belga che produce i pneumatici che le sue automobili montano in gara, la Englebert. «Il Sig. Ferrari» scrive Cuoghi «crea le macchine con le quali parteciperà alle corse e che affiderà ai conduttori della sua Scuderia. Il Sig. Ferrari – sia ben chiaro – non progetta né costruisce pneumatici.»

Fatta questa premessa, Cuoghi passa alla semantica.

«A questa affermazione, che esprime un dato di fatto assolutamente pacifico, è facile obiettare che il capo di imputazione fa consistere la colpa del Sig. Ferrari non già nell'avere progettato o costruito un certo tipo di pneumatico, bensì nell'averlo "*adottato*" sulla sua autovettura. Sembra perciò puntuale e decisivo» precisa Cuoghi «chiarire la portata e la natura di quella condotta dell'imputato che il capo d'accusa definisce "*adozione*" di pneumatico e stabilire se abbia rilevanza penale e possa essere posta in relazione causale con gli eventi luttuosi di cui è processo.»

Con una prosa agile, che gli permette di affrontare temi complessi con quella lievità che non solo ti invoglia a leggere, ma riesce anche a spiegarti in maniera semplice ciò di cui si sta parlando, Cuoghi parte da lontano: «La Englebert progetta, studia, produce e cura la messa a punto dei pneumatici da corsa in relazione alle caratteristiche delle autovetture sulle quali saranno montati, caratteristiche che vengono fornite alla casa dal costruttore della macchina». Al termine di ciascuna gara, i pneumatici utilizzati «vengono restituiti alla Englebert, ciascuno munito del relativo foglio di controllo sul quale vengono annotati, ad opera di tecnici della Englebert, normalmente distaccati presso il costruttore, tutti i rilievi effettuati in ogni singola corsa o prova. In altre parole» scrive Cuoghi arrivando velocemente al punto «il pneumatico da corsa nella sua vita, ancorché affidato temporaneamente al costruttore di vetture da competizione, non cessa di rimanere in proprietà del fabbricante, il quale ne segue e vaglia il comportamento, servendosi esclusivamente del proprio personale specializzato».

Segue un'ulteriore precisazione di carattere tecnico. «Il costruttore della macchina, nell'indicare al fabbricante dei pneumatici le caratteristiche delle vetture da corsa sulle quali gli stessi debbono essere montati, è solito suggerire i valori di struttura da usare per ogni tipo di vettura, ma rimane tuttavia in piena e insindacabile facoltà del fabbricante di imporre al costruttore altro tipo di pneumatico, meglio rispondente, a suo giudizio, alle caratteristiche e alle prestazioni della vettura.»

Alla luce di queste considerazioni, Cuoghi sostiene che la relazione esistente tra il suo cliente e la Englebert è «niente più che un rapporto di collaborazione». Nello specifico, afferma l'avvocato difensore, «non è esatto dire che il Sig. Enzo Ferrari montava sulle sue automobili, nelle gare, pneumatici marca Englebert. Più proprio e rispondente alla reale natura del rapporto è, invece, affermare, che il Sig. Enzo Ferrari e la Ditta Englebert partecipavano insieme alle gare, il primo con le sue autovetture, la seconda con le sue gomme».

La conclusione di Cuoghi è dunque questa: «Così inquadrata la situazione, appare evidente come la condotta del Sig. Enzo Ferrari, costruttore delle vetture e non dei pneumatici, responsabile dell'efficienza meccanica delle prime e non anche della integrità dei secondi, non può essere posta in relazione di causa-effetto con l'evento di cui è processo. Un comportamento colposo del Sig. Enzo Ferrari non è nemmeno configurabile, per la dimostrata impossibilità di costui di ingerirsi – in ossequio ad un particolare rapporto convenzionale – in un settore rigorosamente riservato ad altri. L'unica forma possibile di proscioglimento sembra dunque "per non aver commesso il fatto"».[184]

Il ragionamento non fa una grinza. Bisognerà capire se Bonafini e poi Luberto, ragionevolmente digiuni di corse, la vedranno alla stessa maniera.

[184] *Memoria in difesa del costruttore, Cavaliere del Lavoro Enzo Ferrari, imputato dei reati di omicidio colposo e lesioni colpose in danno di più persone*, 14 settembre 1959.

23
Ferrari alla sbarra

Mercoledì 16 settembre l'avvocato Cuoghi si reca personalmente a Mantova per consegnare presso la Cancelleria del Tribunale la memoria difensiva di Enzo Ferrari. Le trentadue pagine dattiloscritte sono raccolte in un fascicoletto color grigio cenere. Unitamente alla memoria Cuoghi consegna la dichiarazione che la Englebert ha spedito a Ferrari due giorni prima e il certificato dell'Osservatorio Geofisico dell'Università di Modena, anch'esso in data 12 settembre. Il cancelliere del Tribunale prende in consegna la documentazione dalle mani dell'avvocato. Sulla copertina del fascicoletto, con una penna rossa annota: «Memoria difensiva e consulenza tecnica di parte».

Il giorno successivo, il giudice istruttore Luciano Bonafini invia la memoria difensiva di Ferrari al sostituto procuratore Mario Luberto. Sul retro dell'ultima pagina, a mano, a beneficio del collega Bonafini scrive: «Onde prenda visione e cognizione degli atti di cui al presente fascicolo, e, se del caso, formuli le deduzioni e conclusioni che riterrà di giustizia».

Esattamente una settimana più tardi, giovedì 24 settembre, Luberto restituisce la memoria difensiva a Bonafini. Sul retro di copertina, anch'egli a mano, annota: «Per presa visione, si restituisce».[185] Il cerchio si sta stringendo. Di lì a quattro giorni, lunedì 28 settembre, Enzo Ferrari è atteso alla sbarra per difendersi dall'accusa di omicidio colposo plurimo.

Ma a questo punto avviene un colpo di scena.

Quello stesso giovedì, il dottor Francesco Corfini, medico chirurgo, specialista di medicina interna con ambulatorio nella centralissima via Castelmaraldo a Modena, stila un certificato medico per conto di Enzo Ferrari.

Scrive il medico: «Il sottoscritto dichiara che il signor Ferrari Enzo è convalescente di grave forma di asma bronchiale ed ora affetto da grave esaurimento nervoso con scariche di extra sistole che saltuariamente ostacolano la regolare respirazione». Continua il dottore: «Si giudica necessario un lungo periodo di riposo e tranquillità assoluta e pertanto non è idoneo a sottoporsi ad emozioni, ad esporsi a temperature rigide e quant'altro possa turbare l'attuale di lui precario equilibrio».[186]

Il giorno successivo, venerdì 25 settembre, con l'interrogatorio distante solo 72 ore, l'avvocato Cuoghi scrive una breve nota indirizzata a Bonafini che il giorno successivo consegna personalmente, insieme al certificato medico redatto dal dottor Corfini, presso la Cancelleria del Tribunale di Mantova.

Facendo riferimento al certificato medico «attestante

[185] *Ibid.*

[186] *Certificato medico a firma del dott. cav. Francesco Corfini*, 24 settembre 1959.

l'impossibilità di Ferrari» di comparire davanti al giudice il successivo lunedì, Cuoghi «si permette di chiedere al Giudice Istruttore che l'interrogatorio venga fissato a data in cui sia prevedibile che le condizioni del Ferrari gli consentano di presentarsi senza pregiudizio della di lui salute».[187]

Bonafini prende nota della richiesta e concede una proroga di tre soli giorni, spostando l'interrogatorio di Ferrari da lunedì 28 settembre a giovedì 1° ottobre.

Che cosa è successo?

Esiste un reale problema di salute che impedisce a Ferrari di essere interrogato? Solo due settimane prima, sabato 12 settembre, Ferrari era regolarmente ai box di Monza per le prove del gran premio d'Italia di Formula 1. Ferrari ha avuto in passato un periodo in cui ha sofferto di esaurimento nervoso. Ma al di là dello straziante tormento successivo alla morte di Dino nell'estate del 1956, quando arrivò a meditare di lasciare l'attività sportiva, di esaurimento nervoso vero e proprio non soffre dalla metà degli anni Venti.

Pochi, pochissimi lo sanno nel 1959 perché la cosa è sempre rimasta nascosta, ma Ferrari è stato vittima di un grosso esaurimento nell'estate del 1924, quando non resse alle molteplici pressioni che gli venivano da una moglie che gli toglieva il respiro e dalla pericolosità del nuovo mezzo meccanico che l'Alfa Romeo gli aveva messo a disposizione. Ferrari, che allora era un pilota, andò a Lione per partecipare al gran premio d'Europa al volante della

[187] *Comunicazione da parte dell'avvocato Giacomo Cuoghi al giudice istruttore del Tribunale di Mantova*, 25 settembre 1959.

potentissima P2. Scappò dopo il primo giorno di prove. Nessuno disse nulla né allora né successivamente. Giovanni Canestrini, il grande inviato della *Gazzetta dello Sport*, che sapeva, tacque allora e non ne fece parola con nessuno neppure in seguito. Ma stiamo parlando di un qualcosa che è accaduto trentacinque anni fa, e da allora i nervi di Ferrari non hanno più ceduto.

Che cosa può avere indotto Ferrari a chiedere un rinvio? Soprattutto dopo la presentazione di una memoria difensiva bene articolata che da sola non può scagionarlo, ma che solleva talmente tanti dubbi nei confronti della perizia giudiziale da far sembrare altamente improbabile che i giudici non vogliano quantomeno ottenere più chiarezza prima di prendere una decisione. Senza dimenticare che Ferrari è uomo che, per natura, non si arrende davanti alle difficoltà che, anzi, di norma gli moltiplicano le forze.

Accompagnato dall'avvocato Cuoghi, alle dieci del mattino di giovedì 1° ottobre Enzo Ferrari si presenta nell'ufficio del giudice istruttore Luciano Bonafini nel palazzo del Tribunale di Mantova in via Carlo Poma, in pieno centro storico. Guarito o meno, Ferrari non ha potuto non presentarsi. Si accomoda davanti al giudice e si prepara a essere rosolato a fuoco lento.

Ferrari inizia scusandosi del rinvio che ha chiesto. «Mi presento oggi, poiché» spiega «come da certificato medico, sono stato indisposto.» La grave forma di asma bronchiale e il grave esaurimento di cui ha parlato il dottor Corfini una settimana fa e per il quale serviva un lungo periodo di riposo risultano adesso essere una semplice indisposizione. Se il giudice volesse essere capzioso, per Ferrari l'interrogatorio partirebbe con il piede sbagliato.

A ogni modo, qualsiasi debolezza vera o presunta da parte di Ferrari è subito dimenticata. «Respingo l'accusa» dice senza mezzi termini il costruttore modenese, un uomo che il mondo intero invidia all'Italia, ma che quella stessa Italia sta processando per omicidio colposo per un incidente – per quanto terrificante sia stato – di corsa.

Ferrari inizia rispondendo in merito al rapporto di collaborazione che da qualche anno lo lega alla Englebert. Il rapporto, dice, è nato e si è sviluppato in ragione della bontà delle gomme prodotte dalla fabbrica belga. Prodotti, afferma facendo eco alla memoria difensiva che il suo avvocato ha presentato due settimane prima, «*ceduti* in uso temporaneo in quanto la mia Casa non acquistava le gomme, ma le usava sotto controllo dei tecnici della Englebert». Ferrari spiega che le gomme che la Englebert gli fornisce non si trovano in commercio, ma sono prodotte esclusivamente per uso sportivo. «Preciso ancora» dice «che, prima della XXIV Mille Miglia, mai era accaduto che una gomma fosse scoppiata, specialmente una gomma anteriore.»

Sono i cardini della strategia di difesa che ha messo a punto con l'avvocato Cuoghi in estate e i punti saldi della memoria difensiva che Bonafini ha letto nei giorni precedenti. Tutto quello che Ferrari oggi deve fare è ribadire gli stessi concetti e sperare che entrino nella testa del giudice istruttore – le gomme le produce la Englebert, la Englebert le affida alla Ferrari per la durata della gara, le gomme non scoppiano e, nel caso succeda, a scoppiare sono le gomme posteriori, non quelle anteriori.

«Ritengo di poter dire» afferma senza tentennamenti «che lo scoppio non dipese da una causa tecnica, ma bensì da un fattore occasionale.» E per sottolineare la propria tesi, Ferrari porta all'attenzione di Bonafini un particolare di cui non si è mai parlato fino a ora e che Cuoghi non ha inserito nella memoria difensiva.

Nella edizione incriminata della Mille Miglia, afferma Ferrari, «il concorrente Gendebien vinse il gran premio Nuvolari sul tratto Cremona-Mantova-Brescia alla media di km orari 199,422, adottando sulla vettura Ferrari granturismo 3000 cc di 1032 kg di peso a secco le stesse gomme, sia anteriormente che posteriormente, che il De Portago montava sulla sua vettura di kg 880 a secco, solo anteriormente». Questo per provare che, lontano dall'essere inadeguati, gli stessi pneumatici montati dalla Ferrari di De Portago, su quella del pilota belga gli hanno consentito di vincere il trofeo per la vettura più veloce nell'ultimo tratto di gara, trofeo dedicato al grande Tazio Nuvolari.

Bonafini lo incalza. Vuole sapere che cosa può aver causato lo scoppio. Parlare di fattore occasionale o di corpo esterno o estraneo è un conto. Indicare che cosa, nello specifico, può aver determinato lo scoppio, un'altra.

Ferrari non si lascia intimidire e resta fedele all'idea che si è fatto subito dopo l'incidente. La forma con cui risponde è però quella che gli deve aver suggerito nei giorni precedenti l'avvocato Cuoghi. A domanda precisa del giudice istruttore Ferrari si limita a dire: «Mi riporto integralmente, in merito al fattore che, a mio avviso, può aver determinato lo scoppio, a quanto ho già in precedenza dichiarato a Vostra Signoria». Occhi di gatto, dunque. Ma Ferrari oggi non li nomina.

Bonafini adesso vuole sapere qual è il ruolo di Ferrari nella progettazione di un'automobile. Se vuole arrivare al discorso dell'adozione o meno di un tipo particolare di pneumatico e al peso che Ferrari ha nella scelta del modello di pneumatico che la sua vettura monterà, ci vuole arrivare per gradi. Ferrari probabilmente non chiede di meglio. Bonafini di automobili sportive sa poco e lui adesso ha l'occasione per dargli una *lectio magistralis* su come si pensa, costruisce e sviluppa un'auto da corsa.

«Allorché viene enunciata una formula di corsa» prende a spiegare Ferrari «io, quale titolare della Casa Ferrari, propongo ai miei collaboratori tecnici un tema, che essi svolgono nell'intento di interpretare la formula stessa nel modo migliore.» Corretto. Ferrari non è un ingegnere, non è un tecnico. Non ha mai progettato una automobile in vita sua. Sono i suoi uomini, che lui sceglie a uno a uno e che spesso mette in competizione l'uno con l'altro per prenderne il meglio da ciascuno, che progettano le sue auto da corsa, così come quelle di tutti i giorni.

«Il tema» continua nella sua spiegazione «praticamente consiste nell'indirizzo progettativo circa il numero di cilindri e le altre caratteristiche generali della vettura nuova. Poiché la Ferrari costruisce soltanto la parte meccanica, si rivolge per gli accessori alle ditte in ciò specializzate.» Ferrari questi accessori li elenca a beneficio del giudice: «Candele, magneti, gomme, lubrificanti, cuscinetti...». E venendo al dunque specifica: «In particolare, per le gomme, la ditta» cioè la Ferrari «comunica i pesi e le caratteristiche della costruenda vettura alla ditta fornitrice delle gomme, la quale fabbrica un pneumatico ritenuto da essa adatto, che viene inviato, dopo le prove di laboratorio, alla mia Casa, unitamente a tecnici specializzati affinché ne seguano le prove pratiche onde ricavare la conferma a quelle di laboratorio». Quella che l'imputato Ferrari sta illustrando al giudice istruttore è la prassi cui si attiene naturalmente non solo la Ferrari, ma qualsiasi Casa automobilistica.

«I tecnici stessi rispediscono le gomme esperimentate in fabbrica per gli opportuni rilievi, dopo le prove di collaudo su strada e pista. Preciso» chiosa a questo punto Ferrari «che in dette prove le gomme vengono sottoposte ai massimi sforzi di velocità, pressione, usura... Dati, questi, che vengono rilevati tutti dai tecnici delle gomme che, in argomento, prescrivono gonfiaggi, calettamenti...» Sul viso del giudice con ogni probabilità a questo punto compare un'espressione perplessa e allora Ferrari fa una pausa nel suo racconto per chiarire cosa intende per *calettamento* – «larghezza del cerchione per ogni tipo di gomma o impiego» spiega.

Dopo la spiegazione tecnica a beneficio di Bonafini, Ferrari riprende il filo del discorso: «La gomma, così collaudata e controllata e studiata» – se la trascrizione del cancelliere è precisa, non si può non riconoscere a Ferrari il piglio del romanziere di razza: quel *così collaudata e controllata e studiata* farebbe invidia a Hemingway per la pressione in crescendo che ti mette addosso – «viene prodotta nelle piccole serie destinate alle competizioni sportive. Quindi viene inviata presso la mia Casa ove, nel magazzeno fiduciario della Englebert un tecnico montatore provvede al montaggio sulle ruote, alla equilibratura statica e dinamica delle medesime».

Ferrari non sta facendo altro che ripetere quanto ha già detto lui stesso, ha messo nero su bianco l'avvocato Cuoghi nella sua memoria difensiva, hanno ribadito i tecnici e i dirigenti della Englebert che sono stati ascoltati nei due anni precedenti e ha confermato l'ingegner Sanchioni nella sua relazione. La speranza è che il concetto passi. Responsabile in toto di quel che succede a un pneumatico nella sua vita è la Casa che lo produce, non quella che lo *adotta* – per usare quella che sembra essere diventata la parola chiave nel procedimento – sulle sue auto da corsa.

La ricostruzione di Ferrari è quasi al termine. A questo punto del processo «segue la prova di rodaggio di ogni singolo "treno"». Per «treno di gomme» s'intende le quattro gomme che vengono montate su una singola automobile, ma evidentemente il termine, per quanto il cancelliere si premuri di metterlo tra virgolette, è noto al giudice e questa volta non sono necessarie spiegazioni di carattere tecnico. «Le pressioni e quant'altro inerente» specifica Ferrari «vengono stabilite dai tecnici della Englebert presenti che, alla Mille Miglia, erano tre; e così furono presenti in ogni rifornimento.»

Il riferimento ai rifornimenti della Mille Miglia apre un mondo. Il giudice istruttore vorrebbe sapere soprattutto dell'ultimo e del perché non siano stati cambiati i pneumatici a De Portago. Anche in questo caso, Ferrari ha già spiegato quanto accaduto in altre deposizioni rese in passato. Così, in base alla strategia studiata con il proprio avvocato difensore, «per ciò che attiene all'assistenza ed ai controlli tecnici durante la corsa effettuatasi il 12 maggio 1957» dice «mi riporto a quanto ho già dichiarato in precedenza».

Bonafini vuole allora sapere di più sulla costruzione della gomma. Ferrari non si scompone. Non ha alcuna intenzione di cacciarsi nel mezzo di una disquisizione tecnica che forse lascerebbe comunque il tempo che trova poiché Bonafini non è un esperto, con il solo rischio di contraddirsi poiché, nonostante l'esperienza maturata in tanti anni di corse, neppure lui di fatto è un tecnico, specialmente per quel che riguarda i pneumatici. Così rimanda di nuovo la spiegazione, questa volta «a tutti i rilievi ed osservazioni di carattere tecnologico svolte dal mio difensore nella sua memoria».

A precisa domanda, Ferrari sconfessa poi i risultati – e le accuse – della perizia giudiziale. Ma a questo punto decide di affondare il colpo. «In particolare» dice «per ciò che attiene ai rilievi e alle conclusioni del Prof. Spetuzzi» uno dei tre periti, che peraltro è morto qualche mese prima «tengo a precisare che il predetto era consulente di aziende concorrenti con la mia Casa in campo agonistico», vale a dire «la Scuderia Milan, che usufruiva di vetture Maserati.»

Ferrari ha avuto da dire sui componenti la commissione di periti dal giorno stesso in cui ne ha conosciuto i nomi. Interessi personali nella questione e una buona dose di incompetenza sono da allora le accuse che lui ha mosso, sempre in privato fino a ora, ai tre membri. Adesso lo può dire chiaramente al giudice, che non può non metterlo agli atti.

Per quel che riguarda Ferrari, l'interrogatorio finisce qui. «Per quant'altro occorrer possa a mia difesa» dice «mi rimetto alla Memoria del mio difensore e agli interrogativi già resi.» Ma il Drake non se la cava senza dover rispondere a un'ultima domanda. Bonafini gli chiede specificamente della differenza come componente tra il cotone e il nylon, che nella perizia giudiziale sembrava essere un particolare di vitale importanza.

Come altre volte questa mattina, Ferrari non vuole scendere in particolari tecnici relativi ai pneumatici, materia che conosce, ma che non gli appartiene. «Faccio presente» dice soltanto «che nella corrente annata sportiva le macchine della mia Casa hanno trovato particolari deficienze nell'uso di gomme con carcassa di nylon fornite dalla ditta inglese Dunlop.» Con la Englebert a giudizio come lui, nel 1958 e nel 1959 Ferrari ha *adottato* pneumatici di ditte diverse per le sue auto da corsa. E il nylon, due anni dopo l'incidente di Guidizzolo, con buona pace dei periti giudiziali, non pare costituire il futuro a livello di tecnologia dei pneumatici.

L'interrogatorio è giunto al termine. Ma prima di andarsene Ferrari ha una richiesta. «A questo punto» dice «se non più occorrenti per ragioni di giustizia, chiedo a Vostra Signoria che mi vengano restituiti i disegni delle mie macchine sequestrati in dipendenza di questo processo.»

Il cancelliere rilegge il verbale. Firmano in tre – Ferrari, Bonafini e lo stesso cancelliere. In calce, l'avvocato Cuoghi verga il tutto con la frase di prammatica – «Per presa visione. 1° ottobre 1959».[188]

[188] *Verbale di interrogatorio dell'imputato Enzo Ferrari fu Alfredo*, 1° ottobre 1959.

24
Non c'è da fidarsi del silenzio

Prima di lasciare l'aula del Tribunale di Mantova nella quale è stato interrogato come imputato per omicidio colposo plurimo, Enzo Ferrari riceve per mano del cancelliere che ha scrupolosamente preso nota di tutto quanto ha detto nell'ora precedente la dichiarazione con la quale il giudice istruttore Luciano Bonafini autorizza «il dissequestro e la restituzione dei disegni e progetti delle autovetture da corsa di proprietà del signor Ferrari» poiché a questo punto «non necessita ai fini di giustizia mantenere il vincolo, essendo ormai state compiute tutte le indagini al riguardo».[189]

Per Ferrari è una piccola vittoria. In attesa di quella più grande, l'assoluzione, che lo scagionerebbe allontanando una volta per tutte l'ombra del carcere, gli restituirebbe passaporto e patente di guida, che gli sono stati tolti in via precauzionale ma, soprattutto, lo restituirebbe alla vita di tutti i giorni. Una vita già complessa di suo, con due donne tra le quali barcamenarsi, un figlio di cui

[189] *Dichiarazione del giudice istruttore Luciano Bonafini*, 1° ottobre 1959.

(ufficialmente) nessuno sa nulla, il ricordo di un altro che lo tormenta fino a soffocarlo.

Anche se il mondo lo ignora e la stampa, come è costume al tempo, naturalmente non ne parla, a Modena tutti lo sanno. Ferrari vive da anni in condizione di separato in casa con la moglie. Laura ha sempre avuto un carattere difficile e una salute ancora più fragile. Da quando lo ha conosciuto, è sempre stata gelosa di Enzo. Dal momento che nei primi tempi lo accompagnava sui campi di gara, sa perfettamente come il mondo delle corse sia frequentato da molte donne, che per il solo fatto di essere in un ambiente così all'avanguardia per i tempi sono per forza di cose di mente indipendente. Sulle prime la sua gelosia era immotivata. Ma diventando sospettosa di tutto e di tutti gli ha presto reso la vita impossibile e ha finito per ottenere il risultato opposto.

Da molto tempo Enzo non disdegna avventure galanti. Ma soprattutto, dal 1929 ha una relazione stabile con una donna che per molti versi è agli antipodi rispetto a Laura. Lina è sofisticata, acculturata, dolce e sensibile. Rispetto a Laura, ha capito sin dal principio quale sarebbe stato il proprio ruolo e lo ha accettato senza riserve. Ai tempi della nostra storia Lina vive nell'ombra di Enzo da quasi trent'anni, e ci resterà per i successivi trenta. A Enzo ha dato un figlio, Piero, che cresce con lei a Castelvetro, un piccolo centro a pochi chilometri da Maranello, dove la piana del Po si accartoccia nei primi rilievi dell'Appennino.

Eppure, nonostante tutte le loro differenze, la malattia di lei, le sue relazioni con altre donne, la morte di Dino, la nascita di Piero, la presenza discreta ma concreta e viva di Lina, e i conflitti quotidiani, Enzo non trova – e non troverà mai – la forza di lasciare Laura, nonostante la morte di Dino.

Anzi, per paradossale che possa sembrare, la morte del figlio avuto con lei, lontano dal liberarlo da qualsiasi vincolo con Laura, ha cementato la loro unione. Non nel senso tradizionale del termine, naturalmente. Ma adesso Laura si ritrova a essere la mamma del figlio morto, che Enzo adorava e nel ricordo del quale vivrà il resto dei suoi giorni. E siccome del ricordo di Dino Enzo arriverà a farne una sorta di religione personale, Laura diventa intoccabile. Per conto suo, lontana, distante. Ma intoccabile.

E poi c'è l'azienda di granturismo che ha bisogno della sua attenzione a tempo pieno perché ci sono nuovi mercati come quello americano da esplorare, e una squadra corse nel mezzo di una profonda crisi d'identità, con una parte dei tecnici che vorrebbe spostare il motore alle spalle del pilota e un'altra, capitanata da lui, che il motore lo vuole lasciare dov'è perché, come tutti sanno e come lui non si stanca di ripetere attingendo a quelle immagini contadine che tanto gli piacciono, sono i buoi a tirare il carro e non a spingerlo.

Quello che Ferrari non sa è che le dichiarazioni di oggi e la memoria difensiva che il suo avvocato ha depositato due settimane prima, per quanto articolata e precisa essa sia e per quanti riferimenti lui vi abbia fatto in mattinata, non hanno colmato tutti i dubbi di Bonafini. Tra i due non c'era nulla di personale, ma pare che Bonafini fosse realmente convinto che Ferrari dovesse essere ritenuto responsabile della morte dei nove spettatori e dei suoi due piloti.[190]

[190] Colloquio dell'autore con Lorenzo Montagner, 5 febbraio 2023. Montagner è l'unico giornalista che abbia mai intervistato a proposito di questa vicenda l'allora sostituto procuratore della Repubblica Mario Luberto.

Bonafini pare essere certo che i continui riferimenti che Ferrari fa alle competenze e relative responsabilità della Englebert siano solo, o quantomeno in larga parte, un pretesto per scaricare la colpa su qualcun altro. In questo momento egli ha in mano una perizia che attesta precise responsabilità da parte di Ferrari e una memoria difensiva che le confuta. La lunga dissertazione presentata dall'avvocato difensore smonta una per una le accuse formulate a suo tempo dai tre esperti nominati dal Tribunale. E nel corso del suo interrogatorio, dati alla mano, Ferrari ha avanzato dubbi sull'indipendenza di pensiero di almeno uno dei tre componenti la commissione.

Ma a chi deve credere Bonafini?

A ogni modo, dopo sei settimane di ragionamenti e supposizioni e di rilettura degli atti, il giudice istruttore di Mantova riesce a convincere il sostituto procuratore Mario Luberto a continuare le indagini. Il concetto è questo: Ferrari attribuisce determinate responsabilità alla Englebert, ma il suo titolare, quando è stato ascoltato nell'autunno di un anno fa, ha glissato su tante risposte di carattere tecnico – risposte che, secondo Bonafini, avrebbero potuto fare luce su quanto accaduto e, soprattutto, chiarire se la responsabilità sia effettivamente della Englebert, come sostiene Ferrari, o del costruttore modenese. Responsabilità nell'adozione dei pneumatici, si capisce. Non necessariamente responsabilità per quanto accaduto.

Autorizzato da Luberto,[191] l'ultimo martedì del mese di novembre del 1959, due anni e mezzo abbondanti dopo l'incidente di Guidizzolo, Bonafini scrive così di nuo-

[191] *Comunicazione del sostituto procuratore della Repubblica Mario Luberto al giudice istruttore Luciano Bonafini*, 13 novembre 1959.

vo al giudice istruttore del Tribunale di Liegi perché chiami ancora una volta a deporre Georges Englebert, il titolare della famosa – o famigerata – Casa di pneumatici perché questa volta fornisca le risposte che, a detta di Bonafini, non ha reso la volta scorsa.

Bonafini chiede al collega belga che Georges Englebert venga nuovamente ascoltato per deporre su tre circostanze specifiche. Per prima cosa il giudice italiano vuole sapere se Ferrari ha comunicato «in modo specifico» alla Englebert le caratteristiche delle sue vetture, per le quali richiedeva la «fornitura di pneumatici speciali da adottare sulle sue macchine da corsa». In seconda battuta vuole sapere se i tecnici della Englebert erano al corrente del tipo di vetture e delle prestazioni delle vetture per le quali hanno fornito i pneumatici. In altre parole, sapevano quali velocità le vetture avrebbero toccato?

Infine, Bonafini vuole che sia chiesto a *Monsieur* Englebert se i tecnici della sua azienda sapevano che queste vetture e i loro pneumatici avrebbero corso non solo in circuito, ma anche «in competizioni su strada». In caso di risposta negativa alle domande precedenti, il signor Englebert dovrebbe specificare se ha comunicato «alla Ditta Ferrari le prestazioni massime delle gomme fornite, ed i limiti massimi di sollecitazione cui potevano essere sottoposte».[192]

Nel formulare queste domande Bonafini dà prova di aver capito poco o nulla di come funzionano i rapporti tra una Casa che costruisce automobili e una che produce pneumatici. Dopo tutto quello che ha ascoltato e che ha

[192] *Rogatoria ad autorità giudiziaria estera, da parte del giudice istruttore presso il Tribunale di Mantova Luciano Bonafini al giudice istruttore presso il Tribunale di Prima Istanza di Liegi*, 1° ottobre 1959.

letto negli ultimi ventinove mesi, Bonafini può davvero pensare che Ferrari non abbia detto alla Englebert che determinati pneumatici sarebbero stati montati sulle vetture che avrebbero partecipato alla Mille Miglia, la corsa per molti versi più importante della stagione? Ma tant'è. Il procedimento penale è in mano a lui ed egli fa quello che crede o, per essere precisi, quello che ritiene di dover fare.

Resta il fatto che la partita, per Ferrari, è tutt'altro che chiusa.

A fine ottobre Ferrari acquista la sede della Ford italiana a Bologna.

Di una sede a Bologna, dove subito dichiara di voler spostare alcuni enti della propria azienda come le direzioni commerciale e amministrativa, oltre all'assistenza clienti, in realtà non ha bisogno. Si tratta fondamentalmente di una mossa destinata a far parlare l'opinione pubblica di un qualche cosa che non sia il processo per omicidio colposo – una sorta di colpo a effetto per spostare l'attenzione da un argomento che continua a scottare. Ma naturalmente il suo passato – negli anni Venti ha diretto la filiale di Bologna dell'Alfa Romeo – autorizza a pensare che l'acquisto del palazzo possa alludere a una precisa volontà di spostamento o, comunque, di decentramento della propria attività.

Come altre volte nella sua vita, si tratta in realtà di un messaggio indirizzato a tanti destinatari. Prima di tutto, come abbiamo visto, l'opinione pubblica italiana. In secondo luogo i suoi concittadini, che continuano ad amarlo poco, o comunque a modo loro, e ai quali può dimostrare due cose – che egli è ormai così grande da potersi permettere di acquistare la sede italiana della più grossa

Casa automobilistica al mondo, e che nessuno deve dare per scontato il fatto che Enzo Ferrari manterrà sempre la Ferrari a Modena e nella sua provincia. Infine, e questo è forse il messaggio più importante alla luce del processo in corso, gli enti pubblici che governano l'automobile e lo sport automobilistico in Italia, che nulla stanno facendo per difenderlo nella sua lunga odissea con la giustizia.

Dopo i fasti mondiali del 1958 che ha visto Mike Hawthorn conquistare il titolo di campione del mondo, la stagione 1959 è stata avara di soddisfazioni per Ferrari. Il solo Tony Brooks, il *dentista volante*, il pilota inglese che ha sposato una bellissima ragazza di Pavia, gli ha dato delle soddisfazioni, vincendo i gran premi dell'Automobile Club di Francia e di Germania. Le cose non sono andate molto meglio nel Campionato del mondo Sport, quello nell'ambito del quale fino al 1957 rientrava la Mille Miglia. Anche in questa serie Ferrari non ha fatto meglio del secondo posto in Campionato, un piazzamento di tutto rispetto per tutti, ma poco più di un premio di consolazione se ti chiami Ferrari.

La verità è che, in questo momento della sua vita, Enzo Ferrari ha l'impressione di remare contro il mondo. Ma soprattutto, è personalmente convinto di faticare oltre il lecito per farsi capire, consolare, proteggere, assolvere a casa sua. «Se noi siamo quest'anno arrivati secondi nel Campionato Sport e secondi nel Campionato Piloti» di Formula 1, dice polemicamente alla fine del 1959 «dobbiamo ringraziare gli inglesi.» Ed è serio – naturalmente a modo suo.

«Chi ci dà il lubrificante speciale per i nostri motori? Chi ci offre i freni a disco e gli spessori per i freni? Chi ci offre i pneumatici?»[193] dichiara riferendosi alla Dunlop, che ha preso il posto della Englebert. Le lodi ovviamente non sono per ringraziare davvero i fornitori inglesi, dei quali gli interessa il giusto. Il plauso alle aziende inglesi è soprattutto il suo modo molto personale di attaccare l'industria italiana che, al pari del resto del Paese, sembra averlo lasciato solo.

L'inverno del 1960 scorre via in maniera relativamente tranquilla. Il 2 gennaio, come il resto degli italiani, Ferrari apprende con sgomento e stupore della morte di Fausto Coppi. Nel leggendario duello tra Coppi e Bartali che per anni ha appassionato e diviso l'Italia, Ferrari non ha mai fatto mistero di essere dalla parte del Campionissimo.

Quando arriva la primavera, il sole sembra poter tornare a rischiarare la vita di Ferrari, che nel frattempo ha compiuto sessantadue anni. Il 7 aprile, infatti, su proposta del preside della facoltà di Ingegneria, l'Università di Bologna gli conferisce la laurea *honoris causa* in ingegneria meccanica. Si legge nella motivazione: «Con la sua attività tecnica» Enzo Ferrari «ha onorato all'estero il nostro Paese». Per Ferrari è la prima notizia positiva in tre anni.

Al di là dell'onore e del sacrosanto riconoscimento di un'attività e di un impegno che hanno pochi riscontri in Italia, la laurea *honoris causa* è infatti, per quanto indirettamente, anche un messaggio a chi lo deve giudicare. Dopo tre anni in cui il nome di Ferrari in Italia non è più stato nominato a voce alta o è comunque sempre stato

193 *Documento originale, conferenza stampa di Enzo Ferrari. Minute*, 29 dicembre 1959. Collezione privata.

associato alla tragedia della Mille Miglia, un ateneo prestigioso come quello di Bologna, il più antico nel mondo occidentale, dimostra di non avere timore nello sfidare l'opinione pubblica premiando il lavoro di un uomo che è pur sempre imputato per omicidio colposo plurimo.

La cerimonia per la consegna della laurea è fissata per il 2 luglio. Da Mantova, al momento, tutto tace. La giustizia italiana, si sa, ha i suoi tempi.

Nel frattempo, mentre aspetta un qualsiasi cenno da parte del Tribunale di Mantova, il 23 maggio Enzo Ferrari passa dall'essere il proprietario della Ferrari a uno dei suoi azionisti. La Auto Costruzioni Ferrari smetterà di esistere il 30 giugno per essere sostituita, a partire dal 1° luglio, dalla Società esercizio fabbriche automobili e corse.

La SEFAC sarà una società per azioni dove ciascuno dei cinque azionisti è proprietario di due azioni del valore di 100mila lire ciascuna per un capitale sociale di un milione di lire. I cinque azionisti sono il cognato di Gianni Agnelli e presidente dell'Automobile Club d'Italia, Carlo Caracciolo; un pressoché sconosciuto industriale alimentare di nome Ugo Colombo; Michel Paul-Cavallier, un industriale francese cliente e amico di Enzo; il carrozziere Battista Farina, che della SEFAC sarà vicepresidente – e naturalmente Enzo Ferrari, al quale viene conferita la carica di presidente.

La nuova configurazione societaria è stata voluta da Ferrari non perché abbia realmente bisogno di soci, ma per due motivi distanti tra loro, ma egualmente importanti. Il primo motivo è legato a questioni fiscali. Il secondo, certamente più importante ancora alla luce di quanto sta accadendo dietro porte chiuse a Mantova, procedimento del quale non sa nulla da quasi otto mesi, è la volontà di essere meno esposto in prima persona nel caso di incidenti come quello di Guidizzolo.

L'ottimismo generato dalla notizia del prestigioso riconoscimento accademico che gli verrà conferito in estate dall'Università di Bologna si spegne improvvisamente la mattina del 18 giugno, quando Enzo Ferrari riceve un nuovo mandato di comparizione in qualità di «imputato per essere interrogato a chiarimento e completamento»[194] di quanto ha già detto nove mesi prima. L'ordine è firmato dal giudice istruttore presso il Tribunale di Mantova Luciano Bonafini. L'appuntamento è fissato per le dieci del mattino di martedì 28 giugno.

È il primo cenno di vita che giunge da Mantova da quando Ferrari è stato ascoltato il primo giorno di ottobre del 1959. Lontano dall'essere prosciolto, Ferrari viene di nuovo convocato per rispondere ad altre domande ancora. La sua deposizione dell'autunno precedente e la dettagliata memoria difensiva presentata dal suo avvocato difensore evidentemente non sono state sufficienti a cambiare l'orientamento dei giudici.

La nota non aggiunge altro al di fuori dell'ordine di convocazione. Di lì a dieci giorni Ferrari e l'avvocato Cuoghi si recheranno una volta ancora a Mantova, questa volta senza sapere esattamente cosa li aspetti.

[194] *Convocazione a comparire per Ferrari Comm. Enzo fu Alfredo da parte del giudice istruttore presso il Tribunale di Mantova Luciano Bonafini*, 15 giugno 1960.

25
Il pianto del Drake

Il nuovo interrogatorio è stato chiesto dal sostituto procuratore del Tribunale di Mantova Mario Luberto dopo aver ricevuto dai colleghi belgi i verbali della nuova deposizione di Georges Englebert, il titolare della fabbrica di pneumatici belga che ha fornito le gomme alla Scuderia Ferrari per la Mille Miglia del 1957.[195] Infatti, se è vero che Enzo Ferrari è stato convocato per le dieci del mattino del 28 giugno, è vero anche che per quella stessa ora è stato nuovamente convocato Luciano Boasso, il tecnico della Englebert di stanza a Maranello. La differenza – abissale – è che mentre Ferrari sarà ascoltato come imputato, Boasso sarà sentito solo come testimone e, per giunta, neppure con il vincolo del giuramento.

Per la prima volta nella ormai lunga storia del procedimento – sono passati tre anni e un mese dall'incidente di Guidizzolo – agli interrogatori partecipa anche il pubbli-

[195] *Comunicazione del giudice istruttore Luciano Bonafini al sostituto procuratore e pubblico ministero Mario Luberto*, 20 giugno 1960. Scrive Bonafini: «Comunico che gli ulteriori atti istruttorii richiesti da V.S. sono stati fissati per il giorno 28 giugno p.v., a ore 10».

co ministero, che in ultima analisi è la persona che dovrà esprimersi e al cui giudizio di fatto è affidato il destino di Enzo Ferrari. Il costruttore modenese e il tecnico della Englebert sono stati convocati alla stessa ora, ma il primo ad accomodarsi davanti ai giudici è Boasso. Chiaramente, prima di ascoltare Ferrari per quello che potrebbe essere a tutti gli effetti l'interrogatorio decisivo, i due giudici vogliono non avere più dubbi sulle dinamiche tra Ferrari e la Englebert.

Nella prima parte della deposizione Boasso si limita a ripetere ancora una volta quanto ha già affermato in passato sulle sue mansioni e responsabilità quale tecnico della Englebert stanziato presso lo stabilimento della Ferrari a Maranello. Dove le sue risposte diventano interessanti è quando, a precisa domanda sul ruolo che l'imputato ritagliava per sé nelle operazioni tecniche, Boasso esplicitamente afferma che «anche il costruttore, Commendator Ferrari, si interessava al montaggio delle gomme e alle loro particolarità tecniche». Boasso addirittura specifica che con Ferrari «si discuteva in merito al dosaggio delle pressioni e a quant'altro poteva interessare l'impiego della copertura».

Ma per fugare ogni dubbio e per evitare che l'indice possa essere puntato contro Ferrari, subito dopo il tecnico onestamente aggiunge che «è certo comunque che io applicavo solo ed esclusivamente quella pressione che mi era stata inviata dalla Englebert» e che i «suggerimenti» che Ferrari di quando in quando gli poteva anche dare non erano mai tenuti in considerazione. A seguire, conferma una volta ancora che, in occasione della Mille Miglia del '57, le gomme montate su tutte le Ferrari avevano la pressione che gli era stata indicata dalla fabbrica a Liegi.

A questo punto gli viene chiesto il motivo del primo problema alle gomme sulla vettura di De Portago, quello che il pilota spagnolo accusò nella prima ora di corsa. Può sembrare strano, ma il fatto che la Ferrari di De Portago avesse già accusato un problema a una delle gomme in quella stessa domenica 12 maggio è stato fino a ora solo sfiorato nei dibattimenti in Tribunale anche se, va detto, l'avvocato Cuoghi vi ha fatto accenno nella memoria difensiva.

Sicura la risposta di Boasso, che peraltro tocca gli stessi punti toccati da Cuoghi nella sua dissertazione. «A mio avviso» dice il tecnico «lo scollamento di una copertura della vettura di De Portago avvenuto nella prima parte della gara fu dovuto al fatto che la gomma era ancora fredda.» Precisa: «È un fatto che si verifica, se non proprio di frequente, almeno con qualche continuità».

E fino a qui, tutto bene. Ma quello che Boasso aggiunge subito dopo potrebbe avere il potere di sconvolgere le carte in tavola.

«A mio avviso, però» annota il tecnico «ciò può dipendere anche dall'abilità del pilota e dal modo come egli conduce la macchina.» E, se è vero che con lo stesso fiato con il quale ha appena terminato di pronunciare questa frase, Boasso aggiunge: «Lo scoppio di Guidizzolo fu dovuto ad un urto contro un corpo solido», il sasso è stato lanciato.

Dall'altra parte del tavolo c'è un sussulto. I due giudici si guardano. Boasso ha forse lasciato intendere che i due scoppi di pneumatico accusati dalla Ferrari di De Portago potrebbero essere stati causati dalla sua poca abilità alla guida? È questo quanto Boasso ha appena implicato con la frase che ha pronunciato?

«Secondo me» dichiara Boasso a domanda diretta del giudice «De Portago era un pilota *non* dotato di eccessiva esperienza e la macchina gli fu affidata dal Commendator Ferrari per avere un pilota di più in corsa.»

Se ne renda conto o meno, le parole di Boasso pesano come macigni. Se la cosa corrispondesse al vero, la posizione di Ferrari si aggraverebbe. Perché adesso il Drake potrebbe essere accusato anche di negligenza nell'aver affidato una vettura di potenza esplosiva a un pilota senza l'esperienza necessaria solo e soltanto per avere una vettura in più impegnata in corsa.

Bonafini incalza Boasso. Quanto il tecnico della Englebert ha appena affermato potrebbe rivoluzionare l'intero processo. A questo punto l'adozione di pneumatici inadeguati potrebbe addirittura diventare un'accusa di secondo piano. Il giudice istruttore adesso vuole sapere se effettivamente De Portago non aveva l'esperienza necessaria per guidare una Ferrari di tre litri di cilindrata in una gara difficile come la Mille Miglia.

Forse rendendosi conto di avere appena contribuito ad aggravare potenzialmente la posizione di Ferrari, pur ammettendo di non ricordare «con precisione a quante competizioni aveva partecipato De Portago con la Scuderia Ferrari» Boasso in conclusione di deposizione aggiunge «mi sembra parecchie».[196]

Rimane da vedere se queste ultime parole avranno il potere di rimediare a ciò che il poco lusinghiero giudizio espresso a riguardo del marchese spagnolo potrebbe determinare nei confronti dell'imputato – che ora potrebbe vedersi accusato anche di aver affidato una vettura troppo potente a un pilota non all'altezza.

[196] *Deposizione di Boasso Luciano di Oreste*, 28 giugno 1960.

Enzo Ferrari aspetta da un'ora in corridoio con l'avvocato Cuoghi quando, poco prima delle undici del mattino, gli sfila davanti Luciano Boasso, che ha appena terminato di deporre. Accompagnato dal proprio avvocato difensore, Ferrari entra in aula e prende posto davanti a Bonafini e a Luberto – ignorando quel che il tecnico della Englebert ha appena detto ai giudici in merito alla presunta poca esperienza di De Portago. L'interrogatorio, a ogni modo, inizia coprendo temi noti anche perché, come gli viene ricordato in apertura, l'imputato è «interrogato a chiarimento».

In questo ultimo martedì del mese di giugno del 1960, Ferrari ripete quasi esattamente quello che ha dichiarato nella deposizione del 1° ottobre 1959 a proposito di come per determinate formule si costruiscano determinate vetture, e di come ci sia uno scambio di informazioni continuo tra lui e i suoi tecnici e i tecnici della Englebert. Anzi, a questo proposito presenta la lettera che Georges Englebert, amministratore delegato e proprietario dell'azienda di pneumatici belga, gli ha inviato il 30 luglio dell'anno precedente e che l'avvocato Cuoghi ha allegato alla memoria difensiva nel settembre del 1959.

Bonafini gli chiede del suo ruolo in occasione delle prove di sviluppo delle nuove vetture. Nella fattispecie, di come si è comportato e di quello che ha detto durante le prove effettuate all'autodromo di Modena alla vigilia della Mille Miglia del 1957. Il circuito di Modena, ricavato sulla pista dell'aeroporto cittadino, proprio alle porte della città, è stato inaugurato nel 1950 e la Ferrari – così come la Maserati – lo utilizza spesso come banco di prova per le proprie vetture da corsa. Detto per inciso, è qui che nel marzo del 1957, due mesi prima della disputa della

Mille Miglia, trovò la morte il pilota lodigiano di Ferrari Eugenio Castellotti.

«Indubbiamente ho discusso con gli appositi tecnici» del «funzionamento dei pneumatici» ammette Ferrari «e posso anche aver dato dei miei suggerimenti o, meglio, posso anche avere espresso dei giudizi. Però» aggiunge con fermezza «escludo nel modo più categorico di aver mai dato *ordini* in merito al gonfiaggio delle gomme montate.» Ferrari non lo sa, ma è esattamente quello che ha dichiarato un'ora prima il tecnico della Englebert, che ha spiegato che Ferrari alle volte suggerisce determinate soluzioni, ma che poi, in ultima analisi, è sempre lui, Boasso, che decide in base alle istruzioni che riceve dalla Casa madre.

Fino a questo momento l'interrogatorio ha toccato temi noti. A sorpresa, perché è la prima volta che la domanda viene posta, ma soprattutto per quello che la domanda implica, Bonafini gli chiede ora su quale base sceglie i piloti per le proprie vetture e, nello specifico, perché ha scelto come pilota per la Mille Miglia proprio De Portago.

Ferrari, che non conosce la vera ragione per la quale Bonafini gli pone questa domanda, risponde riassumendo in poche parole il proprio collaudato *modus operandi* nella scelta dei piloti. «Per l'affidamento delle macchine della mia Scuderia a determinati piloti» spiega «mi sono attenuto e mi attengo a questo criterio: raccolgo e valuto precise e specifiche informazioni dai miei osservatori tecnici presenti alle varie competizioni sportive.»

Ferrari non va più a una corsa dal settembre del 1956, da quando, proprio sul circuito di Modena, ha debuttato il motore a sei cilindri progettato in parte dal figlio Dino e che del figlio porta il nome. È una cosa personale, questa, tra lui e il ricordo e l'anima del figlio, una promessa che ha fatto a Dino negli ultimi giorni della sua vita, uno di quei sottili fili che nell'esistenza di Ferrari continuano a intrecciarsi in tele sempre più complicate.

Non andare alle corse può essere un limite nel determinare il valore di un pilota, questo Ferrari lo sa. Così come sa che affidarsi al parere di altri potrebbe essere ritenuto – non necessariamente a torto – un modo di fare piuttosto superficiale. Ma questo è lo stato delle cose e forse è un bene che qualche minuto prima, parlando delle dinamiche tra lui e i tecnici della Englebert, abbia ricordato ai presenti che lui fa il costruttore di automobili da quarant'anni e che, quindi, di esperienza ne abbia da vendere.

Per quel che riguarda nello specifico il pilota spagnolo, Ferrari dichiara che «De Portago mi era stato segnalato come uno dei migliori giovani piloti del momento unitamente» aggiunge, a von Trips.

Ma a Bonafini non basta. Il giudice istruttore vuole saperne di più sull'esperienza di De Portago. Ferrari non lo sa, naturalmente, ma i due giudici sono appena stati imbeccati da Boasso sulla presunta mancanza di esperienza da parte del nobiluomo spagnolo.

«Al momento non ricordo a quante competizioni il De Portago avesse in precedenza partecipato con mie macchine o con altre» dice sulla difensiva. Ferrari non si è del resto preparato per rispondere a proposito del palmarès dei suoi piloti.

Si può solo immaginare la rabbia di Ferrari nel vedere messo in dubbio da un profano – Bonafini – il metodo con il quale sceglie i piloti delle sue automobili da corsa. È dal 1930 che Ferrari affida macchine di sua proprietà a giovanotti ambiziosi che hanno deciso di sfidare la sorte al volante di automobili da corsa. Non tutti i piloti che sono passati attraverso la sua squadra corse erano campioni. E in passato – ma questa è un'altra storia – la Scuderia Ferrari assisteva, a pagamento, ricchi *gentlemen driver* che avevano più denaro che talento.

Ma quei tempi sono lontani ora e, nel 1957, per guidare una Ferrari, al di là del denaro – che il marchese spagnolo certamente aveva perché, come Ferrari stesso ammette, «De Portago era cliente della mia Casa ed era proprietario di vetture da me costruite»[197] – serve il talento poiché le auto da corsa del Cavallino sono ambite e Ferrari può permettersi di affidarle ai migliori piloti in circolazione. Migliori piloti che possono essere riconosciuti come tali da tutti o, come nel caso di elementi più giovani, come appunto De Portago e von Trips, in via di formazione – ma questa è l'essenza stessa delle corse.

A questo punto, però, accade l'impensabile. Ferrari scoppia in lacrime.

Nell'aula del Tribunale la tensione si taglia con il classico coltello. I giudici sono presi alla sprovvista. Già vedere in lacrime un uomo di un metro e novanta di altezza per 120 chili non è cosa di tutti i giorni, soprattutto quando l'uomo in questione è celebre e ha fama di essere un duro. Ma quando le lacrime glielo permettono, tra un singhiozzo e l'altro Ferrari inizia addirittura a difendersi con la stessa innocenza di un ragazzino scoperto a rubare le caramelle.

«Io non so niente» dice singhiozzando. «L'unica cosa che so è che un pneumatico è scoppiato causando la tra-

[197] *Verbale di interrogatorio dell'imputato a chiarimento e completamento, Enzo Ferrari già in atti qualificato*, 28 giugno 1960.

gedia. Per le motivazioni tecniche» afferma «parlate con i miei ingegneri. Io» prosegue «non mi sento addosso alcuna responsabilità.»

L'inaspettato comportamento non tarda a suscitare l'effetto desiderato. «Ingegnere, si calmi... nessuno la vuole condannare, mettere in galera»[198] gli dice Luberto, che fino a ora ha lasciato parlare il solo Bonafini.

Imbarazzato da quelle lacrime e da quei singhiozzi, il sostituto procuratore, un uomo ancora giovane con solo un paio d'anni di esperienza sulle spalle, cade fatalmente nella trappola. Luberto prova a tranquillizzare Ferrari. Prova a fargli forza. E pensa: come può essere considerato un mostro un uomo grande e grosso che piange come un bambino per la morte di tutti quegli innocenti? E dei suoi piloti, che, pensa Luberto vedendo le lacrime di Ferrari, il costruttore modenese considera certamente come dei figli.

Ed è qui che Luberto compie un macroscopico errore, lasciandosi vincere dall'emotività e mescolando la vita pubblica di Ferrari – le corse, l'incidente di Guidizzolo, i suoi piloti – con la vita privata, cioè con la morte di Dino. Così, agli occhi del sostituto procuratore, nel bel mezzo di un interrogatorio che segue di un'ora una deposizione che potrebbe averne ulteriormente aggravato la situazione, Ferrari improvvisamente appare quasi come se fosse la dodicesima vittima dell'incidente di Guidizzolo.

Il dolore che l'uscita di strada della vettura di De Portago e la conseguente strage di innocenti hanno procurato a Ferrari è reale, sia chiaro. Due anni prima c'era voluta tutta la forza di persuasione di padre Alberto Clerici

[198] Montagner, *De Portago. Il pianto del Drake*, cit., p. 83.

per fargli intravvedere la luce in fondo al tunnel. Ma il momento di sbandamento è stato superato allora, e anche le morti in rapida successione, l'anno successivo, di Musso e di Collins, che pure lo hanno colpito, sono state metabolizzate e archiviate.

Ma quella che Ferrari mette in scena per il giovane sostituto procuratore della Repubblica di Mantova è una commedia orchestrata ad arte e recitata ancor meglio. Ferrari, che un debole per la lacrima facile l'aveva già in gioventù, a sessanta e passa anni le lacrime sa comandarle, se pensa che gli possano servire. Non a caso a Modena, in ambienti ostili, cioè Maserati, da tempo è stato malignamente ribattezzato Zacconi, dal nome di un noto attore teatrale modenese.

Le lacrime, a ogni modo, sortiscono l'effetto voluto. Da questo momento in avanti, Ferrari avrà un alleato inaspettato nel sostituto procuratore Mario Luberto.

L'interrogatorio si chiude con l'impegno di Ferrari di recapitare in tempi brevi all'Ufficio Istruzione del Tribunale un documento che provi «l'attività precedente del De Portago come componente della mia Scuderia».[199]

[199] *Verbale di interrogatorio dell'imputato a chiarimento e completamento, Enzo Ferrari già in atti qualificato*, 28 giugno 1960.

26
Dubbi

Quattro giorni dopo l'interrogatorio, Enzo Ferrari si reca a Bologna per il conferimento della laurea *honoris causa* in ingegneria. Quando, come richiede il protocollo, legge la comunicazione sull'attività che gli ha permesso di ottenere il riconoscimento, nell'aula non si sente volare una mosca.

«Le corse che io considero (...) episodio clamoroso e vero spettacolo con forte contenuto tecnico» declama a una platea che pende letteralmente dalle sue labbra «offrono (...) risultati soddisfacenti solo quando tutta la organizzazione che presiede ai rapporti con i piloti, con i tecnici e con tutti coloro che operano nell'ambiente infuocato delle competizioni, sia animata da un vero spirito di corpo. È questo spirito di corpo» dice «che ha consentito alla Ferrari di cogliere, durante i lunghi anni spesi in questa attività, i successi che hanno onorato il lavoro italiano.»

Con la voce rotta dall'emozione, Ferrari conclude la comunicazione – una quindicina di cartelle in tutto – ricordando «quei giovani che nell'ansia della conquista sono giunti all'estremo sacrificio». Sotto gli occhiali con lenti e montatura chiare, gli è impossibile nascondere la commozione che quel pensiero gli suscita. A differenza di quelle confezionate quattro giorni prima a beneficio di chi lo dovrà giudicare, queste sono lacrime vere.

Quella sera Ferrari offre una cena ai professori e al rettore in un ristorante ai piedi della basilica di San Luca. Felice del riconoscimento, passa personalmente di tavolo in tavolo offrendo da bere da un bottiglione di champagne Veuve Clicquot-Ponsardin che si è fatto espressamente portare dai suoi piloti che, la domenica precedente, hanno disputato, con poca fortuna, il gran premio dell'Automobile Club di Francia a Reims.

Due giorni più tardi, lunedì 4 luglio, l'Automobile Club di Modena trasmette all'avvocato Cuoghi le credenziali sportive di Alfonso De Portago, che il legale depositerà alla Cancelleria del Tribunale di Mantova il giorno 14.

Il documento è di tre pagine e si limita alle corse che il pilota spagnolo ha disputato con la Ferrari – prima ha corso con Maserati e Osca. La lista è lunga. Scrive il presidente dell'Automobile Club di Modena Angelo Orlandi come premessa: «È noto che, per poter partecipare a queste gare, il De Portago doveva essere in possesso, fin dal 1954, della Licenza Internazionale di 1ª categoria».

A beneficio dei giudici di Mantova, Orlandi elenca le competizioni alle quali il pilota spagnolo ha partecipato tra il 1954 e la metà del 1957. La prima è in data 24 gennaio 1954 ed è la 1000 Chilometri di Buenos Aires, prima gara del Campionato per vetture Marche di quell'anno. Compresa la Mille Miglia nella quale troverà la morte, Orlandi elenca venticinque gare di rilievo internazionale tra prove del Campionato del mondo di Formula 1, del Campionato del mondo Marche e corse di peso e tradizione come la Daily Express Trophy Race e il Giro automobilistico di Francia.

Perché il valore di De Portago non sfugga ai giudici, in coda all'elenco Orlandi ricapitola anche i risultati che il marchese ha conseguito in queste corse: quattro primi posti assoluti, due secondi posti assoluti, quattro terzi posti assoluti. E aggiunge: «Risulta pure che il De Portago era incluso nell'elenco ufficiale della Commissione Sportiva Internazionale, diramato il 1° gennaio 1957 (...) e comprendente i 23 piloti internazionali aventi diritto alla partecipazione delle corse iscritte a Calendario Sportivo Internazionale includente tutte le gare valevoli per i Campionati Mondiali Sport e F.1». Con buona pace di Luciano Boasso, il tecnico della Englebert secondo il quale De Portago era un pilota alle prime armi.

Afferma in conclusione il presidente dell'Automobile Club di Modena facendo riferimento ai ventitré piloti inclusi nell'elenco ufficiale della CSI: «Si noti che tali piloti non potevano, appunto per la loro classe superiore, partecipare a corse di carattere nazionale al di fuori di quelle organizzate nei loro paesi d'origine».[200]

Quando dieci giorni dopo si recherà a Mantova per depositare la dichiarazione del presidente dell'ACI di Modena presso la Cancelleria del Tribunale, Cuoghi non avrà reticenze nel sottolineare che l'esperienza di De Portago è «imponente» e come «il Marchese De Portago fosse pilota di superiori attitudini e sperimentata capacità».[201]

[200] *Dichiarazione del presidente dell'Automobile Club di Modena Angelo Orlandi*, 4 luglio 1960.

[201] *Comunicazione dell'avvocato Cuoghi al giudice istruttore presso il Tribunale di Mantova*, 14 luglio 1960.

Ma tra l'arrivo della lettera di Orlandi e la sua consegna in Tribunale, l'avvocato Cuoghi riceve un altro documento di vitale importanza per la difesa del suo assistito. Si tratta della relazione tecnica di parte, che Ferrari e il suo avvocato difensore hanno chiesto di scrivere al professor Giovanni Francia dell'Università di Genova, dove insegna presso la facoltà di Scienze. Con la sua relazione il professor Francia intende sconfessare la «tesi della perizia» vale a dire che lo «scoppio del pneumatico» è avvenuto «come conseguenza del distacco del battistrada».

Francia non ha dubbi in merito. «Dimostreremo che la teoria e l'esperienza» dice in apertura di relazione «escludono che il distacco del battistrada possa avere per conseguenza immediata lo scoppio del pneumatico.» E poi: «Ancora la teoria e l'esperienza dimostrano che l'eventuale distacco del battistrada avviene quasi esclusivamente sulle ruote posteriori. Nel caso particolare in esame altre considerazioni dimostrano inaccettabile la tesi della perizia».

Nel corso del testo il professor Francia fa più volte riferimento a varie conclusioni sostenute nella perizia giudiziale per dimostrare che non sono corrette. Il documento è di nove pagine e contiene tre disegni di un pneumatico per permettere a Francia di spiegare visivamente quanto dice nel testo. Un quarto disegno rappresenta «schematizzato l'istante dell'impatto» della gomma della Ferrari di De Portago con l'occhio di gatto.

«Saremmo in contraddizione con quanto abbiamo detto fin qui sulla difficoltà di spiegare scientificamente fenomeni così complessi e sulla prudenza che si richiede ad uno studioso, se affermassimo la possibilità di dimostrare con assoluta sicurezza le cause di uno scoppio di pneumatico» scrive il professor Francia nella penultima pagina della sua relazione. «Ma nel caso particolare si può fare un'ipotesi che concorda così bene con tutte le risultanze della descrizione dei periti, da presentarsi alla nostra attenzione come una ragionevole certezza.» Incriminati sono i famigerati occhi di gatto, la cui «presenza è dimostrata in un tratto di strada di poco precedente il punto dell'incidente, e la sicura presenza su altri tratti dei 1600 km di gara di chiodi segnalatori di varie forme».

Nelle righe che seguono e che concludono la sua relazione, Francia dimostra con una serie di operazioni matematiche e applicazioni di forze il ruolo di questi oggetti nel lacerare il pneumatico della Ferrari di De Portago. «Quest'ipotesi» chiosa «concorderebbe assai bene con il minor spessore del battistrada nelle vicinanze dello scoppio: infatti, l'iniziale lacerazione provocherebbe un parziale cedimento delle tele adiacenti con conseguente ovalizzazione e maggior consumo nelle vicinanze della lesione.»[202]

L'avvocato Cuoghi deposita la relazione del professor Francia presso la Cancelleria del Tribunale di Mantova unitamente alla dichiarazione del presidente dell'Automobile Club di Modena giovedì 14 luglio. Nella nota che accompagna i due documenti, a proposito dell'allegato più corposo Cuoghi scrive che «vista la perizia del Collegio peritale d'ufficio» in qualità di avvocato difensore di Enzo Ferrari, egli «si avvale della facoltà di nominare un perito di parte»[203] e dichiara di aver nominato consulente

[202] *Perizia di parte scritta dal prof. Giovanni Francia*, 8 luglio 1960.
[203] *Comunicazione dell'avvocato Cuoghi al giudice istruttore presso il Tribunale di Mantova*, 14 luglio 1960.

tecnico dell'imputato il professor Giovanni Francia dell'Università di Genova.

Il 20 luglio Enzo Ferrari scrive al direttore del settimanale *Le Ore* per lamentarsi dell'articolo pubblicato il 12 luglio e intitolato *Il criminale di Maranello*. Quasi a giustificarsi per non avergli scritto prima, all'inizio della missiva, in maniera un poco surreale, il Drake scrive: «Leggo soltanto ora». Ferrari mette in copia il giudice istruttore del Tribunale di Mantova Luciano Bonafini poiché, nel chiedere al direttore del settimanale che questa sua lettera venga pubblicata sul prossimo numero, ha bisogno dell'autorizzazione del giudice, dal momento che c'è in atto un procedimento giudiziario.

Nella lettera, scritta con una notevole dose di *self-control* vista la crudezza e la gratuità delle accuse, Ferrari tocca quattro punti: è in corso un procedimento penale; la magistratura è intervenuta a seguito dell'incidente «come suo obbligo» «e in conformità» alla «legge». Per questo motivo, dice Ferrari citando frasi dell'articolo del 12 luglio, nessun «sovvertimento di logica» nessuna «ingratitudine» nessun «procedimento ingiusto»; «l'indagine della Autorità Giudiziaria si è svolta e si svolge con tutto il rigoroso rispetto delle norme di rito». Dunque, scrive Ferrari, «logicamente il sottoscritto, quale titolare della Scuderia Ferrari ufficialmente in gara e per il cui nome correvano anche i piloti De Portago e Nelson, è stato oggetto dell'indagine istruttoria e per alcune volte citato a comparire avanti ai Magistrati competenti per l'istruttoria».

Come conseguenza del punto precedente, nel quarto e ultimo passo Ferrari precisa che «non si può parlare di udienze, rinvii, e tantomeno di tutte le altre macroscopiche inesattezze procedurali e processuali che si riscontrano nell'articolo in questione». Conclude Ferrari: «Vero è invece che il sottoscritto, dopo aver fornito alla Magistratura i chiarimenti che gli sono stati richiesti, attende soltanto e sereno quella decisione che sarà il frutto dell'illuminato parere della stessa».[204]

Che Ferrari sia sereno nell'estate del 1960 è abbastanza opinabile. Ci sono stati momenti di festa – come l'ennesima vittoria nella 24 Ore di Le Mans e naturalmente il conferimento della laurea *honoris causa* – ma è un dato di fatto che il procedimento penale nei suoi confronti è una vera e propria spada di Damocle che gli può cadere addosso in ogni momento.

A ogni modo, a metà luglio Ferrari perfeziona il nuovo ordinamento societario. Il capitale sociale della SEFAC passa da uno a 200 milioni. Ferrari conferisce nella nuova società tutti i beni mobili e immobili di sua proprietà, valutati 199 milioni di lire. Grazie a questa operazione, gli vengono riconosciute 1990 nuove azioni, sempre del valore nominale di 100mila lire ciascuna. A livello azionario, Ferrari viene così ad avere 1992 azioni della SEFAC contro le due a testa dei vari Farina, Caracciolo, Colombo e Paul-Cavallier. All'unanimità, Ferrari viene eletto presidente.

A settembre, a Monza, la sua squadra vince il primo gran premio di Formula 1 dell'anno. Ma se il bottino è magro da un punto di vista sportivo, a livello commerciale il 1960 è un anno da incorniciare. Per la prima volta nella sua storia, la Ferrari è infatti avviata verso una produzione che supererà le trecento unità nell'arco dei dodi-

[204] *Lettera di Enzo Ferrari al direttore delle* Ore, 20 luglio 1960.

ci mesi – tutte vendute con largo anticipo, con una percentuale sempre maggiore spedita verso mercati esteri e clienti sempre più facoltosi e noti. Resta l'ombra ingombrante del procedimento penale, che può porre fine a tutto e spedirlo in prigione.

Poi, a metà autunno, il 14 novembre, quattro mesi esatti dal giorno in cui l'avvocato Cuoghi ha depositato la relazione del professor Francia al Tribunale di Mantova, ecco uno spiraglio di luce. Il pubblico ministero Mario Luberto chiede al giudice istruttore del Tribunale di Mantova Luciano Bonafini di procedere con una seconda perizia. Le considerazioni del professor Francia hanno evidentemente colpito nel segno e sollevato dubbi sulle conclusioni della perizia giudiziale. Non tutto è perduto.

27
La nuova commissione

A Mantova ora non si perde tempo. Dopo quattro mesi spesi a valutare il da farsi, adesso si cerca di procedere velocemente.

Il 24 novembre, sulla base della richiesta del pubblico ministero di dieci giorni prima, con una ordinanza il giudice istruttore del Tribunale di Mantova Luciano Bonafini nomina i periti che dovranno stilare la seconda perizia. Si tratta dell'ingegner Agostino Capocaccia, preside della facoltà di Ingegneria dell'Università di Genova, che sarà il presidente della commissione; dell'ingegner Corrado Casci, professore al Politecnico di Milano; e dell'ingegner Arturo Giulianini, direttore dell'Istituto di Fisica Tecnica della facoltà di Ingegneria dell'Università di Bologna.

I tre periti dovranno rispondere a due domande. La prima: «Quali furono le cause che determinarono lo scoppio della gomma sinistra anteriore della autovettura Ferrari da corsa recante il numero 531 della Scuderia Ferrari e pilotata dalla coppia De Portago-Nelson; in particolare» si chiede «descrivano i requisiti tecnici delle gomme Englebert montate sull'autovettura in questione in riferimento all'idoneità e capacità delle stesse ad essere impiegate su detta autovettura». La seconda: «Più specificatamente riferiscano i periti se le caratteristiche strutturali e funzionali di detti pneumatici Englebert fossero idonei ad essere impiegati su macchine da corsa per competizioni su strada a lungo percorso».

Bonafini fissa «l'inizio delle operazioni peritali il giorno 20 dicembre 1960, alle ore 10» presso il Tribunale di Mantova. Il giudice concede alla commissione novanta giorni per depositare la relazione. La commissione elegge come propria sede l'Istituto di Meccanica applicata alle macchine dell'Università di Genova.[205] La nuova «ordinanza» viene comunicata subito all'avvocato Cuoghi, che naturalmente informa Ferrari, il quale questa volta non ha nulla da ridire sui tre periti anche perché il presidente della commissione insegna all'Università di Genova ed è di fatto collega del professor Francia.

Passano dieci giorni e uno dei periti, l'ingegner Giulianini, scrive a Bonafini dicendogli di non essere in grado di espletare, per ragioni personali, il compito che gli è stato affidato. Nella stessa lettera, Giulianini consiglia al giudice istruttore il nome della persona che lo può sostituire. Bonafini accetta il suggerimento e, il 3 dicembre, con una seconda ordinanza, nomina il professor ingegner Ettore Funaioli come perito al posto di Giulianini. Anche su questo quarto nome Ferrari non ha nulla da obiettare.

Il primo atto formale va in scena martedì 20 dicembre quando i componenti la nuova commissione di periti –

[205] *Relazione tecnica del collegio peritale nominato dal procuratore della Repubblica di Mantova*, 29 aprile 1961.

Capocaccia, Casci e Funaioli – vanno a Guidizzolo per vedere di persona il luogo dell'incidente. È il primo sopralluogo che fanno (gli altri due li faranno alla fabbrica Ferrari di Maranello) e la prima volta che si riuniscono.

Cinque giorni dopo è Natale, ma per i tre periti le vacanze durano poco. Il 2 gennaio 1961 si ritrovano per la prima volta presso l'Università di Genova, che hanno eletto a sede della commissione perché è qui che insegna Capocaccia, che la presiede. Si ritroveranno a Genova altre quattro volte, il 18 febbraio (giorno del sessantatreesimo compleanno di Enzo Ferrari...) e poi ancora l'8, il 22 e il 29 aprile. Il 9 febbraio vanno per la prima volta a Maranello. Con loro, in questa occasione, ci sono anche Bonafini e Luberto.

Ferrari li riceve da par suo. Il Signore di Maranello non può naturalmente sapere quale sarà l'esito della nuova perizia, ma il fatto stesso che ci sia in lavorazione una nuova perizia per lui è una vittoria. È convinto che gli esperti questa volta siano esperti davvero. E dal momento che quanto è andato ripetendo nei vari interrogatori a proposito della causa dello scoppio del pneumatico sulla vettura di De Portago, e il suo avvocato ha scritto nella memoria difensiva, è scientificamente vero, è relativamente tranquillo che la nuova commissione di periti arrivi, a tempo debito, alle sue stesse conclusioni.

In questo secondo giovedì del mese di febbraio 1961, Ferrari si dimostra un padrone di casa ineccepibile. Anni dopo Luberto ricorderà di essere stato accolto come un principe ereditario «con una signorilità autentica». Da quando è scoppiato a piangere nel suo ufficio, Ferrari sa di avere in Luberto, se non proprio un alleato, quantomeno una persona simpatetica alla sua causa. E di conseguenza, pur dimostrando cortesia nei confronti dei tre periti e naturalmente di Bonafini, è con il sostituto procuratore che sfodera tutto il suo *charme*. È lui la chiave di tutto.

Così come è capace di piangere a comando, Ferrari sa essere una sirena ammaliatrice. Quando vuole convincerti di qualche cosa, quando desidera portarti dalla sua parte, riesce a essere irresistibile. E quando Luberto, nel corso della visita alla fabbrica, gli chiede come nasce una sua vettura, Ferrari, che probabilmente non stava aspettando che l'occasione, sfodera il meglio di se stesso.

«Vede, dottor Luberto» dice con quella nonchalance nella quale è diventato maestro quando vuole apparire modesto «io una nuova macchina la sogno durante la notte. Dopo due, tre giorni riunisco tutti i miei collaboratori intorno a un tavolo per una discussione. Tutti prendono nota e fanno le loro prime considerazioni. E da quella discussione, alla quale ne seguono altre nei mesi successivi, nasce una nuova vettura Ferrari.»

È tutto vero, naturalmente. Ferrari non è un tecnico in grado di progettare una vettura, un motorista capace di ideare un nuovo propulsore, un carrozziere abile nel disegnare una nuova carrozzeria perché sa immaginare forme che nessuno ha ancora tracciato. Il suo successo si basa, da sempre, sul gioco di squadra, sulla sua abilità – questa sì che la possiede – nello scegliere gli uomini e di modellarli a sua immagine e somiglianza. Ma non c'è nulla come un grande uomo che gioca a sminuire la propria importanza per fare breccia nella considerazione delle persone e Ferrari lo sa.

Dopo la visita-sopralluogo allo stabilimento di granturismo e berlinette e naturalmente al reparto corse, Ferrari porta i suoi ospiti a pranzo al Cavallino, il ristorante davanti alla porta d'ingresso della sua fabbrica, sull'altro lato della statale dell'Abetone. Al termine del pranzo Ferrari si avvicina a Luberto. «Dottor Luberto» dice «queste sono le chiavi di una mia vettura. Sarei felice se la provasse.»

Luberto è sorpreso. Ma Ferrari chiaramente sa ciò che sta facendo e agisce di nuovo, chirurgicamente, su quello che ha individuato essere l'anello debole della catena. Anello debole che, paradossalmente, è l'uomo forte nell'equazione poiché è da lui che dipenderà la sentenza e, di conseguenza, il suo destino.

«Ingegnere...» inizia a dire un imbarazzato, ma al tempo stesso lusingato Luberto. Al che Ferrari, sfoderando quell'umiltà vera, ma al tempo stesso quasi affettata, che in altri sembrerebbe sospetta, ma che a lui per qualche motivo riesce del tutto credibile, lo interrompe: «La prego, non mi chiami ingegnere perché non lo sono... sono solo un meccanico...».[206]

Spiazzato, ma gratificato da così tanta considerazione da parte di un uomo per il quale nutre grande ammirazione, ammirazione che cresce ogni qual volta Ferrari dà cenno di essere umile e modesto e quasi schiacciato dal peso del fardello che porta sulle spalle, Luberto accetta, ma a condizione che non sia lui a guidare. Ferrari gli mette allora a disposizione uno dei suoi collaudatori e Luberto parte per un giro a bordo di una berlinetta del Cavallino che non dimenticherà per il resto dei suoi giorni – ammirato dalla maestria nelle scalate e nelle accelerazioni dell'uomo di Ferrari, al ritorno Luberto si lascia andare a un applauso a scena aperta.

206 Montagner, *De Portago. Il pianto del Drake*, cit., p. 82.

I giorni trascorrono veloci.

Il professor Capocaccia si rende conto che i tre mesi di tempo che gli ha concesso il giudice istruttore non basteranno. Chiede una proroga di quaranta giorni, che Bonafini gli concede. In marzo Capocaccia conduce esperimenti presso i laboratori dell'Università di Genova. Sottopone pneumatici prodotti dalla Englebert del tutto simili a quelli che equipaggiavano la Ferrari di De Portago a forze e urti che simulano le condizioni di gara nel pomeriggio del 12 marzo 1957.

Aprile è il mese cruciale.

Il giorno 13 i tre periti tornano a Maranello per un secondo sopralluogo. Questa volta sono soli. Luberto e Bonafini restano a Mantova. Ferrari fa gli onori di casa. Questi tecnici gli piacciono. Sembrano professionisti seri. E poi hanno quelle capacità professionali che in larga misura difettavano ai primi. Quello che pensano e le conclusioni cui arriveranno restano naturalmente un mistero. Ma è un dato di fatto che Ferrari si senta più cautelato con loro di quanto non si sia mai sentito con gli altri.

Cinque giorni prima Capocaccia, Casci e Funaioli si sono riuniti a Genova per una seconda riunione plenaria tra loro. I tre si riuniscono il sabato, giorno libero dai loro regolari impegni di lavoro – sono tutti e tre professori universitari e durante la settimana faticano a sottrarsi alle lezioni. Solo a Maranello vanno due volte di giovedì, ma il fine settimana la fabbrica è chiusa e se vogliono vedere determinati procedimenti o avere certi riscontri devono per forza di cose palesarsi quando i tecnici di Ferrari sono al lavoro.

Il 24 aprile il professor Capocaccia scrive a Bonafini per informarlo che «la perizia inerente all'incidente delle Mille Miglia è virtualmente conclusa». Quel fine settimana, dice Capocaccia, lui e i due colleghi si troveranno un'ultima volta a Genova «per le conclusioni, il riordino degli allegati e la firma».[207]

Per Enzo Ferrari il momento della verità è arrivato. La seconda perizia, che lui ha fortemente voluto, sta per essere inviata al vaglio dei giudici di Mantova. I tre esperti hanno il suo futuro – e il futuro della sua azienda, cosa non di poco conto per un uomo che ha sempre reinvestito tutto quello che ha guadagnato nella propria fabbrica – nelle loro mani.

[207] *Lettera del professor Agostino Capocaccia al giudice istruttore presso il Tribunale di Mantova Luciano Bonafini*, 24 aprile 1961.

28
La seconda perizia

Sabato 29 aprile 1961 i professori Agostino Capocaccia, Corrado Casci ed Ettore Funaioli si incontrano nell'ufficio del primo presso la facoltà di Ingegneria dell'Università di Genova per quella che è la quinta e ultima riunione della commissione di esperti incaricata di stilare la seconda perizia giudiziale relativa all'incidente che ha funestato, quasi quattro anni prima, la XXIV Mille Miglia.

I tre docenti rileggono per un'ultima volta quanto hanno rilevato con i loro accertamenti e ritenuto di scrivere nella relazione che stanno per consegnare al giudice istruttore presso il Tribunale di Mantova Luciano Bonafini. In totale sono trentacinque pagine, battute a macchina in inchiostro blu. Ognuno ha i propri vezzi. Il titolo: *Relazione tecnica del collegio peritale nominato dal procuratore della Repubblica di Mantova*. Oltre alle tre firme in calce a pagina 35, i tre professori firmano ogni pagina nel margine inferiore.

Cinque giorni dopo, giovedì 4 maggio, Casci e Funaioli si recano personalmente a Mantova per consegnare la perizia, che hanno inserito in una cartelletta di cartoncino di colore marrone. Il professor Capocaccia, come ha anticipato a Bonafini qualche giorno prima, non c'è poiché impegnato in una riunione del Consiglio superiore della Pubblica istruzione a Roma.[208] Al ricevimento della perizia, Bonafini firma anch'egli ogni pagina. Poi si ritira nel proprio ufficio e si immerge nella lettura.

«Poiché le conclusioni cui perverrà la presente relazione non saranno in accordo con quelle cui erano pervenuti i Periti di Ufficio nominati, immediatamente dopo l'incidente, dal Procuratore della Repubblica di Mantova» si legge nelle pagine di apertura «i sottoscritti ritengono indispensabile far precedere alle loro conclusioni un commento a detta relazione, allo scopo non di criticare l'operato dei Colleghi – uno dei quali è immaturamente scomparso – ma di giustificare il proprio.

«Premesso che si accettano senz'altro tutti i rilievi fatti sopra i luoghi e sulle circostanze dell'incidente» aggiungono i tre periti nella loro nota introduttiva «si rileva che nella relazione di Ufficio compaiono alcune affermazioni che i sottoscritti non condividono ed alcune contraddizioni che è qui giocoforza sottolineare.»

Sono sei i punti che vedono i nuovi periti in disaccordo con i vecchi. Sei punti ai quali Capocaccia, Casci e Funaioli dedicano le successive ventisette pagine – su un totale di trentacinque. Il primo punto è relativo alla velocità della Ferrari di De Portago così come è stata rilevata dalla prima terna di esperti.

Nella prima perizia si è parlato di una velocità tra i 270 e i 280 chilometri all'ora, peraltro superiore alla velocità che la vettura di De Portago poteva realmente raggiunge-

[208] *Ibid.*

re, come Ferrari ha sostenuto, inascoltato, in una delle sue deposizioni. «Non è chiaro come si sia pervenuti a questo risultato» osservano i tre periti «ma non sembra possa escludersi la ipotesi che tale valore della velocità sia stato calcolato in base al numero di giri segnato dal tachimetro della vettura sinistrata» pari a «7350 giri al minuto primo.» In altre parole: «Dal modo in cui si è verificato l'incidente risulta che il tachimetro si è bloccato dopo che la vettura si è arrestata sul lato destro della strada dopo avere, durante il suo anormale percorso, subito un completo distacco dal suolo per un tratto di oltre quaranta metri».

E cosa è successo durante quel volo? si chiedono i periti, che subito rispondono al quesito: «È logico ritenere che il motore si sia, come si usa dire, "affollato", raggiungendo una velocità ben superiore ai 7350 giri al minuto. Quando le ruote della autovettura hanno ripreso contatto con il suolo, e precisamente nel fossato a sinistra della strada, si è prodotta una azione di frenamento che si è conclusa, probabilmente, proprio col valore di 7350 giri al minuto segnato dal tachimetro. Tale valore pertanto» concludono «non può essere preso come base per il calcolo della velocità della vettura al momento dell'incidente».

In base alle rilevazioni che hanno fatto anche durante uno dei sopralluoghi alla fabbrica Ferrari di Maranello, i periti hanno invece stabilito che il numero massimo di giri che la vettura di De Portago poteva realmente raggiungere era pari a 6800. Con una serie di misurazioni ottenute attraverso formule di cui è costellata pagina 5 della relazione, i periti hanno quindi concluso che la velocità massima della vettura non poteva essere superiore ai 250 chilometri all'ora. Conclusione supportata anche, aggiungono, dalle medie di velocità fatte rilevare dalle altre Ferrari in gara nel tratto Cremona-Mantova-Brescia nel quale era in palio il Trofeo Nuvolari, assegnato alla vettura più veloce, la Ferrari 3000 di Gendebien, che ha compiuto il tratto di strada in questione alla media di 199,4 chilometri all'ora.

Sin da queste prime pagine è chiaro come la seconda commissione di esperti si sia approcciata alle indagini in maniera molto più scientifica della prima e con una conoscenza della materia nettamente superiore. Dare per scontato che un tachimetro con la lancetta che indica 7350 giri al minuto dopo un volo terrificante sia veritiero indica una scarsa conoscenza delle dinamiche di un incidente. E non andare a controllare quanti giri al minuto il motore della vettura di De Portago poteva effettivamente raggiungere è segno quantomeno di negligenza. O di mancanza di buon senso. O magari anche di cattiva fede, se vogliamo pensare alle considerazioni di Ferrari sugli interessi di parte che uno dei componenti la prima commissione sembrava poter aver avuto.

Il secondo punto è quello relativo alla pressione dei pneumatici. E anche qui, stando a quanto sostengono i secondi periti, i primi sembrano aver dato prova quantomeno di grande leggerezza.

«Non si è d'accordo con i precedenti Periti sul valore della pressione interna dei pneumatici» valutata in 2,5 kg/cmq «sulla base della misura effettuata sulla ruota anteriore rimasta intatta» si legge tra pagina 10 e 11 della relazione. «Nulla da obiettare abbiamo sulla ipotesi che i due pneumatici anteriori avessero la stessa pressione, ipotesi che è del tutto verosimile.» Ma, fanno notare i tre nuovi periti, «si osserva che tale pressione è stata misurata alcuni giorni dopo il termine della corsa, ossia a freddo». Mentre è noto, e comprovato, che durante la corsa, in presenza di temperature maggiori per il rotolamento e lo sfregamento sull'asfalto, «la pressione era certamente maggiore» cosicché «nulla vieta di pensare che la pressione dichiarata dal responsabile della ditta Englebert fosse quella effettivamente misurata ai controlli».

Ancora, dunque, un macroscopico errore di procedura da parte dei primi periti dovuto, con ogni probabilità, alla loro scarsa esperienza specifica. Capocaccia e i suoi due colleghi infatti, dopo una nutrita serie di operazioni matematiche e applicazioni di formule fisiche a pagina 13, 14 e 15, non hanno dubbi: «Il pneumatico, all'atto dell'incidente, veniva a trovarsi, dal punto di vista qui considerato, in condizioni di sicurezza».

Il terzo punto che la nuova perizia contesta è quello relativo al *dechappage*, cioè il distacco del battistrada, «considerato nella precedente perizia causa determinante dell'incidente». La causa? Elevata velocità della Ferrari di De Portago e conseguente riscaldamento del pneumatico, che avrebbe determinato il parziale distacco del battistrada seguito dallo scoppio del pneumatico.

«I sottoscritti non condividono l'opinione espressa su questo argomento nella precedente perizia» scrivono Capocaccia e colleghi. Bonafini prende una penna e sottolinea il passaggio. Seguono una serie di considerazioni di carattere tecnico volte a «dimostrare la fragilità» della conclusione cui è giunta la prima commissione peritale.

Citando la forza centrifuga, la velocità lineare di avanzamento, il peso specifico della gomma, la distanza dell'elemento considerato dall'asse della ruota e il suo raggio, lo spessore del rivestimento in gomma e la accelerazione di gravità, i periti non hanno dubbi nell'affermare che «il distacco del battistrada è sempre preceduto dallo scollamento del battistrada dalla carcassa» quasi esclusivamente sulle ruote motrici del veicolo, nel caso della Ferrari di De Portago, le posteriori; e che «il distacco del battistrada avviene di norma su pneumatici che hanno un battistrada di rilevante spessore e, in particolare, su pneumatici poco consumati». E aggiungono per essere chiari: «Queste conclusioni corrispondono a quelle fornite dall'esperienza». Naturalmente, chiosano, il pilota avverte il distacco del battistrada e ha tutto il tempo di fermare il veicolo prima che si verifichi lo scoppio del pneumatico.

«Per concludere su questo argomento» si legge a pagina 24 «il pneumatico scoppiato era montato su di una ruota non motrice, dove il distacco del battistrada è fenomeno così eccezionale da potersi ritenere improbabile; il battistrada era già notevolmente consumato e pertanto le tensioni dovute alla forza centrifuga erano molto ridotte, e molto ridotto risulta il pericolo di distacco del battistrada stesso; il battistrada risulta asportato in una zona così ristretta da far ritenere improbabile che si sia avuto strisciamento tra carcassa e suolo; la asportazione del rivestimento in gomma non interessa il fianco del pneumatico; le tele non presentano manifesti segni di usura nella zona scoperta.» Dal che i tre periti concludono che «è senz'altro da escludersi che si sia avuto il distacco del battistrada e, quindi, che lo scoppio del pneumatico sia imputabile a questa causa».

A questo punto, a tre quarti o poco meno della relazione, è chiaro che la nuova perizia sta smantellando una dopo l'altra tutte le accuse presenti nella prima. Anche perché la nuova terna di periti, citando anche alcune contraddizioni nelle quali sarebbe incorsa la prima, continua smontando prima la tesi che gli ammortizzatori sarebbero stati in cattivo stato; poi che l'uso del nylon per la carcassa del pneumatico sarebbe stato preferibile alle fibre di cotone; e, da ultimo, che la causa dello scoppio non sia da attribuire all'urto contro un ostacolo.

«La relazione di Ufficio» si legge a pagina 28 «esclude in termini categorici che lo scoppio possa essere stato causato dal precedente urto del pneumatico contro "occhi di gatto" o contro altro corpo estraneo e ciò per due motivi: 1) perché non si è rilevato sui fianchi "alcun segno o abrasione dovuti a urto laterale contro ostacoli di sorta"; 2) perché perfino le coperture normali resistono a 35.000 colpi se sottoposte ad urti ripetuti senza che si arrivi a rottura.»

Capocaccia, Casci e Funaioli, invece, per quel che riguarda il primo punto fanno «osservare che la rottura della carcassa ha avuto luogo sotto il battistrada e non sotto i fianchi» come hanno sostenuto e scritto i colleghi. Sul secondo punto, invece, fanno notare che «se fosse valida la tesi della prima perizia, nessun pneumatico potrebbe scoppiare per urto contro un ostacolo, mentre invece è risaputo che la causa più frequente degli scoppi è proprio l'urto contro corpi estranei».

La relazione si sta avviando alle conclusioni. O per essere più precisi, alle risposte ai quesiti posti dal giudice istruttore.

«L'esame critico precedente» suggeriscono i periti «costituisce già una risposta ai quesiti che sono stati posti ai sottoscritti, i quali pertanto potrebbero anche esimersi da ulteriori considerazioni.» Capocaccia e colleghi non avrebbero potuto essere più chiari. «Tuttavia, per maggiore chiarezza e a scopo conclusivo» precisano «si riportano in sintesi le seguenti conclusioni.»

Che sono: «Lo scoppio fu dovuto ad urto contro un ostacolo imprecisato, che può essersi trovato anche a molti chilometri di distanza dal luogo dell'incidente» per quel che riguarda il primo quesito. E «I pneumatici erano adatti al tipo di vettura e al tipo di corsa nei quali furono impiegati ed erano gonfiati ad una pressione che si ritiene fosse adeguata alle caratteristiche della vettura e al tipo di competizione»[209] per quanto concerne il secondo quesito.

[209] *Relazione tecnica del collegio peritale nominato dal procuratore della Repubblica di Mantova*, 29 aprile 1961.

29
Il verdetto

Il giudice istruttore Luciano Bonafini inoltra la seconda perizia al sostituto procuratore Mario Luberto. Sarà lui che, leggendo le conclusioni cui sono giunti gli esperti Capocaccia, Casci e Funaioli, dovrà decidere del destino di Enzo Ferrari.

E mentre a Mantova Luberto legge, a Modena a Ferrari non resta che attendere.

Non attenderà a lungo.

Il 29 giugno, il procuratore della Repubblica chiede formalmente al giudice istruttore di non procedere.

«Il grave e luttuoso incidente verificatosi in occasione della XXIV edizione della Mille Miglia al passaggio della vettura del corridore De Portago sul tratto di strada rettilinea Goito-Guidizzolo» si legge sulla nota «suggerisce in ordine alla causa del sinistro tre distinte ipotesi:

1. che esso sia stato conseguenza della imperizia o della mancanza di prudenza del pilota;
2. che sia stato conseguenza della incapacità o della

negligenza della Casa Ferrari nella costruzione e nella messa a punto dell'autovettura;
3. che sia dipeso da fattori imprevedibili e imponderabili.

Le risultanze istruttorie e la perizia collegiale degli insigni docenti universitari proff. Capocaccia, Casci e Funaioli consentono di escludere le prime due ipotesi.»

De Portago viene scagionato completamente – «dagli atti non emerge il benché minimo indizio che chiami in causa la responsabilità del corridore, la cui perizia era nota del resto agli sportivi di tutto il mondo». E confermata ai titubanti giudici di Mantova dalla lunga missiva che hanno ricevuto nell'estate dell'anno precedente dal presidente dell'Automobile Club di Modena.

«Ugualmente» scrive il pubblico ministero «deve escludersi la responsabilità del Ferrari, suffragata unicamente dalle conclusioni della prima perizia, le quali non possono accertarsi dopo che la seconda perizia ha dimostrato con ricchezza di argomentazioni rigorosamente scientifiche come la qualità e la pressione degli pneumatici non abbiano avuto alcuna efficienza causale nella produzione del sinistro. E tuttavia» prosegue la nota «anche se in ipotesi si volessero ritenere per esatte le conclusioni dei primi periti, la responsabilità del Ferrari dovrebbe sempre escludersi, volta che egli, per la costruzione e l'approntamento degli pneumatici erasi rivolto ad una ditta estera specializzata, la quale, non solo aveva curato la costruzione del materiale, ma aveva mandato in Italia, presso la Scuderia Ferrari, suoi tecnici specializzati per il montaggio degli pneumatici.»

In conclusione: «Tutte le risultanze processuali postulano, pertanto, che Enzo Ferrari, la cui fama di costruttore serio e capace è nota in tutto il mondo, sia prosciolto da ogni addebito per non aver commesso il fatto». Detto questo, il pubblico ministero «chiede che il giudice istruttore in sede voglia dichiarare non doversi procedere contro Ferrari Enzo in ordine alle imputazioni a lui ascritte per non aver commesso il fatto».[210]

Per Enzo Ferrari è una vittoria su tutti i fronti.

Dopo essere stato linciato sulla pubblica piazza, additato come un mostro, ritenuto responsabile di una carneficina in cui sono morti cinque bambini, essere stato privato di passaporto e patente e aver rischiato di terminare i propri giorni in galera, Ferrari viene assolto per non avere commesso il fatto. Che è esattamente quello che lui è andato sostenendo nei quattro anni e due mesi e mezzo che sono trascorsi dall'incidente di Guidizzolo.

Le conclusioni della prima perizia sono state stravolte – si potrebbe quasi dire, ridicolizzate – dalla seconda. E allora, al di là del cercare di immaginare la frustrazione e il senso di impotenza di Ferrari nel vedersi accusato di colpe da persone non in grado di ricostruire, e quindi giudicare, quanto era successo, c'è da chiedersi come possa essere successo che, all'indomani di una sciagura così grossa, sia stata formata una commissione di esperti che, come Ferrari ha sostenuto dal primo giorno, esperti di fatto non erano.

Adesso che il pubblico ministero ha chiesto di non procedere nei suoi confronti per non aver commesso il

[210] *Richiesta a non procedere nei confronti di Enzo Ferrari da parte del giudice istruttore del Tribunale di Mantova al sostituto procuratore della Repubblica*, 29 giugno 1961.

reato di omicidio colposo plurimo, ora che viene riconosciuto come *costruttore serio e capace* noto in tutto il mondo, Ferrari può finalmente tirare un sospiro di sollievo, guardare di nuovo al futuro e, al tempo stesso, voltarsi con leggerezza e terrore insieme a soppesare un'ultima volta ancora lo scampato pericolo di una prima perizia farcita di inesattezze che lo ha incriminato e ha rischiato di farlo condannare al carcere.

Il suo comportamento nei quattro anni dall'incidente di De Portago è stato ineccepibile. Dopo l'angoscia delle prime settimane, riacquistato quell'equilibrio che è sempre stato una delle componenti principali della sua scalata al successo, mentre schiumava di rabbia per le accuse che venivano formulate nei suoi confronti e per la censura dell'opinione pubblica, quando a un certo punto si è ritrovato contro anche la Chiesa, mentre contava i tanti nemici che si erano aggiunti ai vecchi e i pochi amici che gli erano rimasti, non ha mai rilasciato una dichiarazione sopra le righe, non ha mai mostrato insofferenza in pubblico, e soprattutto, non ha mai smesso di avere fiducia in una conclusione positiva della vicenda.

Pochi lo sanno e ancora in meno lo sospettano. Ma nonostante tutte le tragedie che gli sono capitate nella vita pubblica così come in quella privata, Enzo Ferrari è sempre stato un ottimista. Lo era già negli anni Venti quando, in rapida successione, dovette dichiarare bancarotta perché il suo primo tentativo commerciale era miseramente fallito e, poco dopo, una moglie eccezionalmente ansiosa e fatalmente ammalata di gelosia e tanto altro gli faceva mandare gambe all'aria una promettente carriera di pilota.

«Ho imparato che è inutile protestare. Bisogna fare

come i cani quando hanno una ferita» ha detto durante i giorni più bui, i mesi in cui l'Italia sembrava averlo etichettato come *persona non grata*. Ma forse ha ragione quando sostiene che «gli italiani perdonano tutto, ma non perdonano il successo».

Dopo l'incidente di Guidizzolo, per quattro anni ha cercato di sopravvivere più che di vivere. Ha cercato di sopravvivere in attesa di poter ricominciare a vivere – pur non amando una vita che, dopo la morte di Dino, gli sembra terribilmente vuota, nonostante la sua fabbrica, le sue automobili, le sue vittorie e, naturalmente, il secondogenito Piero.

Ferrari ha atteso questo momento per quattro anni. Adesso, dopo la richiesta di non procedere formulata dal pubblico ministero, deve solo aspettare il verdetto definitivo.

Meno di un mese dopo, il 26 luglio 1961, Enzo Ferrari viene prosciolto da ogni capo d'imputazione a suo carico in merito all'incidente nella Mille Miglia.

Il cancelliere del Tribunale di Mantova, Ufficio Istruzione, Ubaldo Delaini, comunica al pubblico ministero che «in data odierna il giudice istruttore ha emesso e depositato in Cancelleria sentenza con la quale ha dichiarato non doversi procedere a carico di Ferrari Enzo in ordine al reato di omicidio colposo e lesioni colpose, per non aver commesso il fatto».

La causa della tragedia viene identificata con l'occhio di gatto della curva di Volta Mantovana sul quale la gomma della vettura di De Portago si è pizzicata finendo con lo scoppiare qualche chilometro più avanti. O comunque con l'urto del pneumatico della Ferrari n. 531 contro un corpo estraneo.

L'assoluzione è dunque piena. Ma come nella diatriba con la Chiesa di un paio d'anni prima, Ferrari è stato in grado non solo di uscirne assolto, ma addirittura – per così dire – santificato.

La sentenza include infatti una descrizione dell'uomo e dell'imprenditore che, dopo anni di accuse, deve certamente ripagarlo di tanta sofferenza: «Uomo dalla forte e incisiva personalità, dotato di capacità intellettive e morali indubbiamente superiori alla media, che attraverso immani sacrifici e sospinto dalla sola passione dell'automobilismo, ha saputo creare dal nulla, con le sole sue forze, una industria stupenda e perfetta come un laboratorio di orologeria, conquistando la stima e la ammirazione universali, costruendo vetture, sia per competizione che per turismo, che tutto il mondo ci invidia, trionfando in modo indiscusso sui circuiti e le piste di ogni continente».[211]

Così come nel confronto di qualche anno prima con la Chiesa cattolica, un confronto che avrebbe potuto spezzarlo, Enzo Ferrari esce a testa alta, anzi, altissima, anche dalla contesa con lo Stato italiano. Così come al gesuita padre Azzollini non bastò assolverlo nel momento in cui capì che Ferrari e i costruttori di automobili non avevano colpe specifiche nei terribili incidenti che avevano mietuto vittime a ripetizione, così anche al sostituto procuratore di Mantova non basta lasciarlo a piede libero. Nel momento in cui gli restituisce a tutti gli effetti quella libertà che avrebbe potuto togliergli, Luberto sente quasi il dovere di ricompensare Ferrari per le angherie che ha dovuto subire.

È una delle caratteristiche di questo uomo straordina-

[211] Ferrari, *Le mie gioie terribili*, cit., p. 238.

rio. Nessuno resta impassibile nei confronti di Ferrari – anche chi, per un motivo o per un altro, avrebbe ragioni di odiarlo, o di condannarlo. Fargli la guerra e poi capire che era tutto sbagliato e che, in ultima analisi, aveva ragione lui, mette l'accusatore, religioso o laico che sia, in una condizione di inadeguatezza che diventa presto di sottomissione, e il passo verso l'adulazione a questo punto è breve.

Il ritratto di Ferrari che ne diede padre Azzollini nel secondo articolo di *Civiltà Cattolica*, pubblicato nella primavera del 1958, rasentava l'agiografia. Alla stessa stregua, l'immagine che ne dà tre anni dopo Luberto fa quasi pensare che il giudice abbia scambiato Ferrari per Garibaldi. Ma è questo l'effetto che Ferrari fa alla gente. Quello di trovarsi davanti a un monumento, a un patrimonio nazionale, a una sorta di altare della patria. Gli inglesi dicevano che Ferrari era un personaggio *larger-than-life*. Più grande della vita stessa. Noi non abbiamo un'espressione simile. Ma ricordate quello che diceva Fiamma Breschi? Se riuscivi a entrare nel suo cono d'ombra, avresti fatto qualsiasi cosa per non uscirne.

L'ultima parola, come sempre, spetta a lui.

«Vista la sentenza del 26 luglio 1961 dell'ill.mo sig. giudice istruttore presso il Tribunale di Mantova con la quale – tra l'altro – viene ordinata la restituzione allo scrivente di tutti i reperti in atti sequestrati» si permette di scrivere a Bonafini due giorni dopo, Enzo Ferrari «delega il proprio impiegato Gian Franco Mari a ritirare, in nome e vece del sottoscritto, tutto il materiale in sequestro.»

Epilogo

Sei settimane dopo l'assoluzione definitiva e il termine di un'odissea giudiziaria nel corso della quale a lungo non gli era riuscito di vedere la luce in fondo al tunnel, un'automobile di Ferrari scavalca rovinosamente le reti dietro alle quali è aggrappato il pubblico di Monza. La Ferrari, anche in questo caso rossa, questa volta una monoposto di Formula 1 con il numero 4, è guidata da Wolfgang von Trips, l'ultimo sopravvissuto dei componenti la Ferrari Primavera. Il destino, in questa seconda domenica di settembre 1961, non risparmia neppure lui.

Perde la vita von Trips e la perdono con lui quindici spettatori. I morti sono addirittura più di quelli di Guidizzolo – sei in più, per la precisione. E nonostante la causa scatenante la tragedia non sia un problema accusato dalla vettura del Cavallino o un errore di von Trips e Ferrari non si trovi stavolta mai veramente nell'occhio del ciclone, forse è un bene che l'assoluzione per la tragedia della Mille Miglia sia arrivata prima di questa corsa.

Così come nel 1957, una Ferrari arreca la morte, un'altra vince la gara. Von Trips perde la vita sull'asfalto di

Monza, sul quale resterà steso a faccia in giù mentre i suoi colleghi faranno nei giri successivi lo slalom per evitarlo. Al termine di quello stesso gran premio d'Italia, il suo compagno di squadra Phil Hill si laureerà campione del mondo di Formula 1. Per Ferrari è il quinto titolo mondiale Piloti, il primo Costruttori.

Ma se la giustizia questa volta lo sfiora soltanto, Ferrari non è certamente un uomo tranquillo nell'autunno del 1961. L'ultimo giorno di novembre licenzia in tronco tutti i suoi primi riporti. Gli uomini, alcuni dei quali erano con lui dall'inizio o quasi della sua straordinaria avventura, sono colpevoli di lesa maestà. Nello specifico, la loro colpa risiede nell'aver pensato di potersi liberare dell'ingombrante moglie del Capo senza capire che litigare con Laura è sempre stata una prerogativa del solo Enzo. Come tanti prima e dopo di loro, gli otto non hanno compreso il postulato base della vita privata di Ferrari – da anni lui è ai ferri corti con la moglie, ma questo non è affar loro perché quella stessa donna, prima ancora di essere la moglie di Ferrari, era e sarà sempre la mamma di Dino, il figlio che non c'è più.

Sia chiaro, almeno a parole Ferrari cercherà a lungo di liberarsi di lei. Da qualche tempo si è invaghito della bellissima e giovanissima ex fidanzata di Musso, il secondo dei componenti la Ferrari Primavera ad averci lasciato la pelle. Ma Fiamma, per giovane che sia e per quanto coinvolta, almeno fino a un certo punto (qui le testimonianze discordano) nel rapporto con Enzo, non prenderà mai seriamente in considerazione le sue proposte di matrimonio, ben sapendo che con lei Enzo, anche se forse non se ne rende pienamente conto, rincorrerà sempre e soltanto il ricordo della propria gioventù.

A Modena finiranno col chiamarlo «il miliardo con l'elastico». È questa la cifra che, per qualche anno, Enzo offrirà a più riprese a Laura perché lo lasci libero. Ma il miliardo non lascerà mai il conto di Enzo per quello di Laura perché, alla resa dei conti, come accennato, Laura possedeva una virtù che nessun'altra avrebbe mai avuto; ovvero, aveva dato alla luce Dino. E per quanto giovane, bella e coinvolgente Fiamma potesse essere, neppure lei poteva competere con questa prerogativa di Laura.

La realtà è che Enzo non avrebbe mai lasciato una moglie con la quale visse da separato per la maggior parte della sua esistenza. «L'ho perduta il 27 febbraio 1978 e ho amaramente constatato come spesso nella vita si riesce a definire il vero valore del bene perduto soltanto quando l'ineluttabile nulla più consente» scriverà. E ancora: «Siamo restati uniti per sessanta anni e i quotidiani contrasti hanno cementato questa unione anche se nell'asprezza dei modi talvolta abbiamo ravvisato la necessità di dividere le nostre strade. Ma l'amore per l'automobile, e il sentimento che ci aveva fatto incontrare, ci hanno mantenuto uniti e aiutato a superare tutte le avversità della vita, persino la tragedia del figlio».

Licenziati i generali, Enzo promuove i caporali. Il più bravo di tutti è di Modena come lui e di cognome fa Forghieri. È il figlio di uno dei suoi principali collaboratori dei tempi eroici della Scuderia, quando Enzo non era ancora un costruttore, ma aveva preso una prima volta di sorpresa il mondo inventandosi una struttura tecnico-organizzativa come di fatto al mondo non se ne erano ancora viste. Mauro Forghieri resterà per un quarto di secolo al suo fianco. Braccio destro, a volte anche sinistro, responsabile tecnico della Gestione Sportiva della Ferrari e pure di quella industriale. Lo chiameranno *Furia* per via di un carattere meravigliosamente spigoloso che, a voler vedere, non era poi così diverso da quello del suo altrettanto *furioso* Capo. Insieme, Ferrari e Forghieri vinceranno tanto e costruiranno granturismo bellissime in collaborazione con lo stilista italiano dell'automobile per eccellenza, Battista «Pinin» Farina, che è entrato nella vita di Ferrari nel 1951 e non ne è più uscito.

Il primo titolo di Formula 1 che Ferrari conquista con Forghieri alla conduzione tecnica di squadra e azienda arriva nel 1964. Per il secondo ci sarà da aspettare fino al 1975 e all'approdo in Ferrari di un pilota come Niki Lauda, che al Commendatore regalerà in totale due Mondiali Piloti e tre Costruttori. Poi sarà la volta di Jody Scheckter di vincere il titolo, con l'ausilio di Gilles Villeneuve, l'idolo delle folle, pilota amato da Ferrari come pochi altri in precedenza.

È il 1979, Ferrari è sempre più il Grande Vecchio dell'automobilismo italiano e, ancora nelle parole di Enzo Biagi, uno dei «pochi italiani da esportazione». Quell'autunno ricorrono i cinquant'anni dalla fondazione della Scuderia Ferrari. La sua città lo festeggia. Nel ringraziare il sindaco di Modena un riconoscente e come sempre arguto Ferrari dice: «Mi è venuto il dubbio di essere qualcuno!». E nel corso dello stesso incontro, parlando di se stesso confesserà di essere «partito da un sentimento egoistico elementare. Ho fatto quello che mi piaceva. Quello che ho realizzato» dirà «è merito dei miei collaboratori». L'unica qualità che riserva a se stesso è «la volontà ostinata nel catturare la fiducia di chi lavora con me».

Gli restano nove anni da vivere e li vivrà, come sempre, da protagonista anche se dovrà accontentarsi di due soli titoli mondiali Costruttori nell'82 e nell'83. Per lui, poca cosa. Nel primo di questi due anni perderà l'amato Villeneuve, per il quale non avrà timore nel confessare di aver provato l'affetto che si prova verso un figlio. A metà del secondo riceverà la visita dell'altro Grande Vecchio dell'Italia di quegli anni, il presidente della Repubblica Sandro Pertini.

Con Pertini trascorrerà una mezz'ora a tu per tu girovagando per la fabbrica e infischiandosene, entrambi, del cerimoniere. Parleranno perlopiù dei tempi della loro giovinezza, di quando Ferrari battagliava sui campi di gara con Ascari, Brilli-Peri e Borzacchini e Pertini iniziava la sua battaglia personale contro la dittatura fascista. Detto per inciso, per il ruolo svolto durante la guerra, a Ferrari qualche anno prima è stata conferita la medaglia d'oro della Resistenza. Nel momento del commiato il presidente gli dirà: «Questa è una fabbrica che fa onore all'Italia».

Ma a 85 anni Enzo Ferrari non è ancora domo. Due anni più tardi immaginerà una partecipazione della Ferrari alla 500 Miglia di Indianapolis, la gara che stuzzicò la sua fantasia agli albori del secolo, ma alla quale non arrivò mai a dedicare veramente l'attenzione che forse avrebbe voluto. A buttare acqua sul fuoco ci penserà l'avvocato Agnelli in persona, che dal 1969 paga metà delle spese della Ferrari. È del giugno di quell'anno, infatti, l'accordo che lega la piccola fabbrica di Maranello al gigante torinese.

L'intesa era stata firmata il 18 giugno e resa pubblica il giorno 21. Ferrari aveva ceduto il 50 per cento della sua fabbrica alla Fiat. Per sé, oltre al restante 50 per cento, si era tenuto quella libertà gestionale nell'ambito dell'attività sportiva che, sei anni prima, nella primavera del 1963, aveva fatto saltare l'accordo con la Ford, che sembrava cosa fatta. Ferrari si era convinto della necessità di vendere alla Fiat perché stava attraversando un periodo di salute travagliato, era convinto di morire e voleva assicurare un futuro alla sua azienda e alle famiglie di chi ci lavorava.

Dopo lo storico accordo, Ferrari vivrà in realtà altri vent'anni. Nel febbraio del 1988 festeggerà il novantesimo compleanno con un pranzo allestito lungo la linea di montaggio della fabbrica di Maranello al quale sarà ammesso solo chi è sul libro paga della Ferrari. Personaggi noti e teste coronate, che pure avrebbero voluto esserci, resteranno fuori dalla porta. Dirà quel giorno ai suoi uomini e alle sue donne un Ferrari al limite delle proprie forze ed emozionato come forse mai in vita sua: «Vi ringrazio per aver creduto in me».

Tre mesi più tardi Giovanni Paolo II andrà a Maranello per rendergli omaggio, ma Ferrari, ormai troppo debole, non sarà in condizioni di riceverlo e i due parleranno solo al telefono. Poi, velocemente, arriverà la fine. A luglio Ferrari alza bandiera bianca e si arrende. Morirà la vigilia di Ferragosto in una Modena deserta. Senza clamore. Esattamente come avrebbe voluto. Aveva detto qualche tempo prima: «Dopo tutto quello che ho fatto, quando morirò vorrei solo essere dimenticato».

Appendice

Questo libro si basa in larga parte sui documenti originali del processo che Enzo Ferrari affrontò in seguito all'incidente che avvenne nelle battute finali della XXIV Mille Miglia, disputata il 12 maggio del 1957. Tutti questi documenti sono custoditi oggi presso l'Archivio di Stato di Mantova, nel centro storico della città virgiliana. Il primo in ordine temporale è il resoconto dell'incidente steso dal comandante della Polizia stradale di Mantova la notte della tragedia. L'ultimo è l'avviso di deposito della sentenza istruttoria in data 26 luglio 1961. Conservati in due faldoni con la copertina rigida e lacci di stoffa sui tre lati, i documenti sono a loro volta contenuti in cartellette di cartoncino grigio o beige che il passare del tempo ha leggermente ambrato. Nel primo faldone sono conservati i resoconti dei sopralluoghi, le relazioni, le comunicazioni tra i giudici, gli ordini di comparizione, le lettere, i telegrammi, le due perizie, le fotografie – quelle della sciagura così come quelle di Enzo Ferrari che, nell'ultimo rifornimento prima del traguardo, e dell'incidente, parla con Alfonso De Portago. A parte le firme (e quelle di Ferrari sono quasi invariabilmente nel suo famoso inchiostro viola), tutti questi documenti sono battuti a macchina in inchiostro prevalentemente nero, ma in qualche caso blu. Il secondo faldone contiene invece decine di fogli di protocollo riempiti diligentemente a mano. Sono le minute delle deposizioni, degli interrogatori dei vari testimoni così come dell'imputato Enzo Ferrari. Grazie alla perizia e alla meticolosità dei cancellieri che si sono alternati nel corso del procedimento, in queste pagine il dibattito tra inquisitori e inquisito prende vita. Nella grafia sicura e leggibile di (quasi) tutti loro, l'interrogatorio acquista rapidamente forma davanti agli occhi del ricercatore, che viene catapultato nelle sale del Tribunale in compagnia di giudici e imputato. E nonostante una situazione certamente insolita per lui, da queste carte Enzo Ferrari emerge formidabile come sempre.

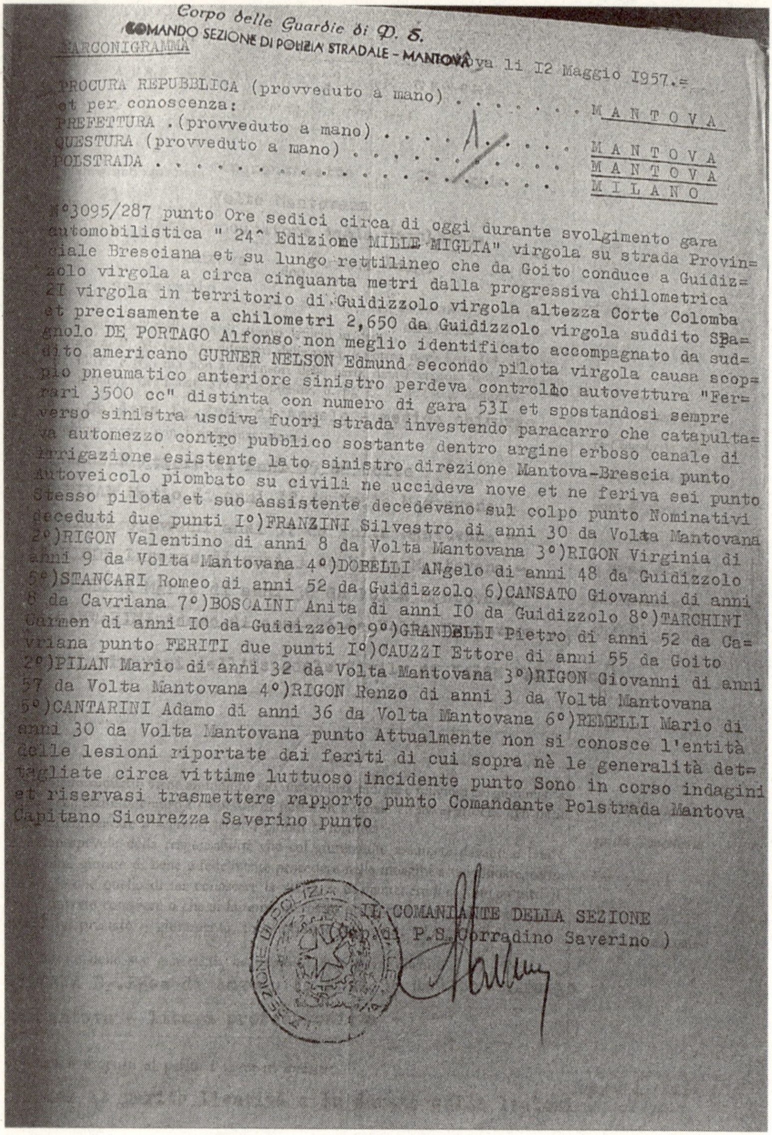

Corpo delle Guardie di P. S.
COMANDO SEZIONE DI POLIZIA STRADALE - MANTOVA

MARCONIGRAMMA

Mantova li I2 Maggio 1957.=

PROCURA REPUBBLICA (provveduto a mano) . . . . MANTOVA
et per conoscenza:
PREFETTURA .(provveduto a mano) . . . . MANTOVA
QUESTURA (provveduto a mano) . . . . MANTOVA
POLSTRADA . . . . MILANO

N°3095/287 punto Ore sedici circa di oggi durante svolgimento gara
automobilistica " 24^ Edizione MILLE MIGLIA" virgola su strada Provin=
ciale Bresciana et su lungo rettilineo che da Goito conduce a Guidiz=
zolo virgola a circa cinquanta metri dalla progressiva chilometrica
2I virgola in territorio di Guidizzolo virgola altezza Corte Colomba
et precisamente a chilometri 2,650 da Guidizzolo virgola suddito Spa=
gnolo DE PORTAGO Alfonso non meglio identificato accompagnato da sud=
dito americano GURNER NELSON Edmund secondo pilota virgola causa scop=
pio pneumatico anteriore sinistro perdeva controllo autovettura "Fer=
rari 3500 cc" distinta con numero di gara 53I et spostandosi sempre
verso sinistra usciva fuori strada investendo paracarro che catapulta=
va automezzo contro pubblico sostante dentro argine erboso canale di
irrigazione esistente lato sinistro direzione Mantova-Brescia punto
Autoveicolo piombato su civili ne uccideva nove et ne feriva sei punto
Stesso pilota et suo assistente decedevano sul colpo punto Nominativi
deceduti due punti I°)FRANZINI Silvestro di anni 30 da Volta Mantovana
2°)RIGON Valentino di anni 8 da Volta Mantovana 3°)RIGON Virginia di
anni 9 da Volta Mantovana 4°)DOBELLI ANgelo di anni 48 da Guidizzolo
5°)STANCARI Romeo di anni 52 da Guidizzolo 6)CANSATO Giovanni di anni
8 da Cavriana 7°)BOSCAINI Anita di anni IO da Guidizzolo 8°)TARCHINI
Carmen di anni IO da Guidizzolo 9°)GRANDELLI Pietro di anni 52 da Ca=
vriana punto FERITI due punti I°)CAUZZI Ettore di anni 55 da Goito
2°)PILAN Mario di anni 32 da Volta Mantovana 3°)RIGON Giovanni di anni
57 da Volta Mantovana 4°)RIGON Renzo di anni 3 da Volta Mantovana
5°)CANTARINI Adamo di anni 36 da Volta Mantovana 6°)REMELLI Mario di
anni 30 da Volta Mantovana punto Attualmente non si conosce l'entità
delle lesioni riportate dai feriti di cui sopra nè le generalità det=
tagliate circa vittime luttuoso incidente punto Sono in corso indagini
et riservasi trasmettere rapporto punto Comandante Polstrada Mantova
Capitano Sicurezza Saverino punto

IL COMANDANTE DELLA SEZIONE
(Cap. di P.S. Corradino Saverino)

Il rapporto sull'incidente occorso intorno alle ore 16 di domenica 12 maggio 1957 al km 21 della strada Provinciale «Bresciana», steso dal comandante della sezione di Polizia stradale di Mantova, capitano Corradino Saverino.

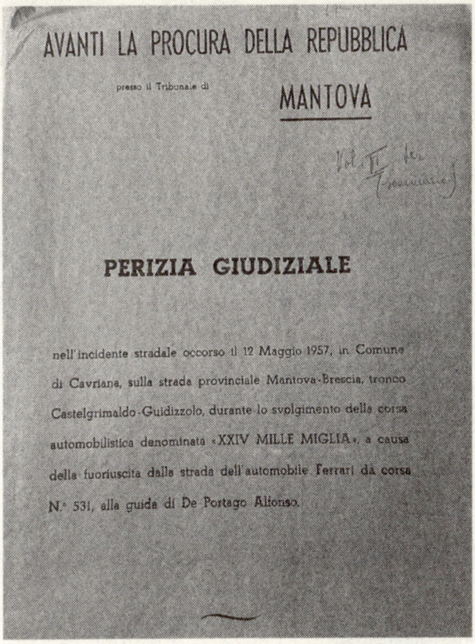

AVANTI LA PROCURA DELLA REPUBBLICA

presso il Tribunale di MANTOVA

PERIZIA GIUDIZIALE

nell'incidente stradale occorso il 12 Maggio 1957, in Comune di Cavriana, sulla strada provinciale Mantova-Brescia, tronco Castelgrimaldo-Guidizzolo, durante lo svolgimento della corsa automobilistica denominata «XXIV MILLE MIGLIA», a causa della fuoriuscita dalla strada dell'automobile Ferrari da corsa N.° 531, alla guida di De Portago Alfonso.

La copertina della prima perizia tecnica. Le conclusioni sembrerebbero inchiodare Enzo Ferrari il quale, in realtà, contestò fin dal primo momento la composizione della terna di esperti incaricati di fare luce su quanto accaduto sulla base della loro mancanza di conoscenze specifiche.

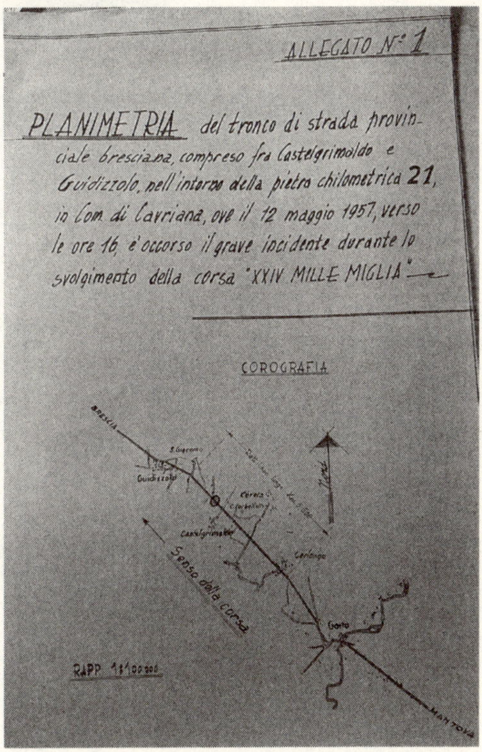

ALLEGATO N° 1

PLANIMETRIA del tronco di strada provinciale bresciana, compreso fra Castelgrimaldo e Guidizzolo, nell'intorno della pietra chilometrica 21, in Com. di Cavriana, ove il 12 maggio 1957, verso le ore 16, è occorso il grave incidente durante lo svolgimento della corsa "XXIV MILLE MIGLIA"

COROGRAFIA

La planimetria del luogo dell'incidente allegata alla prima perizia tecnica.

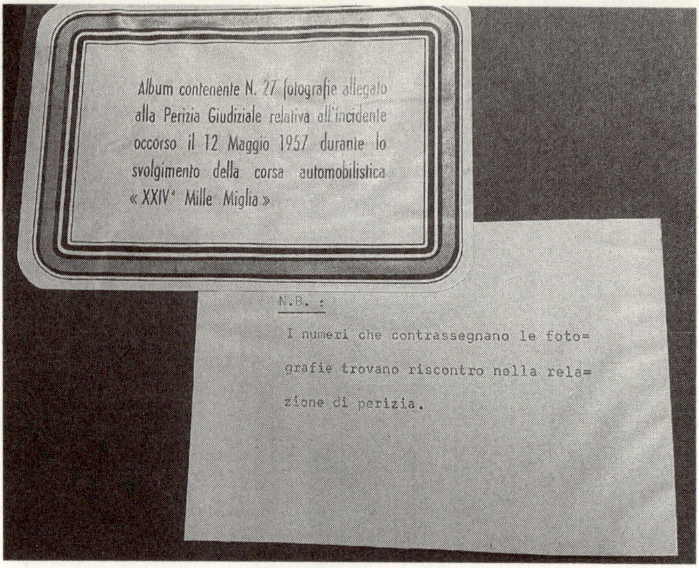

La copertina dell'album allegato alla prima perizia. L'album contiene un totale di 27 immagini. Alcune di esse sono relative al sopralluogo effettuato la sera dell'incidente. Altre mostrano la Ferrari di De Portago-Nelson in varie fasi di gara.

Una delle fotografie che i tre componenti la commissione peritale allegarono alla prima perizia. È la sera di domenica 12 maggio. Le automobili che partecipavano alla XXIV edizione della Mille Miglia hanno finalmente smesso di transitare e i periti possono perlustrare il luogo della tragedia alla ricerca di indizi.

Un'altra delle immagini allegate alla perizia. Quel che resta della Ferrari di De Portago e Nelson giace nel fosso sul lato della strada. Il muso guarda verso Mantova, vale a dire nel senso contrario a quello di marcia.

È il pomeriggio di domenica 12 maggio. Bologna, ultimo rifornimento prima del traguardo – e dell'incidente. Enzo Ferrari a colloquio con il marchese De Portago. È una delle ultime immagini del pilota spagnolo. Anche questa immagine fa parte delle 27 allegate alla prima perizia.

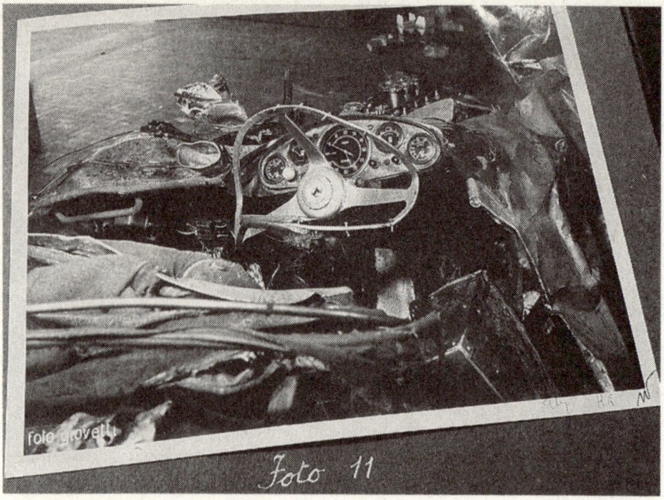

Trasportata in luogo sicuro dopo essere stata recuperata dal fosso nel quale ha concluso la sua folle corsa, la Ferrari di De Portago è ridotta a un ammasso di rottami. Il fotografo che ha scattato queste immagini, Giovetti, era uno dei più attivi a Mantova nella seconda metà degli anni Cinquanta.

Il copertone anteriore sinistro della Ferrari di De Portago. È sullo scoppio di questo pneumatico che si basò da subito ogni tentativo di ricostruzione della dinamica dell'incidente. Il pneumatico era prodotto dalla ditta belga Englebert.

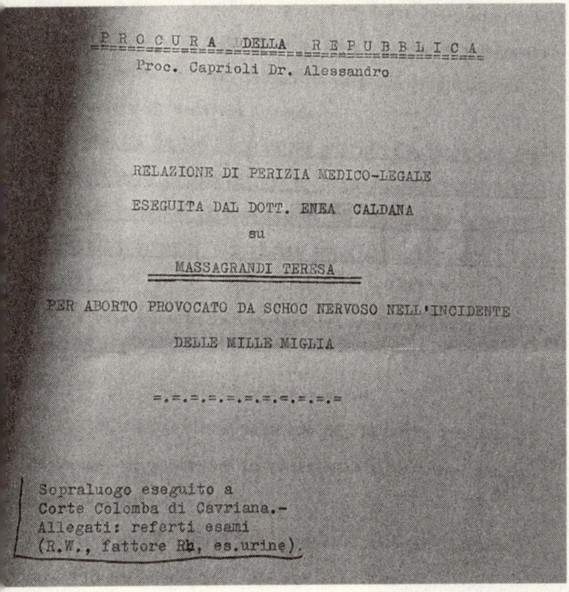
PROCURA DELLA REPUBBLICA
Proc. Caprioli Dr. Alessandro

RELAZIONE DI PERIZIA MEDICO-LEGALE
ESEGUITA DAL DOTT. ENEA CALDANA
su
MASSAGRANDI TERESA
PER ABORTO PROVOCATO DA SCHOC NERVOSO NELL'INCIDENTE
DELLE MILLE MIGLIA

=.=.=.=.=.=.=.=.=.=.=

Sopraluogo eseguito a
Corte Colomba di Cavriana.-
Allegati: referti esami
(R.W., fattore Rh, es.urine).

Non tutte le morti occorse in seguito all'incidente di Guidizzolo furono provocate direttamente dalla Ferrari di De Portago. Teresa Massagrandi viveva nelle vicinanze e, seduta su una sedia, assistette al terribile incidente. Una settimana dopo perse il bimbo che aveva in grembo. Al dottor Enea Caldana venne chiesto di stabilire se l'aborto spontaneo fosse effettivamente da addebitare alla reazione emotiva alla sciagura.

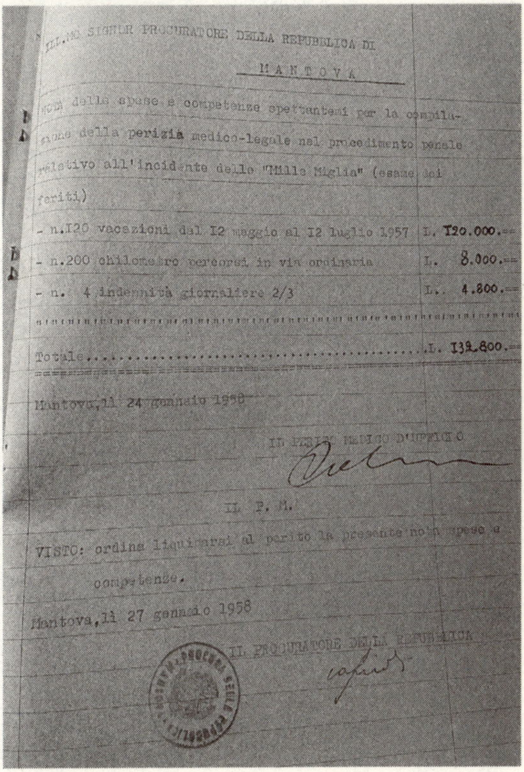
ILL.MO SIGNOR PROCURATORE DELLA REPUBBLICA DI
MANTOVA

NOTA delle spese e competenze spettantemi per la compilazione della perizia medico-legale nel procedimento penale relativo all'incidente della "Mille Miglia" (esame dei feriti)

- n.120 vacazioni dal 12 maggio al 12 luglio 1957 L. 120.000.==
- n.200 chilometri percorsi in via ordinaria L. 8.000.==
- n. 4 indennità giornaliere 2/3 L. 4.800.==

Totale.................................... L. 132.800.==

Mantova, lì 24 gennaio 1958

IL PERITO MEDICO D'UFFICIO

IL P. M.

VISTO: ordina liquidarsi al perito la presente nota spese e competenze.

Mantova, lì 27 gennaio 1958

IL PROCURATORE DELLA REPUBBLICA

Il rimborso spese presentato dal dottor Enea Caldana che, nei due mesi successivi alla disgrazia, ha effettuato tutte le perizie mediche sui feriti e sulle vittime dell'incidente.

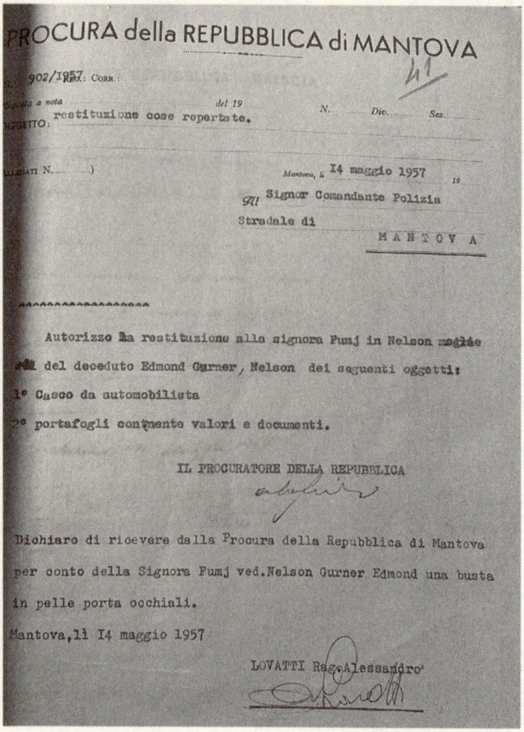

PROCURA della REPUBBLICA di MANTOVA

N. 902/1957 Corr.:

Risposta a nota ... del 19 ... N. ... Div. ... Sez. ...

OGGETTO: restituzione cose repertate.

Allegati N. ...)

Mantova, li 14 maggio 1957

Al Signor Comandante Polizia

Stradale di

M A N T O V A

Autorizzo la restituzione alla signora Fumj in Nelson moglie del deceduto Edmond Gurner, Nelson dei seguenti oggetti:

1° Casco da automobilista

2° portafogli contenente valori e documenti.

IL PROCURATORE DELLA REPUBBLICA

Dichiaro di ricevere dalla Procura della Repubblica di Mantova per conto della Signora Fumj ved.Nelson Gurner Edmond una busta in pelle porta occhiali.

Mantova,li 14 maggio 1957

LOVATTI Rag.Alessandro

Il documento con il quale il procuratore della Repubblica di Mantova autorizza la restituzione alla vedova di Edmund Nelson degli oggetti personali del marito.

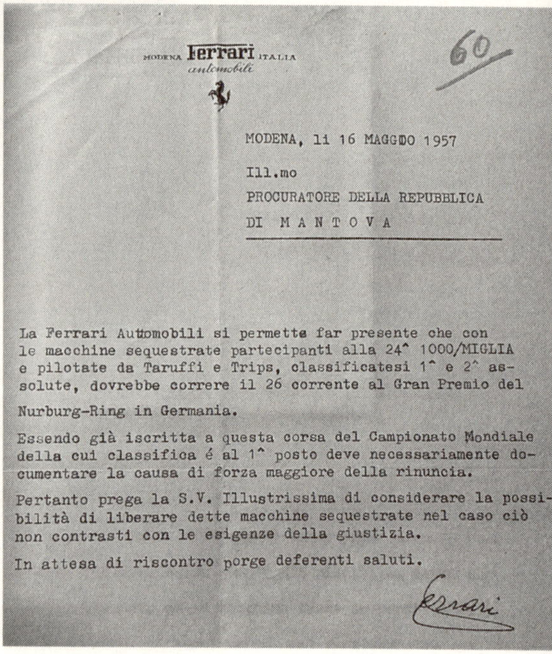

MODENA Ferrari ITALIA
automobili

MODENA, li 16 MAGGIO 1957

Ill.mo
PROCURATORE DELLA REPUBBLICA
DI M A N T O V A

La Ferrari Automobili si permette far presente che con le macchine sequestrate partecipanti alla 24^ 1000/MIGLIA e pilotate da Taruffi e Trips, classificatesi 1^ e 2^ assolute, dovrebbe correre il 26 corrente al Gran Premio del Nurburg-Ring in Germania.

Essendo già iscritta a questa corsa del Campionato Mondiale della cui classifica é al 1^ posto deve necessariamente documentare la causa di forza maggiore della rinuncia.

Pertanto prega la S.V. Illustrissima di considerare la possibilità di liberare dette macchine sequestrate nel caso ciò non contrasti con le esigenze della giustizia.

In attesa di riscontro porge deferenti saluti.

Ferrari

La lettera con la quale Enzo Ferrari, nei giorni immediatamente successivi all'incidente di Guidizzolo, chiede la restituzione delle due Ferrari di Piero Taruffi e Wolfgang von Trips, con le quali intende correre la gara successiva in Germania.

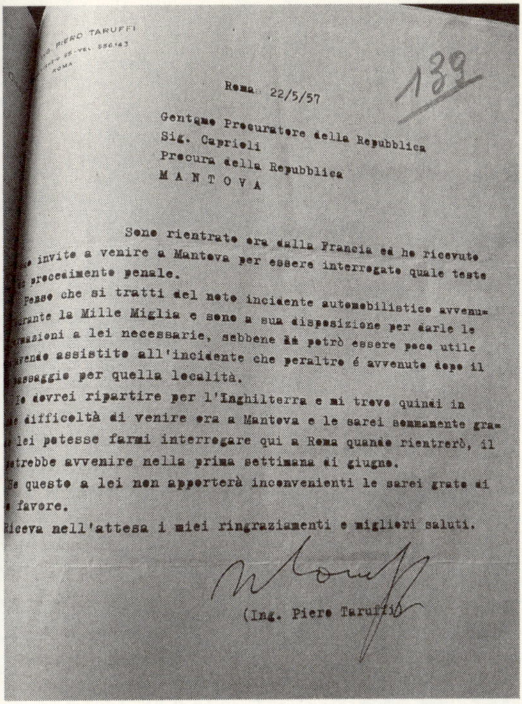

ING. PIERO TARUFFI

Roma 22/5/57

139

Gentmo Procuratore della Repubblica
Sig. Caprieli
Procura della Repubblica
M A N T O V A

Sono rientrato ora dalla Francia ed ho ricevuto
invito a venire a Mantova per essere interrogato quale teste
procedimento penale.
Penso che si tratti del noto incidente automobilistico avvenu-
rante la Mille Miglia e sono a sua disposizione per darle le
mazioni a lei necessarie, sebbene io potrò essere poco utile
vendo assistito all'incidente che peraltro é avvenuto dopo il
passaggio per quella località.
Io dovrei ripartire per l'Inghilterra e mi trovo quindi in
difficoltà di venire ora a Mantova e le sarei sommamente gra-
lei potesse farmi interrogare qui a Roma quando rientrerò, il
potrebbe avvenire nella prima settimana di giugno.
Se questo a lei non apporterà inconvenienti le sarei grato di
favore.
Riceva nell'attesa i miei ringraziamenti e migliori saluti.

(Ing. Piero Taruffi)

La lettera con la quale Piero Taruffi, fresco vincitore della Mille Miglia, chiede al procuratore della Repubblica di Mantova di posticipare la propria deposizione e, se possibile, di renderla a Roma anziché a Mantova.

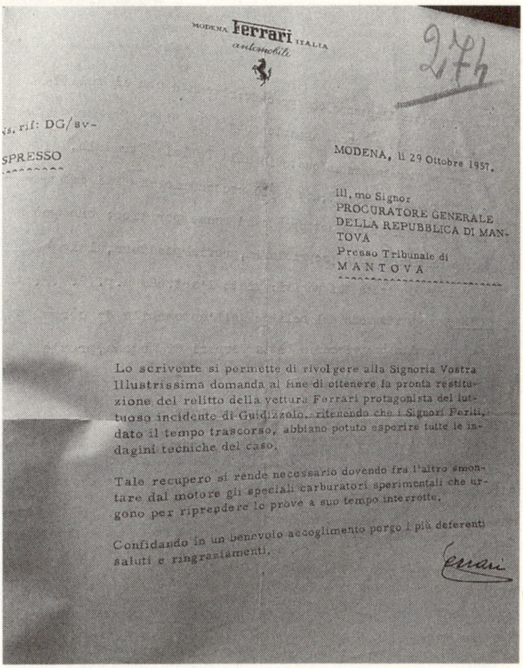

MODENA Ferrari ITALIA
automobili

274

vs. rif: DG/sv-

ESPRESSO

MODENA, li 29 Ottobre 1957.

Ill. mo Signor
PROCURATORE GENERALE
DELLA REPUBBLICA DI MAN-
TOVA
Presso Tribunale di
M A N T O V A

Lo scrivente si permette di rivolgere alla Signoria Vostra Illustrissima domanda al fine di ottenere la pronta restituzione del relitto della vettura Ferrari protagonista del luttuoso incidente di Guidizzolo, ritenendo che i Signori Periti, dato il tempo trascorso, abbiano potuto esperire tutte le indagini tecniche del caso.

Tale recupero si rende necessario dovendo fra l'altro smontare dal motore gli speciali carburatori sperimentali che urgono per riprendere le prove a suo tempo interrotte.

Confidando in un benevolo accoglimento porgo i più deferenti saluti e ringraziamenti.

Ferrari

È il 29 ottobre. Sono passati cinque mesi e mezzo dall'incidente di Guidizzolo. Enzo Ferrari chiede di poter riavere quel che resta della vettura di De Portago. La vita continua. Le corse pure. E Ferrari vorrebbe recuperare almeno «gli speciali carburatori sperimentali» che equipaggiavano la macchina incidentata.

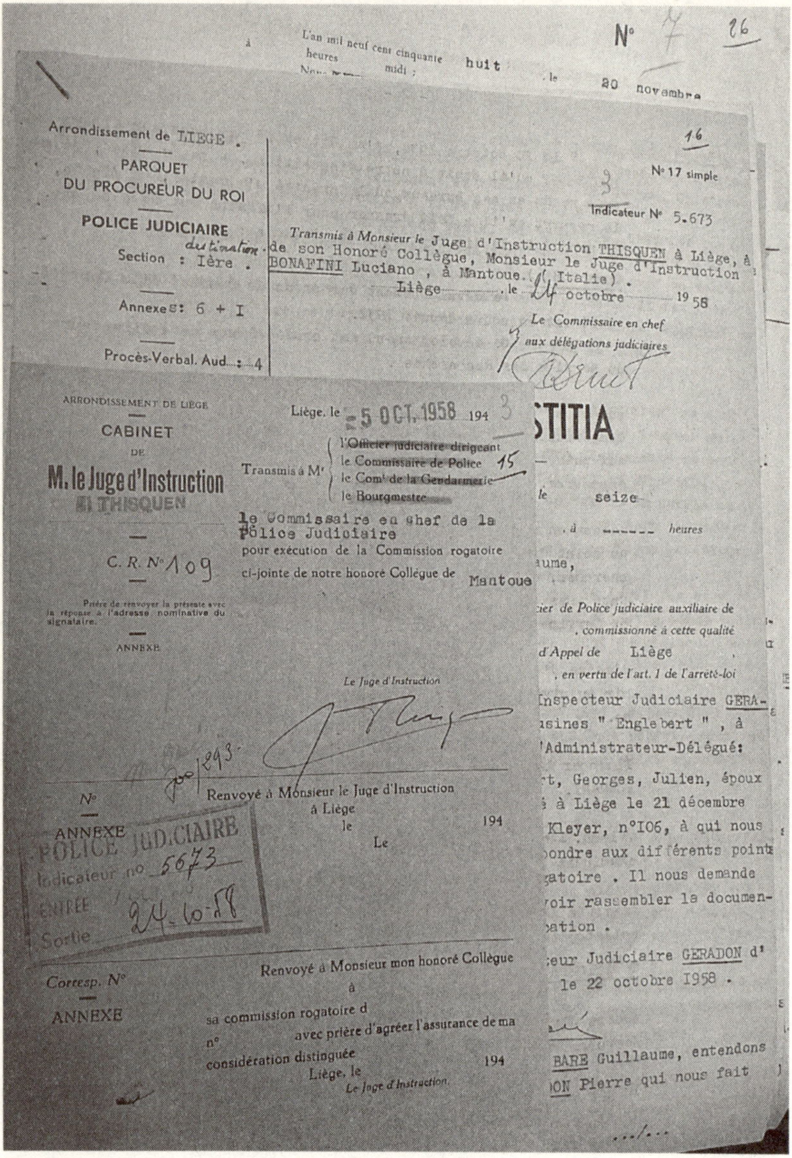

L'an mil neuf cent cinquante huit, le 20 novembre
à heures midi ;

N° 7 26

Arrondissement de LIEGE.

PARQUET DU PROCUREUR DU ROI

POLICE JUDICIAIRE

Section : Ière. destination.

Annexes: 6 + I

Procès-Verbal. Aud. : 4

16

N° 17 simple

3

Indicateur N° 5.673

Transmis à Monsieur le Juge d'Instruction THISQUEN à Liège, à de son Honoré Collègue, Monsieur le Juge d'Instruction BONAFINI Luciano, à Mantoue. (Italie).

Liège, le 24 octobre 1958

Le Commissaire en chef aux délégations judiciaires

ARRONDISSEMENT DE LIÈGE

CABINET DE M. le Juge d'Instruction M. THISQUEN

C. R. N° 109

Prière de renvoyer la présente avec la réponse à l'adresse nominative du signataire.

ANNEXE

Liège, le 5 OCT. 1958 194 3

Transmis à M^r ~~l'Officier judiciaire dirigeant~~ le Commissaire de Police 15 ~~le Com^t de la Gendarmerie~~ ~~le Bourgmestre~~

le Commissaire en chef de la Police Judiciaire pour exécution de la Commission rogatoire ci-jointe de notre honoré Collègue de Mantoue

Le Juge d'Instruction

N°

ANNEXE

Renvoyé à Monsieur le Juge d'Instruction à Liège le 194 Le

POLICE JUDICIAIRE
Indicateur n° 5673
Entrée 24-10-58
Sortie

Corresp. N°

ANNEXE

Renvoyé à Monsieur mon honoré Collègue à sa commission rogatoire d n° avec prière d'agréer l'assurance de ma considération distinguée

Liège, le 194

Le Juge d'Instruction.

...STITIA

le seize
à ------ heures
...aume,
...cier de Police judiciaire auxiliaire de
, commissionné à cette qualité
d'Appel de Liège
, en vertu de l'art. 1 de l'arrêté-loi
Inspecteur Judiciaire GERA-
...sines " Englebert ", à
l'Administrateur-Délégué:
...t, Georges, Julien, époux
... à Liège le 21 décembre
... Kleyer, n°I06, à qui nous
...ondre aux différents point
...atoire. Il nous demande
...oir rassembler la documen-
...ation.
...eur Judiciaire GERADON d'
le 22 octobre 1958.
BARE Guillaume, entendons
...ON Pierre qui nous fait
.../...

Il processo si sposta in Belgio, dove vengono ascoltati l'amministratore delegato e alcuni tecnici della casa di pneumatici Englebert.

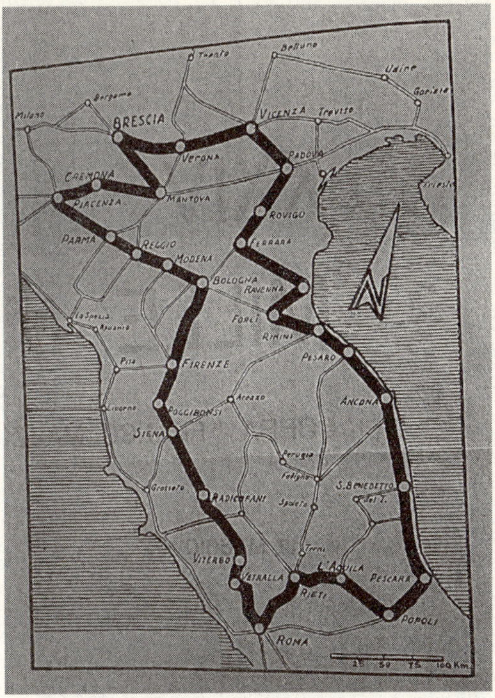

Il percorso della XXIV edizione della Mille Miglia contenuto nell'opuscolo di presentazione della gara, stampato dall'Automobile Club di Brescia, organizzatore della corsa. Mille e seicento chilometri di gara su e giù per metà Italia, da Brescia a Roma e ritorno. Otto controlli con timbro e punzonatura a Ravenna, Pescara, L'Aquila, Roma, Siena, Firenze, Bologna e Mantova.

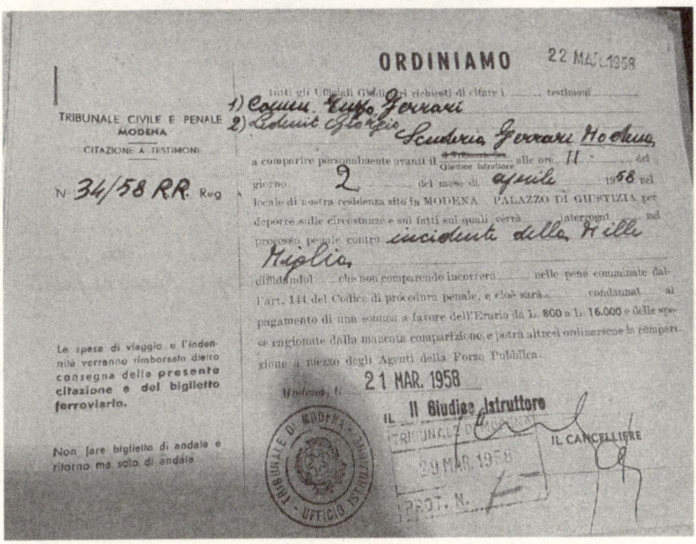

TRIBUNALE CIVILE E PENALE
MODENA
CITAZIONE A TESTIMONI

N. 34/58 RR. Reg.

ORDINIAMO 22 MAR. 1958

tutti gli Ufficiali Giudiziari richiesti di citare i ...... testimoni
1) Comm. Enzo Ferrari
2) Ledenit Giorgio Scuderia Ferrari Modena
a comparire personalmente avanti il Giudice Istruttore alle ore 11 del giorno 2 del mese di aprile 1958 nel locale di nostra residenza sito in MODENA PALAZZO DI GIUSTIZIA per deporre sulle circostanze e sui fatti sui quali verrà ...... interrogati ...... nel processo penale contro incidente della Mille Miglia,
diffidandoli ...... che non comparendo incorrerà ...... nelle pene comminate dal l'art. 144 del Codice di procedura penale, e cioè sarà ...... condannat...... al pagamento di una somma a favore dell'Erario da L. 800 a L. 16.000 e delle spese cagionate dalla mancata comparizione, e potrà altresì ordinarsene la comparizione a mezzo degli Agenti della Forza Pubblica.

Modena, li 21 MAR. 1958

IL Il Giudice Istruttore

IL CANCELLIERE

TRIBUNALE DI MODENA
29 MAR. 1958
PROT. N.

TRIBUNALE DI MODENA – UFFICIO ISTRUZIONE

Le spese di viaggio e l'indennità verranno rimborsate dietro consegna della presente citazione e del biglietto ferroviario.

Non fare biglietto di andata e ritorno ma solo di andata.

Mandato di comparizione in data 21 marzo 1958 per Enzo Ferrari e per Georges Ledent, tecnico della Englebert. Per qualche motivo, il nome del tecnico belga viene scritto all'italiana, Giorgio Ledenit.

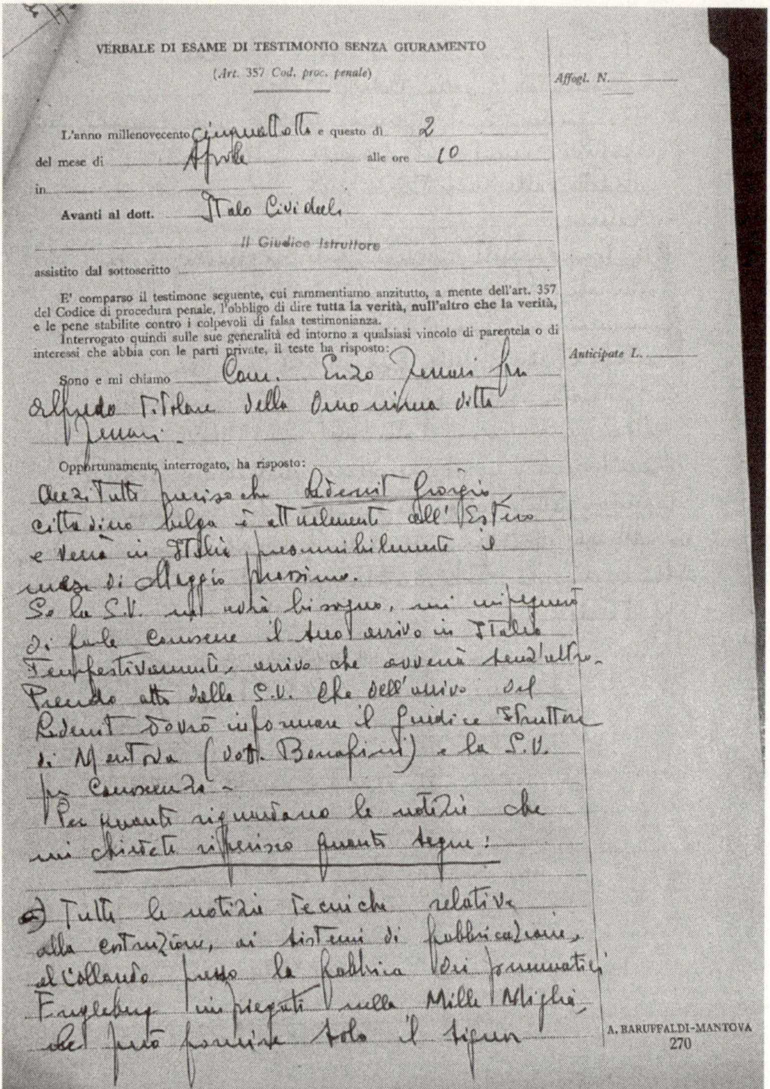

VERBALE DI ESAME DI TESTIMONIO SENZA GIURAMENTO
(Art. 357 Cod. proc. penale)

Affogl. N.

L'anno millenovecento cinquantotto e questo dì 2
del mese di Aprile alle ore 10
in
Avanti al dott. Italo Cividali
Il Giudice Istruttore
assistito dal sottoscritto

E' comparso il testimone seguente, cui rammentiamo anzitutto, a mente dell'art. 357 del Codice di procedura penale, l'obbligo di dire **tutta la verità, null'altro che la verità,** e le pene stabilite contro i colpevoli di falsa testimonianza.
Interrogato quindi sulle sue generalità ed intorno a qualsiasi vincolo di parentela o di interessi che abbia con le parti private, il teste ha risposto:

Anticipate L.

Sono e mi chiamo Comm. Enzo Ferrari fu Alfredo titolare della omonima ditta Ferrari.

Opportunamente interrogato, ha risposto:
Anzitutto preciso che [illegible] Giorgio cittadino belga è attualmente all'Estero e verrà in Italia presumibilmente il mese di Maggio prossimo.
Se la S.V. ne avrà bisogno, mi impegno di farle conoscere il suo arrivo in Italia tempestivamente, arrivo che avverrà senz'altro.
Prendo atto dalla S.V. che dell'arrivo del [illegible] dovrò informare il Giudice Istruttore di Mantova (dott. Bonafini) e la S.V. per conoscenza.
Per quanto riguardano le notizie che mi chiedete riferisco quanto segue:

a) Tutte le notizie tecniche relative alla costruzione, ai sistemi di fabbricazione, al collaudo presso la fabbrica dei pneumatici Englebert impiegati nella Mille Miglia, [illegible] fornire solo il signor [illegible]

A. BARUFFALDI-MANTOVA
270

Verbale di esame di testimone senza giuramento. È il 2 aprile del 1958 ed Enzo Ferrari si presenta davanti al giudice istruttore del Tribunale di Modena. «Sono e mi chiamo Comm. Enzo Ferrari fu Alfredo titolare della omonima ditta Ferrari» dice il Drake.

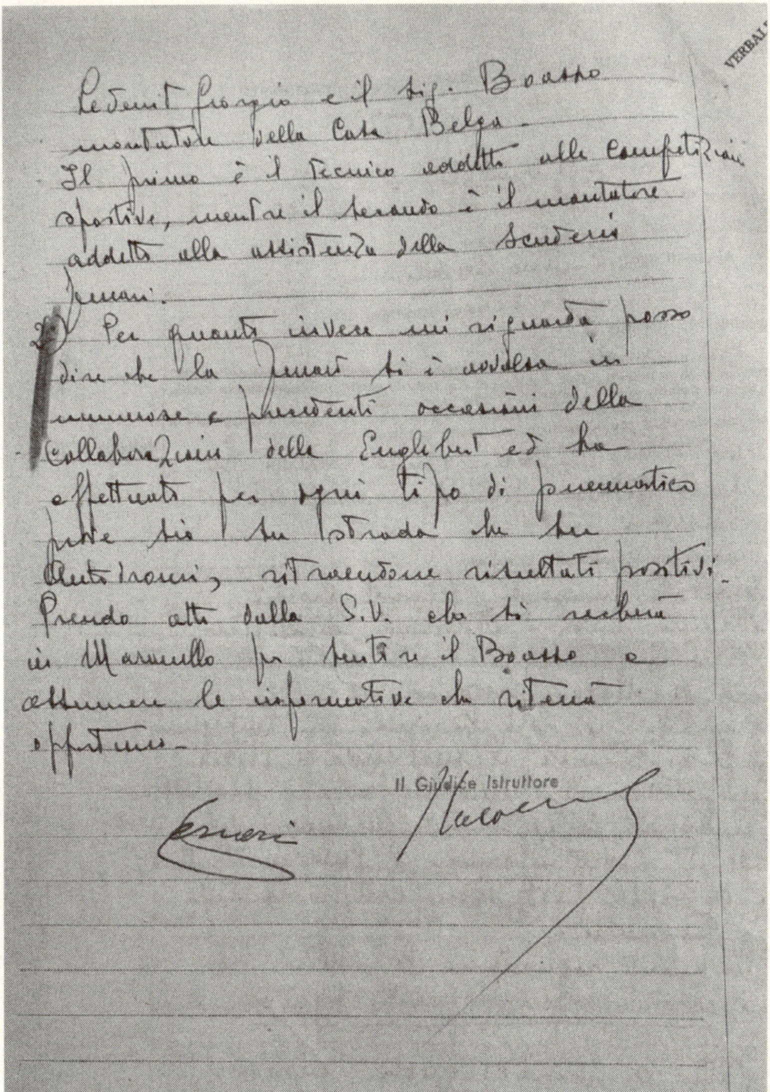

Pedemonte Giorgio e il sig. Boasso
montatore della Casa Belga.
Il primo è il tecnico addetto alle competizioni
sportive, mentre il secondo è il montatore
addetto alla assistenza della Scuderia
Ferrari.
2) Per quanto invece mi riguarda posso
dire che la Ferrari si è avvalsa in
numerose e precedenti occasioni della
collaborazione della Englebert ed ha
effettuato per ogni tipo di pneumatico
prove sia su strada che su
autodromi, ritraendone risultati positivi.
Prendo atto dalla S.V. che si recherà
in Maranello per sentire il Boasso e
ottenere le informative che riterrà
opportune.

Il Giudice Istruttore

Ferrari

La seconda pagina della deposizione di Ferrari del 2 aprile 1958. Da notare la firma del costruttore modenese, non nel suo abitudinario colore viola. E i segni a matita rossa e blu a lato di una sua dichiarazione fatti dal giudice.

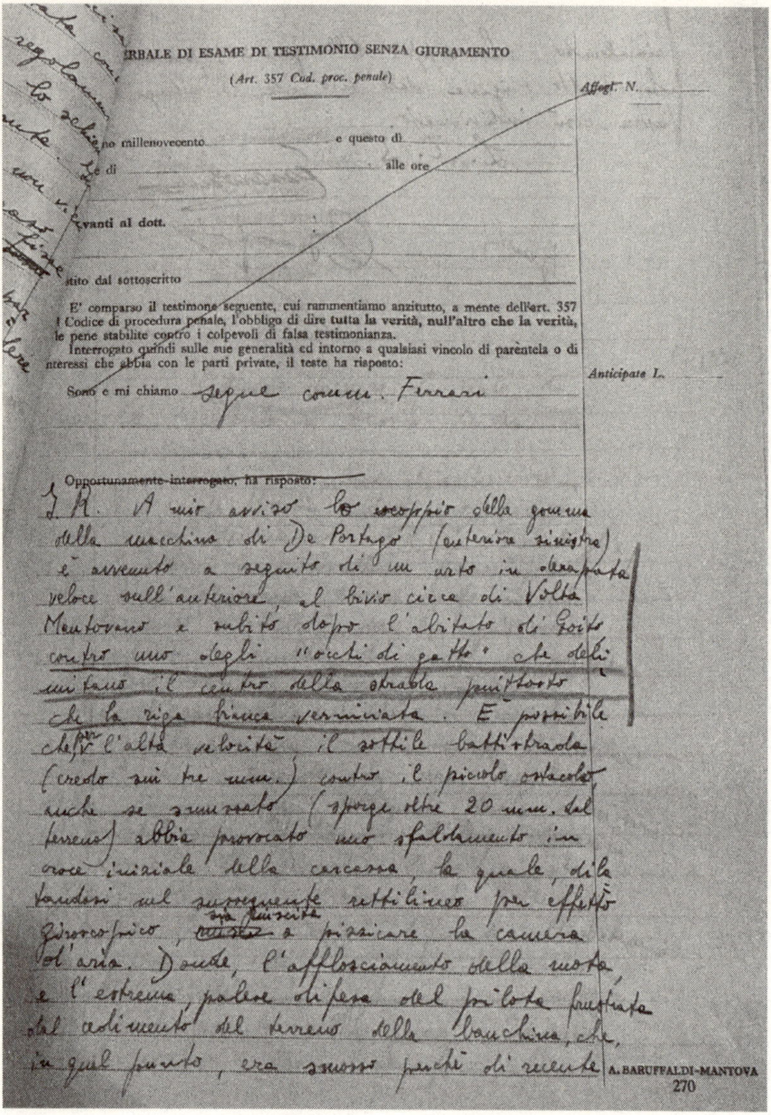

...RBALE DI ESAME DI TESTIMONIO SENZA GIURAMENTO

(Art. 357 Cod. proc. penale)

Affogl. N.

...no millenovecento ... e questo dì ...

...e di ... alle ore ...

...vanti al dott. ...

...stito dal sottoscritto ...

E' comparso il testimone seguente, cui rammentiamo anzitutto, a mente dell'art. 357 ... Codice di procedura penale, l'obbligo di dire tutta la verità, null'altro che la verità, le pene stabilite contro i colpevoli di falsa testimonianza.

Interrogato quindi sulle sue generalità ed intorno a qualsiasi vincolo di parentela o di ...nteressi che abbia con le parti private, il teste ha risposto:

Anticipate L.

Sono e mi chiamo segue comm. Ferrari

~~Opportunamente interrogato, ha risposto:~~

I.R. A mio avviso lo scoppio della gomma della macchina di De Portago (anteriore sinistra) è avvenuto a seguito di un urto in derapata veloce sull'anteriore, al bivio circa di Volta Mantovano e subito dopo l'abitato di Goito contro uno degli "occhi di gatto" che delimitano il centro della strada piuttosto che la riga bianca verniciata. È possibile che per l'alta velocità il sottile battistrada (credo sui tre mm.) contro il piccolo ostacolo, anche se smussato (sporge oltre 20 mm. dal terreno) abbia provocato uno sfaldamento in croce iniziale della carcassa, la quale, dilaniandosi nel susseguente rettilineo per effetto giroscopico, sia riuscita a pizzicare la camera d'aria. Donde, l'afflosciamento della ruota e l'estrema, palese difesa del pilota frustrata dal cedimento del terreno della banchina, che in quel punto, era smosso perché di recente

A. BARUFFALDI-MANTOVA
270

Nella deposizione del 6 aprile 1959, Enzo Ferrari ipotizza che «lo scoppio della gomma della macchina di De Portago (anteriore sinistra) è avvenuto a seguito di un urto in derapata veloce sull'anteriore (…) contro uno degli "occhi di gatto" che delimitano il centro della strada».

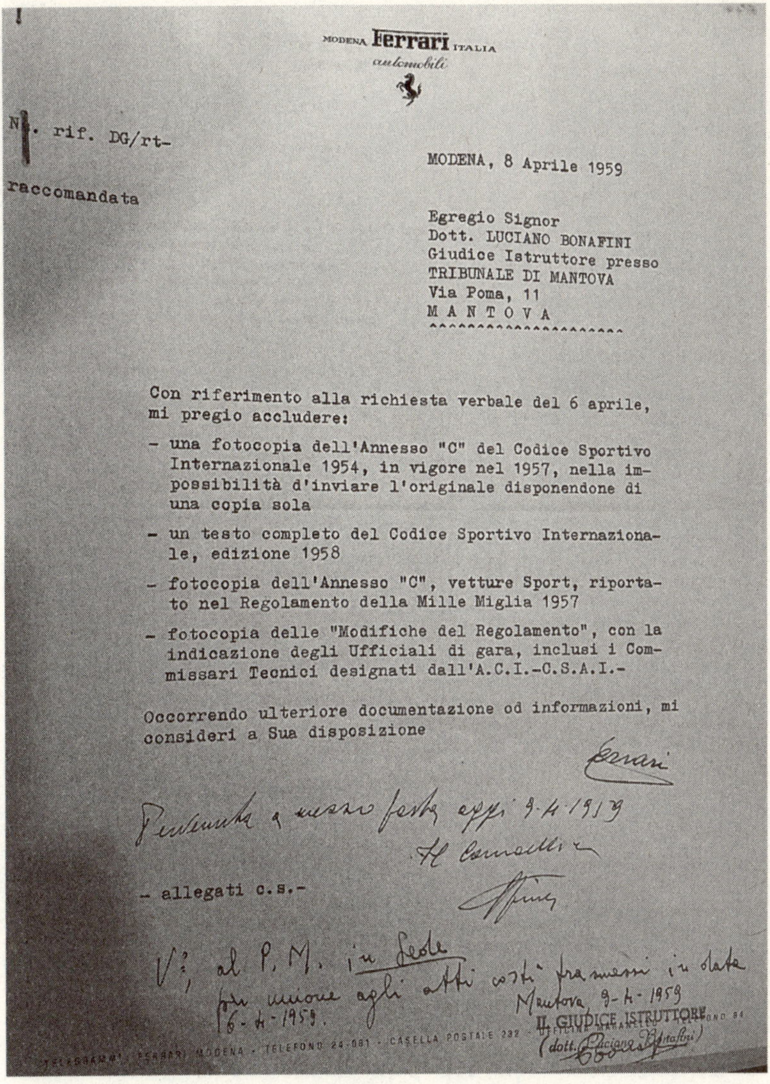

MODENA **Ferrari** ITALIA
automobili

N. rif. DG/rt-

raccomandata

MODENA, 8 Aprile 1959

Egregio Signor
Dott. LUCIANO BONAFINI
Giudice Istruttore presso
TRIBUNALE DI MANTOVA
Via Poma, 11
M A N T O V A

Con riferimento alla richiesta verbale del 6 aprile, mi pregio accludere:

- una fotocopia dell'Annesso "C" del Codice Sportivo Internazionale 1954, in vigore nel 1957, nella impossibilità d'inviare l'originale disponendone di una copia sola
- un testo completo del Codice Sportivo Internazionale, edizione 1958
- fotocopia dell'Annesso "C", vetture Sport, riportato nel Regolamento della Mille Miglia 1957
- fotocopia delle "Modifiche del Regolamento", con la indicazione degli Ufficiali di gara, inclusi i Commissari Tecnici designati dall'A.C.I.-C.S.A.I.-

Occorrendo ulteriore documentazione od informazioni, mi consideri a Sua disposizione

Ferrari

Pervenuta a mezzo posta oggi 9-4-1959
Il Cancelliere

- allegati c.s.-

V., al P.M. in sede per unione agli atti costì trasmessi in data 6-4-1959.
Mantova 9-4-1959
IL GIUDICE ISTRUTTORE
(dott. Luciano Bonafini)

TELEGRAMMI: FERRARI MODENA - TELEFONO 24.081 - CASELLA POSTALE 232 -

L'8 aprile 1959, due giorni dopo essere stato ascoltato, Enzo Ferrari invia al giudice istruttore del Tribunale di Mantova una serie di documenti, tra cui l'Annesso C al regolamento sportivo, che parla della presenza a bordo delle vetture da corsa della *capote*, elemento in realtà ininfluente ai fini del processo, ma sul quale per giorni si cristallizzò l'attenzione degli inquirenti.

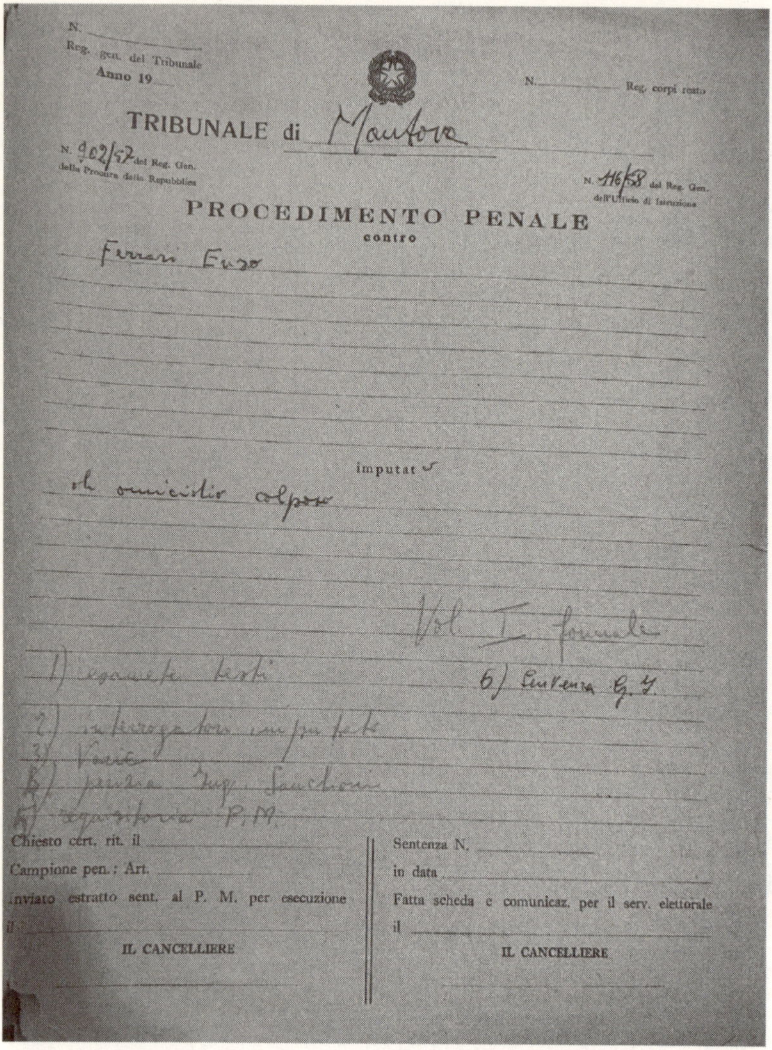
N. ____
Reg. gen. del Tribunale
Anno 19__

N. ____ Reg. corpi reato

TRIBUNALE di Mantova

N. 902/57 del Reg. Gen. della Procura della Repubblica

N. 116/58 del Reg. Gen. dell'Ufficio di Istruzione

PROCEDIMENTO PENALE
contro

Ferrari Enzo

imputato

di omicidio colposo

Vol I formale

1) esame testi
2) interrogatorio imputato
3) Varie
4) perizia Ing. Sanchioni
5) requisitoria P.M.
6) Sentenza G. I.

Chiesto cert. rit. il ____
Campione pen.: Art. ____
Inviato estratto sent. al P. M. per esecuzione il ____
IL CANCELLIERE

Sentenza N. ____
in data ____
Fatta scheda e comunicaz. per il serv. elettorale il ____
IL CANCELLIERE

La cartella nella quale sono contenuti i verbali della deposizione di Enzo Ferrari «imputato», si legge, «di omicidio colposo».

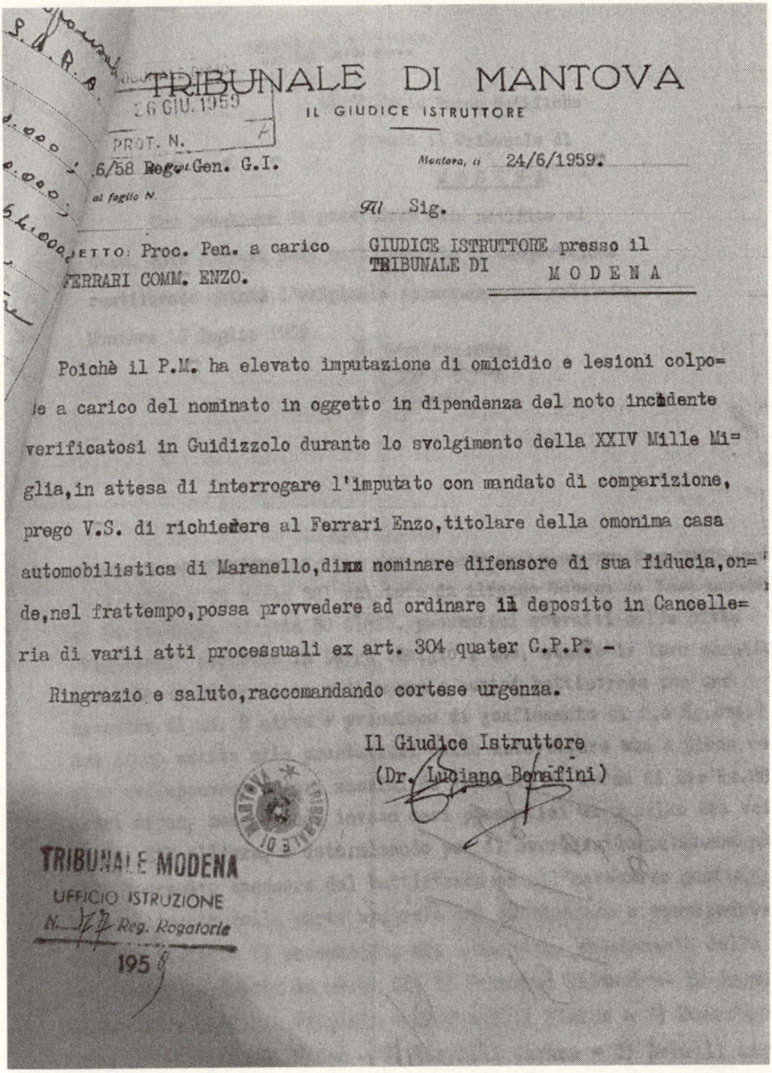
TRIBUNALE DI MANTOVA
IL GIUDICE ISTRUTTORE

26 GIU. 1959
PROT. N.

.6/58 Reg. Gen. G.I.

Mantova, li 24/6/1959.

al foglio N.

Al Sig.

GIUDICE ISTRUTTORE presso il TRIBUNALE DI MODENA

OGGETTO: Proc. Pen. a carico FERRARI COMM. ENZO.

Poichè il P.M. ha elevato imputazione di omicidio e lesioni colpose a carico del nominato in oggetto in dipendenza del noto incidente verificatosi in Guidizzolo durante lo svolgimento della XXIV Mille Miglia, in attesa di interrogare l'imputato con mandato di comparizione, prego V.S. di richiedere al Ferrari Enzo, titolare della omonima casa automobilistica di Maranello, di nominare difensore di sua fiducia, onde, nel frattempo, possa provvedere ad ordinare il deposito in Cancelleria di varii atti processuali ex art. 304 quater C.P.P. -

Ringrazio e saluto, raccomandando cortese urgenza.

Il Giudice Istruttore
(Dr. Luciano Bonafini)

TRIBUNALE DI MANTOVA

TRIBUNALE MODENA
UFFICIO ISTRUZIONE
N. Reg. Rogatorie
195

Comunicazione tra i Tribunali di Mantova e Modena nella quale il primo comunica al secondo l'elevazione di imputazione di omicidio e lesioni colpose ai danni di Enzo Ferrari. È il 24 giugno 1959.

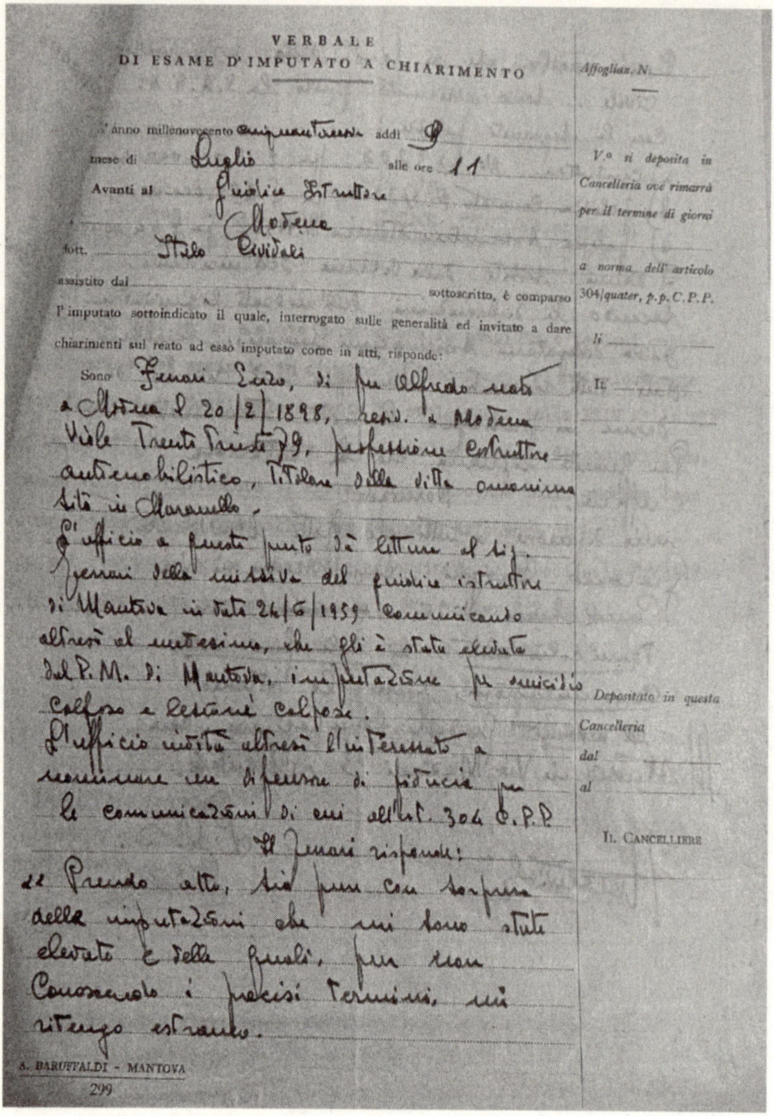

VERBALE
DI ESAME D'IMPUTATO A CHIARIMENTO

L'anno millenovecento cinquantanove addì 9
mese di Luglio alle ore 11
Avanti al Giudice Istruttore
Modena
dott. Italo Cividali
assistito dal sottoscritto, è comparso l'imputato sottoindicato il quale, interrogato sulle generalità ed invitato a dare chiarimenti sul reato ad esso imputato come in atti, risponde:

Sono Ferrari Enzo, di fu Alfredo nato a Modena il 20/2/1898, resid. a Modena Viale Trento Trieste 79, professione costruttore automobilistico, titolare della ditta omonima sita in Maranello.
L'ufficio a questo punto dà lettura al sig. Ferrari della missiva del giudice istruttore di Mantova in data 24/6/1959 comunicando altresì al medesimo, che gli è stata elevata dal P.M. di Mantova, imputazione per omicidio colposo e lesioni colpose.
L'ufficio invita altresì l'interessato a nominare un difensore di fiducia per le comunicazioni di cui all'art. 304 C.P.P.
Il Ferrari risponde:
«Prendo atto, sia pure con sorpresa delle imputazioni che mi sono state elevate e delle quali, pur non conoscendo i precisi termini, mi ritengo estraneo.

A. BARUFFALDI - MANTOVA
299

Affogliaz. N.

V.° si deposita in Cancelleria ove rimarrà per il termine di giorni

a norma dell'articolo 304/quater, p.p. C.P.P.

li

Il

Depositato in questa Cancelleria
dal
al

IL CANCELLIERE

Convocato presso il Tribunale di Modena per le undici del mattino del 9 luglio 1959, Enzo Ferrari prende «atto, sia pure con sorpresa, delle imputazioni che mi sono state elevate e delle quali, pur non conoscendo i precisi termini, mi ritengo estraneo».

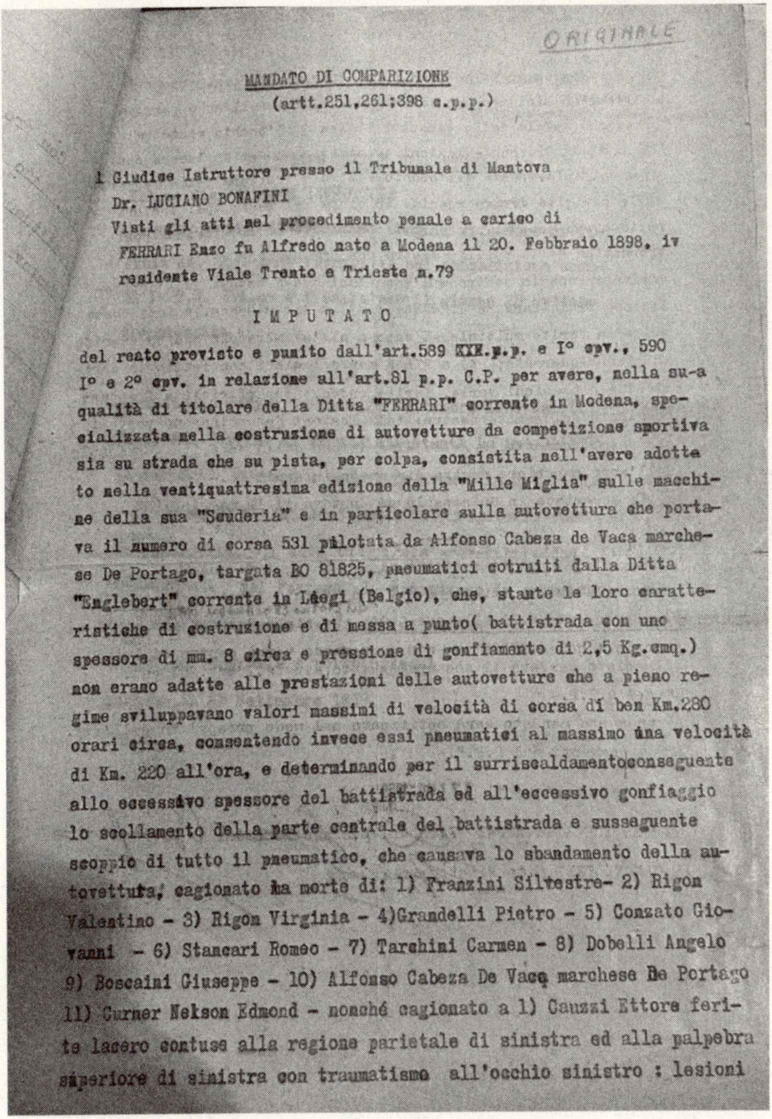

ORIGINALE

MANDATO DI COMPARIZIONE
(artt.251,261;398 c.p.p.)

l Giudice Istruttore presso il Tribunale di Mantova
Dr. LUCIANO BONAFINI
Visti gli atti nel procedimento penale a carico di
FERRARI Enzo fu Alfredo nato a Modena il 20. Febbraio 1898, iv residente Viale Trento e Trieste n.79

I M P U T A T O

del reato previsto e punito dall'art.589 XXX.p.p. e I° cpv., 590 I° e 2° cpv. in relazione all'art.81 p.p. C.P. per avere, nella su-a qualità di titolare della Ditta "FERRARI" corrente in Modena, specializzata nella costruzione di autovetture da competizione sportiva sia su strada che su pista, per colpa, consistita nell'avere adotteto nella ventiquattresima edizione della "Mille Miglia" sulle macchine della sua "Scuderia" e in particolare sulla autovettura che portava il numero di corsa 531 pilotata da Alfonso Cabeza de Vaca marchese De Portago, targata BO 81825, pneumatici cotruiti dalla Ditta "Englebert" corrente in Liegi (Belgio), che, stante le loro caratteristiche di costruzione e di messa a punto(battistrada con uno spessore di mm. 8 circa e pressione di gonfiamento di 2,5 Kg.cmq.) non erano adatte alle prestazioni delle autovetture che a pieno regime sviluppavano valori massimi di velocità di corsa di ben Km.280 orari circa, consentendo invece essi pneumatici al massimo una velocità di Km. 220 all'ora, e determinando per il surriscaldamentoconseguente allo eccessivo spessore del battistrada ed all'eccessivo gonfiaggio lo scollamento della parte centrale del battistrada e susseguente scoppio di tutto il pneumatico, che causava lo sbandamento della autovettura, cagionato la morte di: 1) Franzini Silvestre- 2) Rigon Valentino - 3) Rigon Virginia - 4)Grandelli Pietro - 5) Conzato Giovanni - 6) Stancari Romeo - 7) Tarchini Carmen - 8) Dobelli Angelo 9) Boscaini Giuseppe - 10) Alfonso Cabeza De Vaca marchese De Portago 11) Gurner Nelson Edmond - nonché cagionato a 1) Cauzzi Ettore ferite lacero contuse alla regione parietale di sinistra ed alla palpebra superiore di sinistra con traumatismo all'occhio sinistro : lesioni

Il mandato di comparizione a carico di Enzo Ferrari, «per colpa, consistita nell'avere adottato (…) sulle macchine della sua "Scuderia", e in particolare sull'autovettura che portava il numero di corsa 531 pilotata da Alfonso Cabeza de Vaca marchese De Portago (…) pneumatici costruiti dalla ditta "Englebert" corrente in Liegi (Belgio) che, stante le loro caratteristiche di costruzione e di messa a punto (…) non erano adatte alle prestazioni delle autovetture».

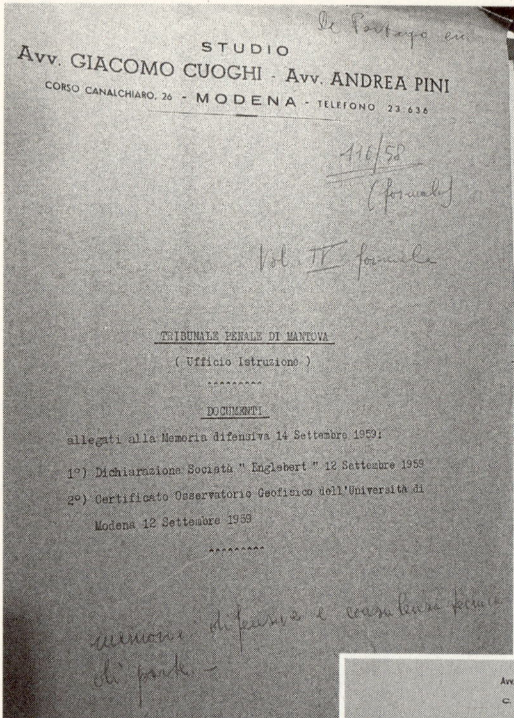

STUDIO
Avv. GIACOMO CUOGHI - Avv. ANDREA PINI
CORSO CANALCHIARO, 26 - MODENA - TELEFONO 23-636

TRIBUNALE PENALE DI MANTOVA
(Ufficio Istruzione)

DOCUMENTI

allegati alla Memoria difensiva 14 Settembre 1959:

1°) Dichiarazione Società " Englebert " 12 Settembre 1959

2°) Certificato Osservatorio Geofisico dell'Università di Modena 12 Settembre 1959

La cartelletta nella quale l'avvocato Giacomo Cuoghi, difensore di Enzo Ferrari, ha inserito la memoria difensiva del suo assistito che deposita alla Cancelleria del Tribunale di Mantova il 14 settembre 1959.

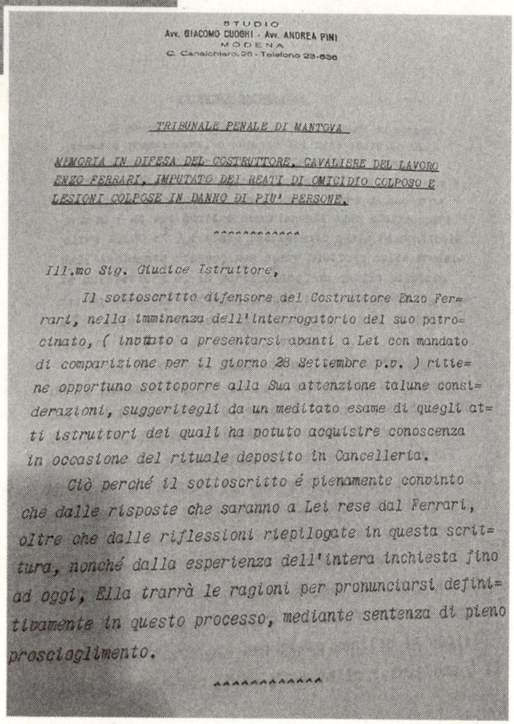

STUDIO
Avv. GIACOMO CUOGHI - Avv. ANDREA PINI
MODENA
C. Canalchiaro, 26 - Telefono 23-636

TRIBUNALE PENALE DI MANTOVA

MEMORIA IN DIFESA DEL COSTRUTTORE, CAVALIERE DEL LAVORO ENZO FERRARI, IMPUTATO DEI REATI DI OMICIDIO COLPOSO E LESIONI COLPOSE IN DANNO DI PIU' PERSONE.

Ill.mo Sig. Giudice Istruttore,

Il sottoscritto difensore del Costruttore Enzo Ferrari, nella imminenza dell'interrogatorio del suo patrocinato, (invitato a presentarsi avanti a Lei con mandato di comparizione per il giorno 28 Settembre p.v.) ritiene opportuno sottoporre alla Sua attenzione talune considerazioni, suggeritegli da un meditato esame di quegli atti istruttori dei quali ha potuto acquisire conoscenza in occasione del rituale deposito in Cancelleria.

Ciò perché il sottoscritto é pienamente convinto che dalle risposte che saranno a Lei rese dal Ferrari, oltre che dalle riflessioni riepilogate in questa scrittura, nonché dalla esperienza dell'intera inchiesta fino ad oggi, Ella trarrà le ragioni per pronunciarsi definitivamente in questo processo, mediante sentenza di pieno proscioglimento.

La prima pagina della memoria difensiva di Enzo Ferrari. L'avvocato Cuoghi si dice convinto che il proprio cliente sarà prosciolto completamente. A questo punto la strada è però ancora lunga e tutta in salita.

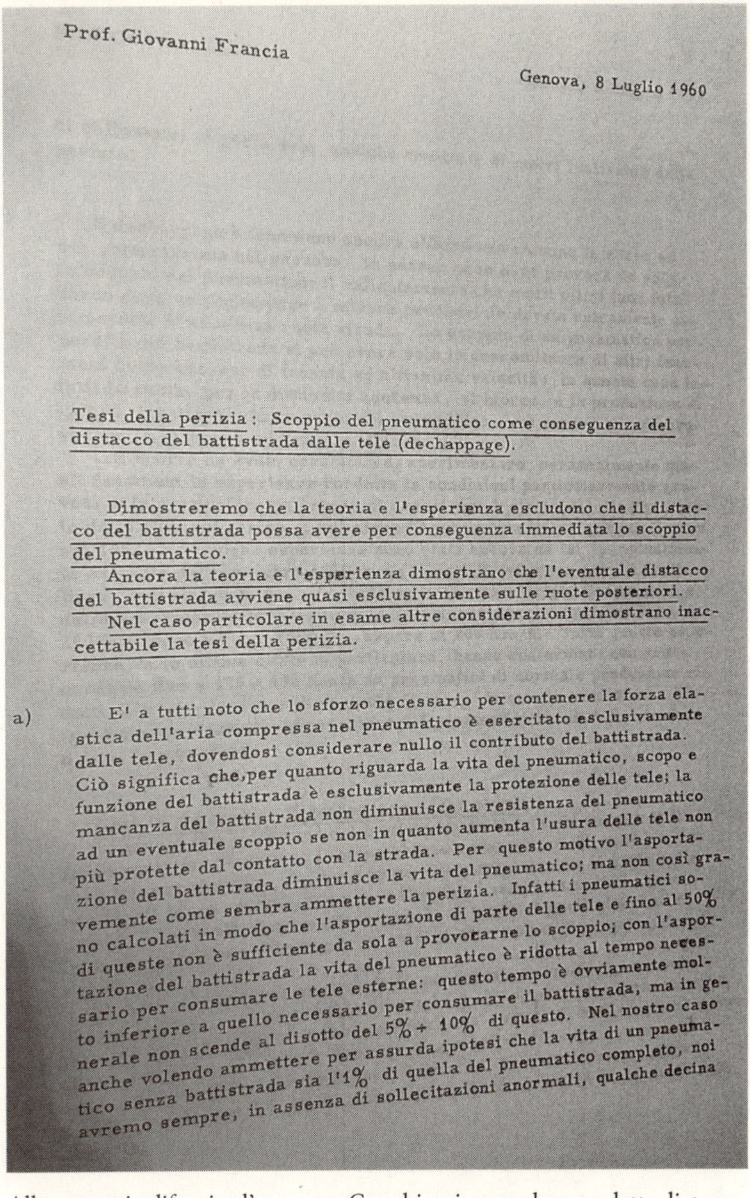

Prof. Giovanni Francia

Genova, 8 Luglio 1960

Tesi della perizia : Scoppio del pneumatico come conseguenza del distacco del battistrada dalle tele (dechappage).

Dimostreremo che la teoria e l'esperienza escludono che il distacco del battistrada possa avere per conseguenza immediata lo scoppio del pneumatico.

Ancora la teoria e l'esperienza dimostrano che l'eventuale distacco del battistrada avviene quasi esclusivamente sulle ruote posteriori.

Nel caso particolare in esame altre considerazioni dimostrano inaccettabile la tesi della perizia.

a) E' a tutti noto che lo sforzo necessario per contenere la forza elastica dell'aria compressa nel pneumatico è esercitato esclusivamente dalle tele, dovendosi considerare nullo il contributo del battistrada. Ciò significa che, per quanto riguarda la vita del pneumatico, scopo e funzione del battistrada è esclusivamente la protezione delle tele; la mancanza del battistrada non diminuisce la resistenza del pneumatico ad un eventuale scoppio se non in quanto aumenta l'usura delle tele non più protette dal contatto con la strada. Per questo motivo l'asportazione del battistrada diminuisce la vita del pneumatico; ma non così gravemente come sembra ammettere la perizia. Infatti i pneumatici sono calcolati in modo che l'asportazione di parte delle tele e fino al 50% di queste non è sufficiente da sola a provocarne lo scoppio; con l'asportazione del battistrada la vita del pneumatico è ridotta al tempo necessario per consumare le tele esterne: questo tempo è ovviamente molto inferiore a quello necessario per consumare il battistrada, ma in generale non scende al disotto del 5% ÷ 10% di questo. Nel nostro caso anche volendo ammettere per assurda ipotesi che la vita di un pneumatico senza battistrada sia l'1% di quella del pneumatico completo, noi avremo sempre, in assenza di sollecitazioni anormali, qualche decina

Alla memoria difensiva l'avvocato Cuoghi unisce anche una dettagliata perizia tecnica di parte. Redatta dal professor Giovanni Francia della facoltà di Scienze dell'Università di Genova, avrà il potere di suscitare dubbi in chi dovrà giudicare Enzo Ferrari.

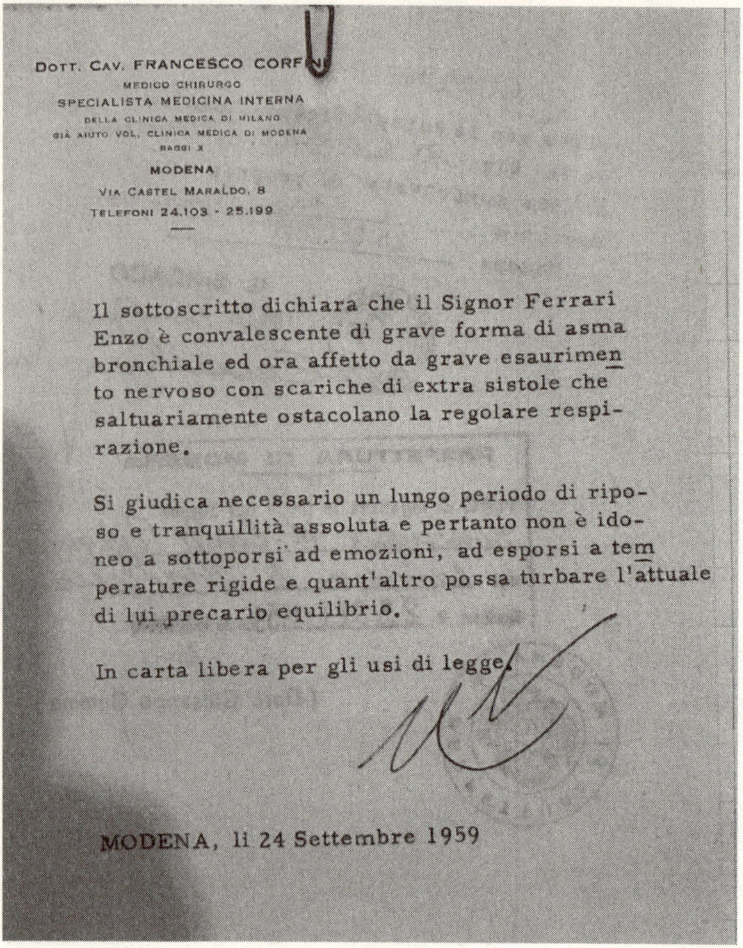

DOTT. CAV. FRANCESCO CORF[illegible]NI
MEDICO CHIRURGO
SPECIALISTA MEDICINA INTERNA
DELLA CLINICA MEDICA DI MILANO
GIÀ AIUTO VOL. CLINICA MEDICA DI MODENA
RAGGI X
MODENA
VIA CASTEL MARALDO, 8
TELEFONI 24.103 - 25.199

Il sottoscritto dichiara che il Signor Ferrari Enzo è convalescente di grave forma di asma bronchiale ed ora affetto da grave esaurimento nervoso con scariche di extra sistole che saltuariamente ostacolano la regolare respirazione.

Si giudica necessario un lungo periodo di riposo e tranquillità assoluta e pertanto non è idoneo a sottoporsi ad emozioni, ad esporsi a temperature rigide e quant'altro possa turbare l'attuale di lui precario equilibrio.

In carta libera per gli usi di legge.

MODENA, li 24 Settembre 1959

Il certificato redatto dal medico curante di Enzo Ferrari con il quale, il 24 settembre 1959, il costruttore modenese chiede di rinviare l'udienza in programma presso il Tribunale di Mantova di lì a quattro giorni. Il successo sarà solo parziale. Ferrari verrà ascoltato il 1° ottobre.

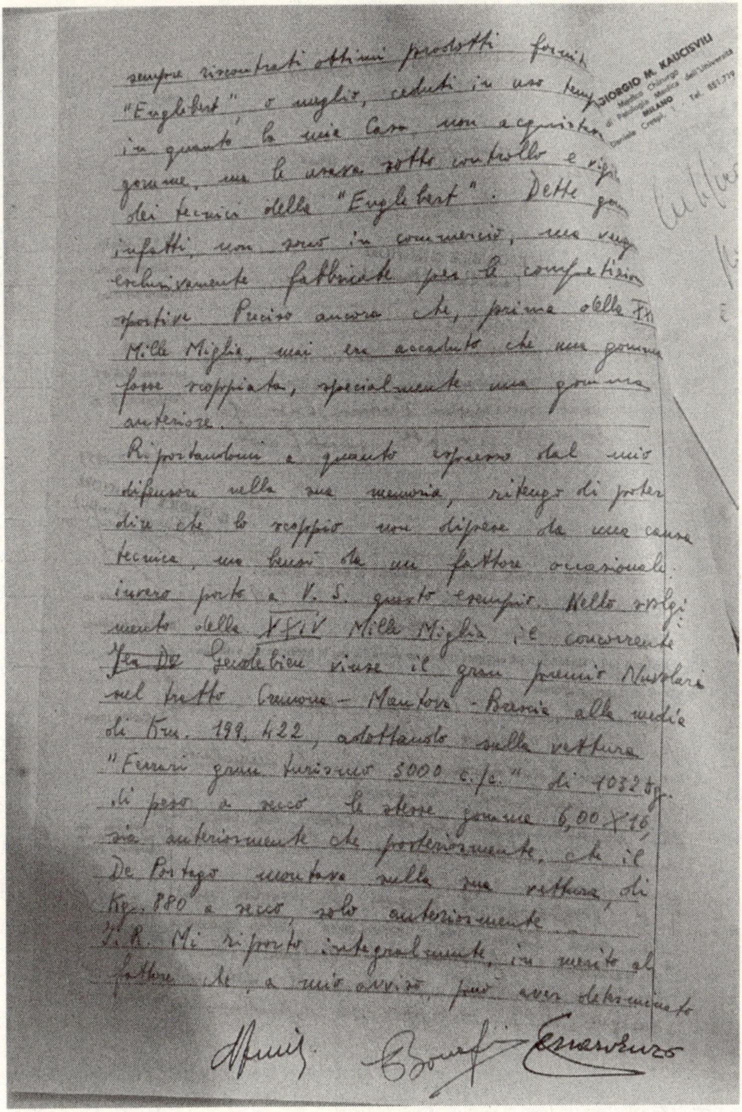

sempre riscontrati ottimi prodotti forniti
"Englebert" o meglio, ceduti in uso temp
in quanto la mia Casa non acquista
gomme, ma le aveva sotto controllo e vigi
dei tecnici della "Englebert". Dette go
infatti, non sono in commercio, ma veng
esclusivamente fabbricate per le competizion
sportive. Preciso ancora che, prima della XX
Mille Miglia, mai era accaduto che una gomma
fosse scoppiata, specialmente una gomma
anteriore.
Riportandomi a quanto espresso dal mio
difensore nella sua memoria, ritengo di poter
dire che lo scoppio non dipese da una causa
tecnica, ma bensì da un fattore occasionale.
invero porto a V. S. questo esempio. Nello svolgi-
mento della XXIV Mille Miglia il concorrente
~~Pa De~~ Gendebien vinse il gran premio Nuvolari
nel tratto Cremona - Mantova - Brescia alla media
di Km. 199,422, adottando sulla vettura
"Ferrari gran turismo 3000 c.c." di 1032 kg.
di peso a secco le stesse gomme 6,00 X 16,
sia anteriormente che posteriormente, che il
De Portago montava sulla sua vettura, di
Kg. 880 a secco, solo anteriormente.
I.R. Mi riporto integralmente, in merito al
fattore che, a mio avviso, può aver determinato

GIORGIO M. KAUCISVILI
Medico Chirurgo
di Patologia Medica dell'Università
MILANO
Tel. 651.779

Una particolarità. Nella seconda pagina della minuta dell'interrogatorio del 1° ottobre 1959, Enzo Ferrari firma con il nome intero non limitandosi alla classica e iconica firma «Ferrari». Il colore dell'inchiostro, invece, è il tradizionale e amato viola che rimandava al ricordo del padre.

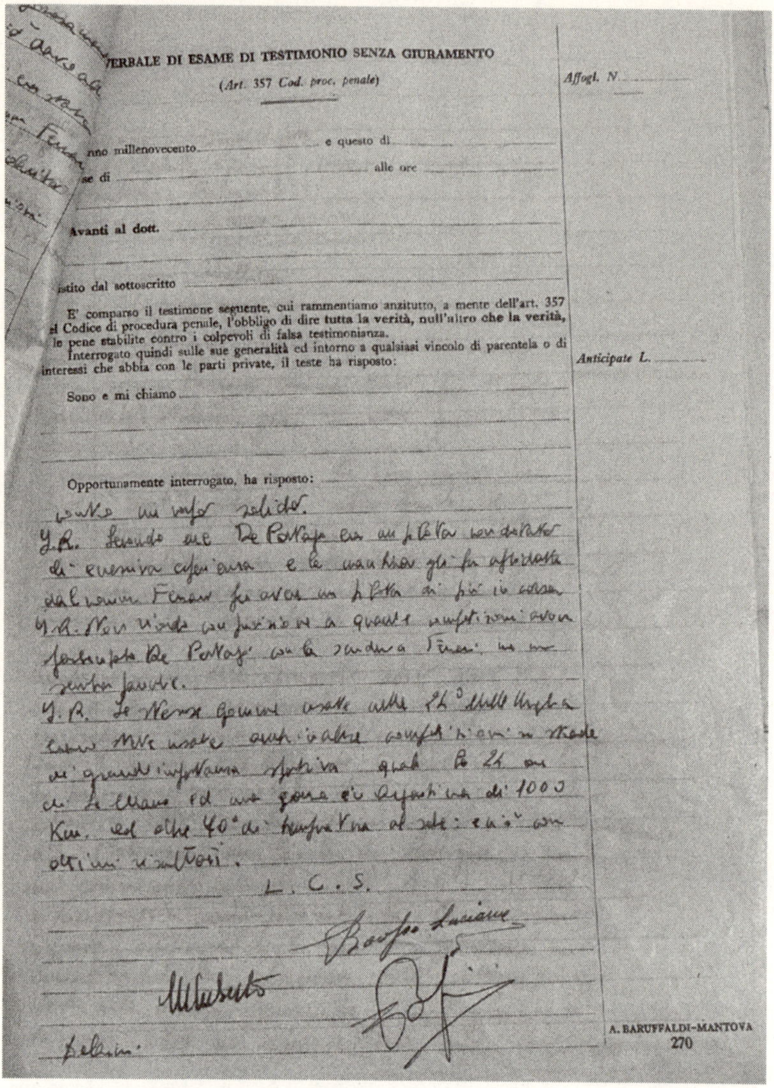

VERBALE DI ESAME DI TESTIMONIO SENZA GIURAMENTO

(Art. 357 Cod. proc. penale)

Affogl. N.

L'anno millenovecento .... e questo dì ....

mese di .... alle ore ....

Avanti al dott. ....

assistito dal sottoscritto ....

E' comparso il testimone seguente, cui rammentiamo anzitutto, a mente dell'art. 357 del Codice di procedura penale, l'obbligo di dire tutta la verità, null'altro che la verità, e le pene stabilite contro i colpevoli di falsa testimonianza.

Interrogato quindi sulle sue generalità ed intorno a qualsiasi vincolo di parentela o di interessi che abbia con le parti private, il teste ha risposto:

Anticipate L.

Sono e mi chiamo ....

Opportunamente interrogato, ha risposto:

usate un tipo solido.

D.R. Secondo me De Portago era un pilota non dotato di eccessiva esperienza e la macchina gli fu affidata dal comm. Ferrari per avere un pilota in più in corsa.

D.R. Non ricordo con precisione a quali competizioni aveva partecipato De Portago con la vettura Ferrari ma mi sembra parecchie.

D.R. Le stesse gomme usate alla 24ª delle Mille Miglia erano state usate anche in altre competizioni su strade di grande importanza sportiva quale la 24 ore di Le Mans ed una gara di regolarità di 1000 Km. ed oltre 40° di temperatura al sole: e ciò con ottimi risultati.

L. C. S.

Boasso Luciano

A. BARUFFALDI-MANTOVA
270

La terza e ultima pagina della deposizione del 28 giugno 1960 di Luciano Boasso, il tecnico della Englebert dislocato presso la fabbrica Ferrari di Maranello. Nella seconda e terza riga Boasso ipotizza che De Portago fosse «un pilota non dotato di eccessiva esperienza». La dichiarazione, non suffragata da alcuna prova, rischia di inguaiare ulteriormente Ferrari.

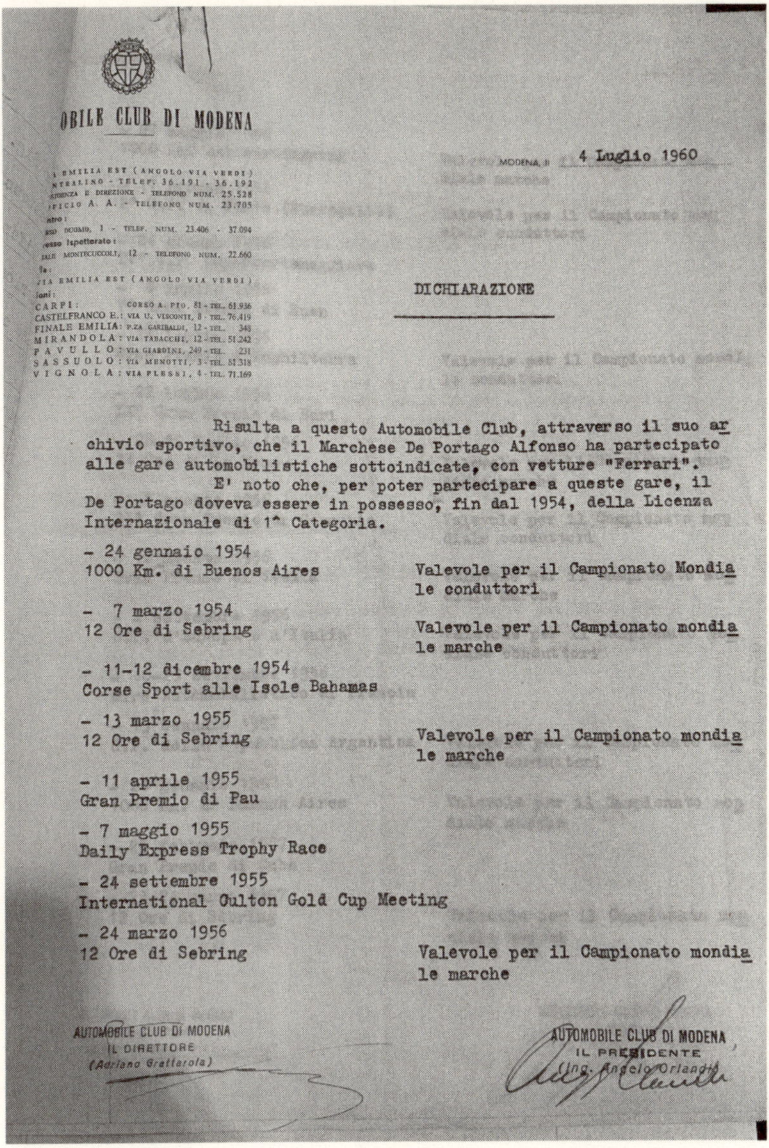

OBILE CLUB DI MODENA

A EMILIA EST (ANGOLO VIA VERDI)
NTRALINO - TELEF. 36.191 - 36.192
IDENZA E DIREZIONE - TELEFONO NUM. 25.528
FICIO A. A. - TELEFONO NUM. 23.705
ntro:
SO DUOMO, 1 - TELEF. NUM. 23.406 - 37.094
esso Ispettorato:
ALE MONTECUCCOLI, 12 - TELEFONO NUM. 22.660
a:
VIA EMILIA EST (ANGOLO VIA VERDI)
ioni:
CARPI: CORSO A. PIO, 81 - TEL. 61.936
CASTELFRANCO E.: VIA U. VISCONTI, 8 - TEL. 76.419
FINALE EMILIA: P.ZA GARIBALDI, 12 - TEL. 348
MIRANDOLA: VIA TABACCHI, 12 - TEL. 51.242
PAVULLO: VIA GIARDINI, 249 - TEL. 231
SASSUOLO: VIA MENOTTI, 3 - TEL. 81.318
VIGNOLA: VIA PLESSI, 4 - TEL. 71.169

MODENA, li 4 Luglio 1960

DICHIARAZIONE

Risulta a questo Automobile Club, attraverso il suo archivio sportivo, che il Marchese De Portago Alfonso ha partecipato alle gare automobilistiche sottoindicate, con vetture "Ferrari".

E' noto che, per poter partecipare a queste gare, il De Portago doveva essere in possesso, fin dal 1954, della Licenza Internazionale di 1^ Categoria.

- 24 gennaio 1954
1000 Km. di Buenos Aires — Valevole per il Campionato Mondiale conduttori

- 7 marzo 1954
12 Ore di Sebring — Valevole per il Campionato mondiale marche

- 11-12 dicembre 1954
Corse Sport alle Isole Bahamas

- 13 marzo 1955
12 Ore di Sebring — Valevole per il Campionato mondiale marche

- 11 aprile 1955
Gran Premio di Pau

- 7 maggio 1955
Daily Express Trophy Race

- 24 settembre 1955
International Oulton Gold Cup Meeting

- 24 marzo 1956
12 Ore di Sebring — Valevole per il Campionato mondiale marche

AUTOMOBILE CLUB DI MODENA
IL DIRETTORE
(Adriano Grattarola)

AUTOMOBILE CLUB DI MODENA
IL PRESIDENTE
(Ing. Angelo Orlandi)

La dichiarazione con la quale il presidente dell'Automobile Club di Modena attesta della grande esperienza sportiva di De Portago, messa in discussione dall'incauta dichiarazione del tecnico della Englebert Luciano Boasso.

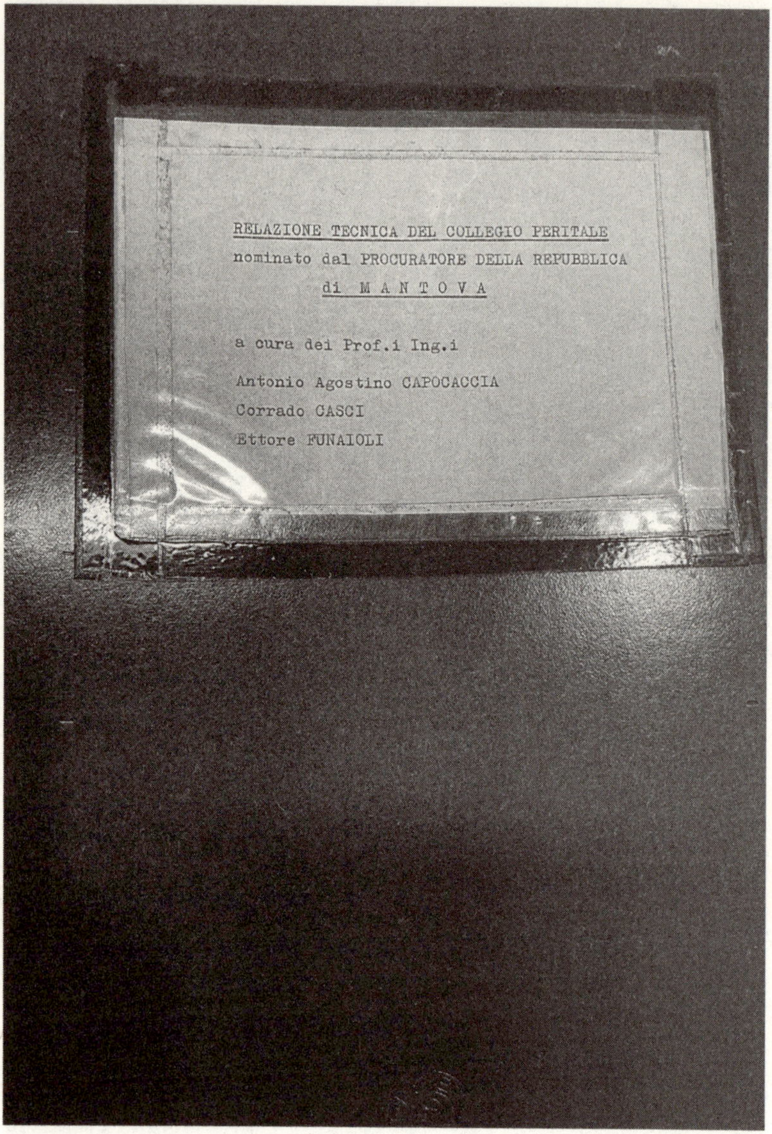

La copertina della relazione tecnica del secondo collegio peritale nominato dal procuratore della Repubblica di Mantova. La relazione viene presentata il 29 aprile 1961.

d) Anche se il calcolo teorico della velocità critica può portare soltanto a risultati orientativi, da prendere quindi con una certa cautela, può essere interessante effettuarlo. Per questo ci possiamo valere dei risultati del citato studio di D.M. Turner che dà per la velocità critica la seguente espressione:

$$v_c = \sqrt{\frac{a\ p\ g}{\gamma\ b\ tg^2\alpha}}$$

(che corrisponde alla formula citata al punto a) purchè ivi si ponga: $k = \sqrt{\frac{a\ g}{\gamma\ b\ tg^2\alpha}}$)

Il significato dei simboli è il seguente:

- <u>a</u> è il raggio di curvatura medio della sezione del pneumatico eseguita con un piano passante per l'asse;
- <u>b</u> è lo spessore complessivo medio della carcassa e del battistrada;
- <u>γ</u> è il peso specifico medio del pneumatico;
- g è la accelerazione di gravità;
- <u>α</u> è l'angolo formato dai fili delle tele con il piano medio del pneumatico.

Ponendo nella formula i seguenti valori (desunti dall'esame del pneumatico incriminato e che riteniamo cautelativi

Una delle pagine della relazione della seconda perizia tecnica.

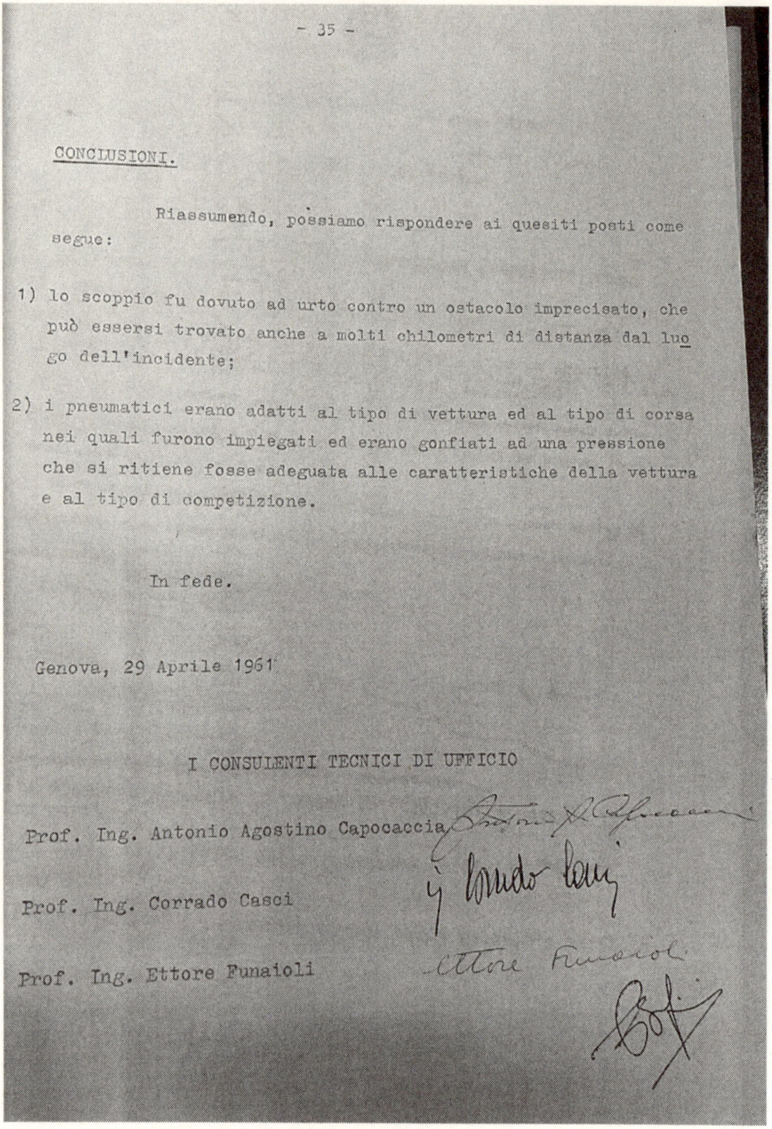

\- 35 -

CONCLUSIONI.

Riassumendo, possiamo rispondere ai quesiti posti come segue:

1) lo scoppio fu dovuto ad urto contro un ostacolo imprecisato, che può essersi trovato anche a molti chilometri di distanza dal luogo dell'incidente;

2) i pneumatici erano adatti al tipo di vettura ed al tipo di corsa nei quali furono impiegati ed erano gonfiati ad una pressione che si ritiene fosse adeguata alle caratteristiche della vettura e al tipo di competizione.

In fede.

Genova, 29 Aprile 1961

I CONSULENTI TECNICI DI UFFICIO

Prof. Ing. Antonio Agostino Capocaccia

Prof. Ing. Corrado Casci

Prof. Ing. Ettore Funaioli

La pagina conclusiva della relazione della seconda commissione peritale. Le (inequivocabili) risposte ai quesiti e le firme autografe dei tre periti.

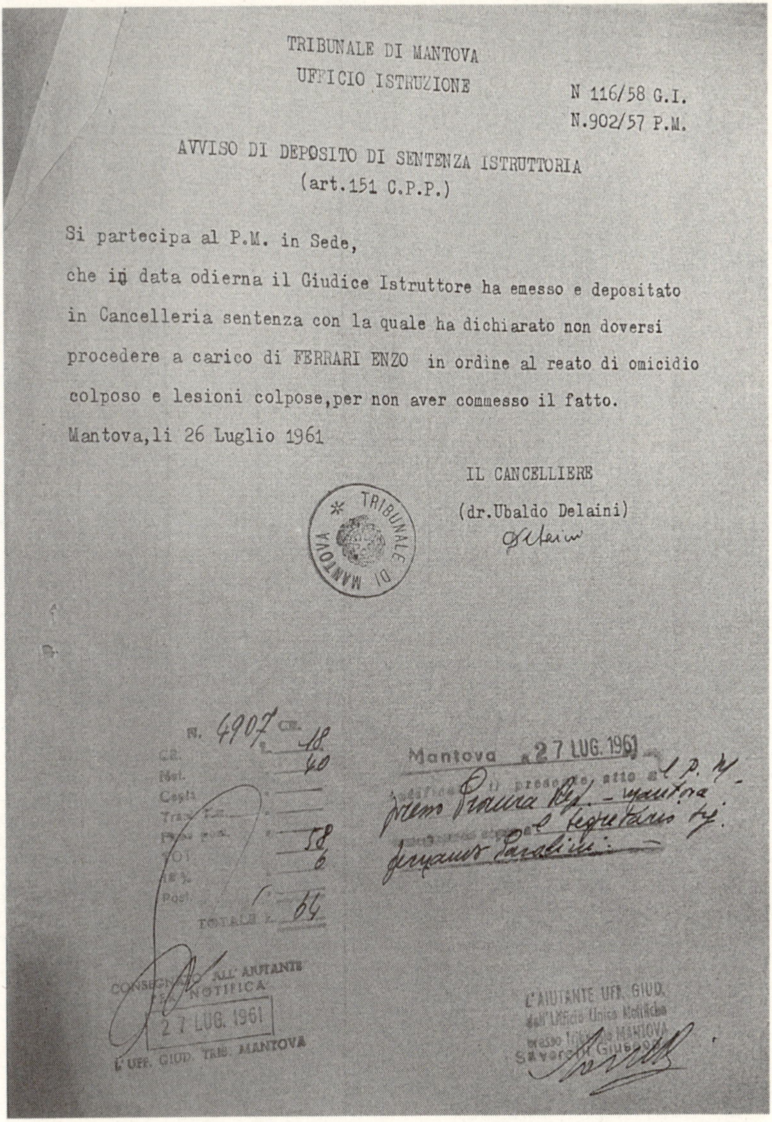

TRIBUNALE DI MANTOVA
UFFICIO ISTRUZIONE

N 116/58 G.I.
N.902/57 P.M.

AVVISO DI DEPOSITO DI SENTENZA ISTRUTTORIA
(art.151 C.P.P.)

Si partecipa al P.M. in Sede,

che in data odierna il Giudice Istruttore ha emesso e depositato in Cancelleria sentenza con la quale ha dichiarato non doversi procedere a carico di FERRARI ENZO in ordine al reato di omicidio colposo e lesioni colpose, per non aver commesso il fatto.

Mantova, li 26 Luglio 1961

IL CANCELLIERE
(dr.Ubaldo Delaini)

TRIBUNALE DI MANTOVA

N. 4907 CR.

Mantova 27 LUG. 1961

CONSEGNATO ALL'AIUTANTE PER NOTIFICA
27 LUG. 1961
L'UFF. GIUD. TRIB. MANTOVA

L'AIUTANTE UFF. GIUD.
dell'Ufficio Unico Notifiche
presso Tribunale MANTOVA

26 luglio 1961. La fine dell'incubo. Con questo documento Enzo Ferrari torna a essere un uomo libero «per non aver commesso il fatto». Dall'incidente di Guidizzolo sono trascorsi quattro anni e due mesi e mezzo.

Questo libro è stampato fabbricato da Grafica Veneta S.p.A.
con un processo di stampa e rilegatura certificato 100% carbon neutral
in accordo con PAS 2060 BSI

Finito di stampare nel mese di maggio 2023
per conto di RCS MediaGroup S.p.A.
da Grafica Veneta S.p.A., via Malcanton 2, Trebaseleghe (PD)
Printed in Italy